中國倫理思想研究文叢

二 編

王 澤 應 主編

第 5 冊

司馬光倫理思想研究

羅 晶 著

花木蘭文化出版社

國家圖書館出版品預行編目資料

司馬光倫理思想研究／羅晶 著 — 初版 — 新北市：花木蘭文
化出版社，2014〔民 103〕
目 4+226 面；19×26 公分
（中國倫理思想研究文叢 二編；第 5 冊）
ISBN：978-986-322-754-0(精裝)
1.(宋) 司馬光 2. 學術思想 3. 倫理學
190.9208   103012565

中國倫理思想研究文叢
二 編 第 五 冊   ISBN：978-986-322-754-0

司馬光倫理思想研究

作 者 羅晶
主 編 王澤應
總 編 輯 杜潔祥
副總編輯 楊嘉樂
編 輯 許郁翎
出 版 花木蘭文化出版社
負 責 人 高小娟
聯絡地址 新北市中和區中安街七二號十三樓
電話：02-2923-1455 ／傳眞：02-2923-1452
網 址 http://www.huamulan.tw 信箱 hml 810518@gmail.com
印 刷 普羅文化出版廣告事業
初 版 2014 年 9 月
定 價 二編 5 冊（精裝）新台幣 9,000 元

司馬光倫理思想研究

羅　晶　著

作者簡介

羅晶，女，哲學博士，供職於中國人民大學出版社。研究領域爲中國倫理思想史、宗教倫理、編輯倫理。

提　　要

　　本書擬對被學界忽視的司馬光倫理思想進行系統梳理和總結，在結合司馬光倫理思想產生的時代背景和思想淵源的基礎上，首先對司馬光倫理思想的哲學基礎進行研究，接著全面深入地考察司馬光的政治倫理思想、經濟倫理思想和家庭倫理思想，最後對司馬光倫理思想進行總結和評價。

目

次

導　論

第一節　選題意義及價值

一、理論意義

　　一直以來，司馬光的思想研究異彩紛呈。總結起來，分別形成了哲學史、思想史、政治思想史、宋學演變、政治哲學等視野下的司馬光思想範式，毋庸置疑，多學科多角度的審視司馬光，能讓我們比較全面的接觸到他思想的方方面面。但我們也發現，這些研究也不可避免地出現資料選擇、討論深度以及方法適應度上的問題。特別是這些研究過於專注於司馬光是不是保守派，是不是理學家，其思想是否成體系等問題，研究過於局促，不利於我們正確吸收中國古代思想的精髓。正是基於以上考慮，本書將系統地梳理司馬光的倫理思想，旨在為當前的研究打開新的視角。這既有利於我們全方面認識司馬光思想的理論，也有利於我們梳理出漢學到宋學的發展脈絡，尤其對於理解宋明理學之性命義理問題的發展過程具有重要意義。

二、現實價值

　　我國實行改革開放政策已經三十餘年，其中的成就毋庸置疑，然而我們也遭遇了一些現代性的難題。怎樣解決這些現代性的難題，既需要我們向世界尋找答案，也需要我們反觀歷史，從中國歷史的深處去尋找中華民族走向近現代的「路徑依賴」。趙宋之世是中國歷史上的一個重要階段，「華夏民族

之文化，歷數千年之演進，造極於趙宋之世。」(《鄧廣銘宋史職官志考證序》)
當時面臨著一系列複雜的問題和挑戰，爲了更好地應對其挑戰，思想文化上
產生了堪比春秋戰國百家爭鳴的狀況。慶曆新政，王安石變法，還有新學、
洛學與蜀學的論爭，涉及制度轉軌與價值整合等一系列前所未有的與國家與
民族發展走向密切相關的重大問題。一些問題與我們今天何其相似！我們如
何在當今的改革過程中更好地解決類似宋代所出現的那些問題，如何更好的
制定改革發展的計劃與藍圖，整體發揮改革的綜合優勢，除了學習和借鑒世
界他國的成功經驗以外，或許揚棄中國古代文化思想特別是宋代思想家們所
提出的一些深層次問題將是十分重要的。就此而論，研究司馬光的倫理思想，
尤其是研究其指出王安石變法過程中所出現的倫理問題，具有了相當重要的
現實意義。

司馬光的倫理思想與我國現代建設的指導思想科學發展觀具有某種意義
上的暗合或契合之處。司馬光倫理思想中的民本主義思想與科學發展觀中的
以人爲本的思想在精神實質上有某種相似點，這對於我們確立改革的方針政
策等方向性的掌握，有良好的啓示作用。在改革過程，應該堅定不移地堅持
以人爲本，以民爲本，把人民群眾的根本利益放在首位，絕不做與民爭利的
事情。司馬光倫理思想中的「義以爲禮」的理財思想，對於我國當代的社會
主義建設中的建設原則問題具有很強的借鑒意義，我們要發展，但是可持續
的發展，不能爲了眼前的利益，就犧牲子孫後代的長遠利益，如何理解這個
「義」字，值得當代的建設者們更加深入的思考。司馬光倫理思想中的人才
觀，對於我國現在的人才強國戰略同樣具有很好的借鑒意義。另外，以前的
很多研究都覺得司馬光是保守派，是反對改革的，然而事實上並不是如此，
司馬光是反對冒進主義的改革，這對於避免在我國現代的改革建設中出現的
冒進主義問題有很好的警示作用。

第二節　已有相關研究述評

通過對現有文獻的梳理，我們發現司馬光倫理思想還有很大的研究空
間，目前學界只對其義利觀和理財觀有零星論述。不過，由於對其思想的其
他研究已十分豐富，這爲我們研究司馬光的倫理思想帶來了很大幫助。總的
來說，對司馬光的思想研究主要是從以下幾個視角展開的。

第一、關於司馬光治國思想的研究

　　學界對司馬光治國思想的研究可謂洋洋大觀。李昌憲所著《司馬光評傳》從「以禮治國，寬猛並濟」、「立身主於爲民，爲政在乎順民」、「維護和平，華夷兩安」、「與民共利，從諫如流」、「任人惟賢，人存政舉」、「信賞必罰，親疏如一」、「交鄰以信，華夷如一」、「開源節流，富國安民」八個方面，對司馬光的治國思想作了相對比較客觀和詳盡的評述。〔註1〕在《中國政治思想史》一書中，蕭公權先生提出「光於學無所不通，然其政治思想大體蹈襲前人」的觀點。〔註2〕劉澤華先生認爲司馬光政治思想的核心在於「急於求人，緩於立法」。〔註3〕杜洪義先生深入地分析了司馬光治國思想的基本特徵，認爲其表現出強烈的以史資治的政治意識〔註4〕。董根洪先生在《司馬光哲學思想述評》中對司馬光政治哲學思想進行了詳細分析，他認爲司馬光的政治理想實際上就是要重現宋太祖、宋太宗時的盛景，因此，司馬光的治國大綱即實現致治的關鍵在於要處理好「用人」、「禮治」、「仁政」和「信義」四個環節。其次，董先生還論述了「主於民」的君民君臣論，「王霸無異道」論和中和「損益」變革論等幾方面內容。〔註5〕廈門大學鄒永賢從政治學、政治哲學的角度，以《資治通鑑》爲文本，探討該文本所體現的治國思想，具體涉及到君道、招賢選才、治吏、禮治、法、刑、以禮治軍、經濟、歷史影響八個方面的內容。〔註6〕陳濤先生與范立舟先生則認爲司馬光的「政治理念的基點在於首先使最高統治者具備超乎常人的道德責任心，『仁』、『明』、『武』三者是爲治之要。」〔註7〕

　　當然，學者們在論述司馬光治國思想的時候，往往將他與王安石的理政思想和改革實踐進行對比。直至上世紀70年代之前，王安石都被當作革新派的代表，而與之對比，頑固守舊派的領神就是司馬光。學者一般認爲，司馬

〔註1〕　李昌憲，司馬光評傳〔M〕，南京：南京大學出版社，2002年，第279～314頁。

〔註2〕　蕭公權，中國政治思想史〔M〕，瀋陽：遼寧教育出版社，1998年，第446頁。

〔註3〕　劉澤華，中國政治思想史〔M〕，杭州：浙江人民出版社，1996年，第258頁。

〔註4〕　杜洪義，論司馬光以史資治的政治思想〔J〕，遼寧師範大學學報（社會科學版），1995年6月。

〔註5〕　董根洪，司馬光哲學思想述評〔M〕，太原：山西人民出版社，1993年，第340頁。

〔註6〕　鄒永賢，《資治通鑑》治國思想研究〔M〕，廈門：廈門大學出版社，1998年。

〔註7〕　陳濤、范立舟，司馬光哲學與政治思想芻議〔J〕，求索，2007年6月，第119～122頁。

光關注現實問題，僅是一種應景的偽裝。〔註8〕但隨著研究的逐步深入和意識形態色彩的褪去，學界開始放棄對司馬光標簽式的論述，當代學者認為司馬光並不是一成不變的頑固保守者，也不是對任何改革都持反對態度。他堅持「中和」之治，並不反對一切改革。這在司馬光一生的言行中都有所體現。司馬光曾多次上疏，明確指出北宋社會問題重重，隱患重重，因此，其主張採取措施，革除弊政。這說明司馬光其實堅持的是「因革乎因革」的主張，即當革則革，不當革者則堅決不革。總結起來，司馬光的改革思想包括三個方面：首先，改革必須慎重，不是非改不可的不改，沒有具備改革條件的不改；其次，改革不是新立一套，而首先需要恢復趙匡胤和趙炅時期的良法美制；最後，司馬光認為王安石的變法違反了「中和」的原則，「盡變更祖宗舊法」給廣大百姓帶來了莫大的災難，給封建統治帶來了深重的惡果。〔註9〕司馬光所講的「祖宗舊法」，主要是儒家傳統思想。司馬光主張具體政策的變化必須在儒家傳統思想的指導下進行。他並不贊同激進式改革，即便宋王朝弊政重重。〔註10〕

這樣一來，司馬光和王安石治國思想的分歧，特別是對待改革態度上的不同主要源於他們各自思想淵源的不同。鄧廣銘先生的研究表明，王安石崇尚法治，司馬光反對法治，王安石建議並專門設置了「明法」科。而司馬光卻認為「明法」科不能育人厚俗，故而明確反對。這是禮法間的鬥爭，體現二者儒、法兩家的不同思想立場。〔註11〕值得注意的是，司馬光尚儒，有濃重的儒家思想，但並不反對法治；「養百姓」是司馬光政治思想中「仁」的主要方面，他宣傳「仁」，但更多的是要求當朝者去行仁政。〔註12〕當然也有學者認為僅從思想淵源上並不能提供完滿的解釋，他們認為司馬光反對王安石變法，主張祖宗之法不可變，因循守舊的主要原因在於其在政治上站在大官僚地主的立場上。〔註13〕

〔註8〕 漆俠，王安石變法〔M〕，上海：上海人民出版社，1979年，第231～232頁。

〔註9〕 季平，司馬光新論〔M〕，重慶：西南師範大學出版社，1987年，第33～34頁。

〔註10〕 宋衍申，試論司馬光的史學思想〔A〕，載劉乃和，司馬光與《資治通鑑》〔M〕，長春：吉林文史出版社，1986年，第23～24頁。

〔註11〕 鄧廣銘，中國十一世紀時的改革家——王安石〔M〕，北京：人民出版社，1979年，第73～75頁。

〔註12〕 顧全芳，司馬光的政治思想〔J〕，河南大學學報，1984年4月。

〔註13〕 王宣威，論司馬光的政治法律思想〔J〕，太原師範學院學報（哲學社會科學版），1995年1月。

第二、關於司馬光理財思想的研究

　　對於司馬光理財思想的研究古而有之。當時主要討論的是司馬光的節用思想。李贄說：「（司馬）光既知財貨百物，皆天地之生矣，生則烏可已也，而可以數計耶？今夫山海之藏，麗水之金，崑山之璧，銅、鉛、銀、錫，五金百寶之產於地者，日入商賈之肆，時充貪墨之囊，不知凡幾也。所貴乎長國家者，因天地之利，而生之有道耳。」顯然，李贄看來，財貨百物取之不盡，故司馬光提倡的節用主張不足為信。〔註 14〕王夫之將司馬光理財思想的缺陷歸納為三方面：「一曰惜名而廢實，二曰防弊而啓愚，三曰術疏而不逮。」〔註 15〕王夫之認為財政是國家之根本，不是單靠節儉就能解決的。

　　司馬光之所以這麼強調「節用」，這與他的理財之道密切相關。司馬光之理財之道為：「善治財者，養其所自來而收其所有餘，故用之不竭而上下交足」，先「養」後「取」。在培養稅源無法解決日益窘迫的財政危機時，「節流」便成了司馬光解決財政困乏的主要舉措。〔註 16〕其實，仁宗時期，財政入不敷出，究其原因，很難完全辨別這到底是財政收入抑或財政支出之禍？不過不能否認的是，即使賦稅「七倍於唐」，加重的剝削也仍然無法滿足宋代官僚體制膨脹和統治階級腐朽生活對物質財富的需求。鑒於此，我們必須承認，司馬光的「節流」之說具有實際意義。〔註 17〕雖說這個主張毫無創新之處，但從當時的社會實際著眼，的確具有針對性和必要性。緊縮開支，尤其是縮減統治者的華靡浪費，理應成為當時迫切需要解決的問題。〔註 18〕

　　學術界還注重從富民和重視人才等方面論述司馬光的理財思想。宋衍申認為司馬光自始至終都主張開源節流的經濟方針，但不同時期其具體的經濟主張會有所不同，從實際出發是司馬光經濟思想的顯著特點，其著眼點在保障百姓的基本生活，有條件發展生產，然後追求增強國力。〔註 19〕虞祖堯將司馬光的理財思想概括為：養源開源，藏富於民；節用簡賞；加強管理，財有專主；反對政府直接從事經營。〔註 20〕

〔註 14〕李贄，藏書 第 3 冊〔M〕，北京：中華書局，1974 年，第 587 頁。
〔註 15〕（清）王夫之，宋論（卷 7）〔M〕，北京：商務印書館，1936 年，第 119 頁。
〔註 16〕葉坦，傳統經濟觀大論爭——司馬光與王安石之比較〔M〕，北京大學出版社，
　　　　1990 年，第 60 頁。
〔註 17〕同上，第 103 頁。
〔註 18〕顧全芳，重評司馬光與王安石變法〔J〕，學術月刊，1990 年 9 月。
〔註 19〕宋衍申，評司馬光的經濟思想〔J〕，晉陽學刊，1985 年 5 月。
〔註 20〕虞祖堯，簡論司馬光的經濟思想〔J〕，河南師範學院學報（哲學社會科學版），
　　　　1987（2）。

第三、司馬光哲學思想的研究

　　學人一般將司馬光定義爲史學家和政治家，對於其哲學思想研究不足。這從張岱年先生早先的著作《中國哲學大綱》中就可窺見一二。雖然張先生已將司馬光列入中國古代哲人名單，然而只對其思想作了簡單介紹。同樣，石訓先生在其編纂的《北宋哲學史》一書中，站在批判「唯心主義天命論」視角，簡單介紹了司馬光的哲學思想。〔註 21〕漆俠先生考察了司馬光有關《中庸》的解說，探討了其立足於《中庸》而建構的經世致用的哲學體系，由此漆先生判斷，「司馬光在經學上足以成家」。〔註 22〕

　　此後，關於司馬光的哲學思想，學者們圍繞以下三個方面展開了充分的交流和辯論：首先，關於司馬光與理學的關係。陳克明認爲「司馬光與胡瑗、周敦頤等都是理學的先驅者。並且司馬光對事理、性理、不欺、誠意、正心、格物、致知等部分理學範疇做了探討，富有創見」。〔註 23〕董根洪的文章《司馬光是理學的重要創始人》則直接主旨明確地指出，司馬光是理學的創始人和先驅。〔註 24〕其次有關司馬光哲學思想的體系。有學者以「中和之道」概括司馬光思想。〔註 25〕其次，有學者通過梳理司馬光哲學發展概貌來深化對司馬光哲學的認識，他們發現司馬光正是在對《易》、《老》的注釋中萌生出了自己的哲學，尤其是宇宙觀和本體論方面，《溫公易說》和《注老子道德論》是其發端；而社會人文思想則承繼孔、荀、揚，尤其是揚，這成爲司馬光哲學的主幹；司馬光哲學的本體論思想則可以稱爲虛氣二元論。〔註 26〕最後有關司馬光哲學的定位。侯外廬先生從司馬光的思想來源入手，考察其與當時經學之關係，從天道觀、認識論、人性論、政治思想等方面切入，認爲司馬

〔註 21〕石訓等，北宋哲學史〔M〕，開封：河南大學出版社，1990 年，第 101～108 頁。

〔註 22〕漆俠，宋學的發展與演變〔M〕，石家莊：河北人民出版社，2002 年，第 23 頁。

〔註 23〕陳克明，司馬光學述〔M〕，武漢：湖北人民出版社，1990 年，第 328～339 頁。

〔註 24〕董根洪，司馬光是理學的重要創始人〔J〕，山西大學學報，1996 年 6 月，第 53～60 頁。

〔註 25〕陳克明，略論司馬光的哲學思想〔J〕，社會科學輯刊，1982 年 5 月，第 36～43 頁。

〔註 26〕葉福翔，司馬光哲學發展大綱〔J〕，中華文化論壇，1997 年 3 月，第 99～101 頁。

光的思想「是漢代以來傳統天命論神學的繼承者，和司馬光在政治上維護封建專制制度的特權一樣，他在哲學上也頑強地企圖爲他的政治主張奠定理論基礎」。〔註27〕趙吉惠則認爲司馬光的「天命」觀，本質上是解釋和論證君臣、父子倫常關係的一種思想理論，它與古代本來意義的「天命」觀有根本的區別。〔註28〕

第四、關於司馬光史學思想的研究

對司馬光史學思想的研究一直以來都是學界，特別是史學界的關注主題。學者對司馬光史學思想的關注通過關注和研究其史學鴻著《資治通鑑》體現出來。1956 年，中華書局出版《資治通鑑》點校本，該書包括胡三省音注，便於學者研究《資治通鑑》。此後，研究《資治通鑑》的著作數不勝數，逐漸形成了「通鑑學」學科，張煦侯還撰寫了《通鑑學》專著。〔註29〕

陶懋炳先生在《司馬光史論探微》一書中，彙集了《資治通鑑》中「臣光曰」119 條，《歷年圖》中「臣光曰」36 篇以及《溫國文正司馬公文集》中之《論》、《史贊評議》、《史郯》40 篇（條），分爲三編，對司馬光之史學思想作了細緻研究。爲明瞭司馬光史論獨到之處及其失誤之處，書中還將其史論與前人、後人作縱向比較，與同時代人作橫向比較，以及與司馬光自己的政論、哲理作綜合比較，從而看出司馬光對前人思想的繼承與發展、吸收與揚棄。研究價值獨到。〔註30〕

關於對司馬光史學思想的評價，于瑞桓認爲司馬光的史學著作中所蘊含的史學思想，與司馬光的哲學精神具有相互包容或影響的一致性，突出表現在司馬光的史學思想中有著豐富的理學精神。〔註31〕郭學信認爲，作爲封建社會轉型時期偉大的歷史學家，司馬光的史學思想表現出明顯的「史學自覺」意識，他能把歷史研究同傳承民族優秀文化遺產，同關注國家命運、維持社會和諧與安定緊密地聯繫起來〔註32〕。

〔註27〕侯外廬，中國思想通史・第四卷（上）〔M〕，北京：人民出版社，1959 年，第 231 頁。

〔註28〕趙吉惠，評司馬光的哲學思想〔J〕，晉陽學刊，1986 年 4 月。

〔註29〕張煦侯，通鑑學〔M〕，合肥：安徽人民出版社，1981 年版。

〔註30〕陶懋炳，司馬光史論探微〔M〕，長沙：湖南師範大學出版社，1989 年。

〔註31〕于瑞桓，司馬光的史學思想及其理學精神〔J〕，山東大學學報（哲學社會科學版），2002 年 3 月。

〔註32〕郭學信，論司馬光的「史學自覺」意識〔J〕，貴州文史叢刊，1996 年 3 月。

第五、關於司馬光家教思想的研究

截至目前，專門對司馬光教育思想的研究還十分少見，專著甚至還未出現。關於其家庭教育思想的論述還只是散見於一些有關古代家庭教育和古代家訓的著作中。馬鏞先生的經典之作——《中國家庭教育史》，就在論述宋代家庭教育時，單獨探討了司馬光家教思想，主要介紹了其家庭教育的特色和一些家庭教育方法。〔註33〕

趙忠心較為全面的分析了司馬光家庭教育的觀點，在論述了司馬光的生平及其《溫公家範》之後，他從教育學的角度對司馬光家庭教育的社會意義、指導思想和基本原則等進行了系統的分析。〔註34〕陳漢才在其《中國古代幼兒教育史》一書中，對司馬光家庭教育思想，尤其對司馬光的幼兒教育理論進行了深入分析，最後對司馬光家教理論和實踐作出了歷史評價。〔註35〕

陳延斌挖掘了司馬光家訓裏有關家庭倫理、家庭教育、家政管理中的積極見解，並對其教化特色作了分析，以便能對今天的家庭教育和家庭美德建設有所裨益。〔註36〕褚海萍以道德教育觀點作為切入點，分析了司馬光道德教育的內容、方法和載體。〔註37〕此外，徐少錦、陳延斌《中國家訓史》，王長金《傳統家訓思想通論》，包東坡《中國歷代名人家訓精萃》，翟博《中國家訓經典》等書也零散地提到過司馬光家庭教育的觀點，在此不再展開。

第三節　研究思路和研究內容

本書擬對被學界忽視的司馬光的倫理思想進行系統梳理和總結，在結合司馬光倫理思想產生的時代背景和思想淵源的基礎上，本書首先對司馬光倫理思想的哲學基礎進行研究，接著全面深入地考察司馬光的政治倫理思想、經濟倫理思想和家庭倫理思想，最後對司馬光倫理思想的理論貢獻、歷史影響及當代啟示進行總結和評價。具體而言，本書的研究內容包括：

第一部分為導論，主要梳理前人研究司馬光思想的理論成果，以及本書

〔註33〕馬鏞，中國家庭教育史〔M〕，長沙：湖南教育出版社，1997年。
〔註34〕趙忠心，中外家庭教育薈萃〔M〕，北京：高等教育出版社，1989年。
〔註35〕陳漢才，中國古代幼兒教育史〔M〕，廣州：廣東高等教育出版社，1996年。
〔註36〕陳延斌，論司馬光的家訓及其教化特色〔J〕，南京師範大學學報，2001 年 4 月。
〔註37〕褚海萍，論司馬光的道德教育思想〔J〕，遼寧行政學院學報，2008 年 10 月。

研究的切入點。本書認為，前人對於司馬光思想的研究可謂洋洋大觀，但美中不足的是缺乏對司馬光倫理思想深入系統的研究。

第二部分，即第一章：司馬光倫理思想產生的時代背景和思想淵源。本章首先介紹司馬光的生平與著作，接著從政治、經濟、文化三方面論述司馬光生活的時代背景，最後介紹司馬光倫理思想的思想淵源。

第三部分，即第二章：司馬光倫理思想的哲學基礎。司馬光倫理思想的哲學基礎，也就是他的「善惡兼有」的人性論、「義以制利」的義利觀，「無過與不及」的中和論。

第四部分，即第三章：司馬光政治倫理思想。司馬光政治倫理思想包含了其以禮治國，禮法相濟的治國之道；仁、明、武為君之德；任人唯賢，信賞必罰的人才倫理；忠君善諫，愛國利民的官吏道德和交鄰以信，華夷兩安的民族倫理。

第五部分，即第四章：司馬光經濟倫理思想。司馬光經濟倫理思想的理論基礎是以義理財的義利觀，理論宗旨是藏富於民，理論核心內容包含：「養其本原而徐取之」、「減損浮冗而省用之」、「隨材用人而久任之」三個方面，涉及生產、分配、消費、管理等經濟環節。

第六部分，即第五章：司馬光家庭倫理思想。司馬光家庭倫理思想的內容非常豐富，主要包括謹守禮法，勤儉持家的治家之道；慈訓曲全，愛教結合的父母之道；行孝至誠，諫而不逆的子女之道；以敬為美，以義相合的夫婦之道和兄愛而友，弟敬而順的兄弟之道。

第七部分，即第六章：司馬光倫理思想的總結與評價。從人類認識發展的角度來講，司馬光倫理思想是中國古代倫理思想史上承上啓下的一環，它承接了中國先秦早期孔、孟開創的儒家傳統倫理思想，同時開啓了程朱理學以及葉適、陳亮等事功學派。我們今天的改革開放，固然要學習西方先進的思想與文化，先進的管理經驗等，但重溫司馬光倫理思想，對我們當今政治變革、經濟發展時期的道德建設具有重要的參考價值和借鑒意義。

第一章 司馬光倫理思想產生的時代背景和思想淵源

　　司馬光，北宋著名的史學家、文學家、政治家、思想家。其為人溫良謙恭、剛正不阿，其人格堪稱儒學教化下的典範，歷來受人景仰。司馬光倫理思想是司馬光對北宋社會現實的深度關切，是司馬光人生品格的集中反映，亦是司馬光對國家、對家庭、對人生深刻思考的集中表徵。司馬光倫理思想在中國傳統倫理思想史上佔有重要地位，是其承上啓下的關鍵一環，其以獨具一格的特質傲然挺立於宋代倫理思想的廣袤原野之上。

第一節　司馬光其人其書

　　司馬光（1019～1086），字君實，北宋陝州夏縣（今山西夏縣）涑水鄉人，學人稱「涑水先生」，諡號「文正」，因而後人又稱之為司馬文正公，北宋著名的史學家、政治家、哲學家。其家世代貴冑，據清光緒版《夏縣志》記載，其遠祖為西晉平安獻王司馬孚，原籍河內（今河南沁陽）。到北魏時傳至司馬陽，其曾為征東大將軍，死後安葬於夏縣涑水鄉高堠里（今水頭鄉小晁村），從此，這裡便成了司馬家族的籍貫。然而，隋唐五代以後司馬家族政治地位日漸衰落。司馬光的四世祖司馬林，曾祖父司馬政，伯祖父司馬炳都以布衣而終。只到北宋初年，家世才又有所轉機，其祖父司馬炫考中進士，官至耀州富平縣令。雖然官職不大，但政績顯著，「境內大治」，「治行士節」，「以氣節著稱鄉里」。司馬光的父親司馬池，曾為兵部郎中、天章閣待制（屬翰林學士院），官居四品，「清直人厚聞於天下，號一時之名臣」。

　　雖然司馬貴冑之家曾家道中衰，然而在鄉里始終是「以氣節鄉黨嚴尊之」的名門望族。司馬家族以詩禮傳家，家考嚴正，因而即使累世聚居，人口眾多，「食口常不減數十」〔註1〕，卻能和睦相處，團結友愛，宗族「無間言」。其叔父司馬沂自勉自勵，辛苦經營，使司馬家族「田不加廣而家用饒」，但其自身卻「無故不親酒肉」。另一位叔父司馬浩「慷慨尚義」，撫恤孤寡，把幼年喪父的侄兒司馬里教養成人。司馬里考中進士，官至太常寺少卿。此外，司馬家族世代書香，「篤學力行」。追述家世，可以看出司馬家族是一個政治經驗豐富、文化傳統深厚、學問素養優秀的文明家族。司馬光雖然不直接在這個大家庭里長大，但這個家庭的傳統家風卻通過家父司馬池給他以深刻的影響。

　　司馬光的父親司馬池，是一個有宏偉抱負、真知灼見的人。其少年胸懷大志，棄萬貫家財，專心讀書，勵志進取，治學態度紮實嚴謹，文風質樸。好友龐籍這樣評價他：「讀書研求精意，不喜膚末，為文根於正道，不為雕琢」〔註2〕。文如其人，在待人處事、理政治家、個人生活等方面，司馬池都貫徹了質樸真誠的精神。司馬池為人端正，為官清廉，不畏權勢，辦事明快幹練，政績突出。從郫縣縣尉，到光山縣令、群牧判官，都因賢名遠揚而被人舉薦。宋仁宗時，朝廷提升他為諫官，這在當時雖然是一個很榮耀的職位，但司馬池不為所動，懇切辭讓不就。宋仁宗感動地說：「人皆嗜進，而池獨嗜退，亦難能也。」〔註3〕在個人生活方面，司馬池崇尚節儉。為官之後，招待親人好友，也只是梨、棗等平常果蔬。司馬光的母親姓聶，是一個賢德淑良的名門閨秀，龐籍稱讚她「才淑之懿，孝睦之行著於閨門，而稱於鄉黨」〔註4〕。司馬光的哥哥司馬旦，長司馬光13歲，兄弟感情篤厚。司馬旦性格內向，淡薄無欲，為官「清直強敏」，官至四品太中大夫，致仕後回故鄉養老。

　　在貴冑家族和書香門第家庭背景下成長的司馬光，自小耳濡目染，深受傳統儒家家教的薰陶，這種薰陶對司馬光高尚的道德品質、真誠謙遜的處世

〔註1〕（明）馬巒，（清）顧棟高，司馬光年譜〔M〕，北京：中華書局，1990年，第25頁。

〔註2〕曾棗莊，劉琳主編，四川大學古籍整理研究所編，全宋文 第9冊·宋天章閣制司馬府君碑銘〔M〕，成都：巴蜀書社，1990年，第386頁。

〔註3〕（元）脫脫等，宋史（卷298）〔M〕，北京：中華書局，2000年，第8032頁。

〔註4〕曾棗莊，劉琳主編，四川大學古籍整理研究所編，全宋文 第9冊·宋天章閣制司馬府君碑銘〔M〕，成都：巴蜀書社，1990年，第387頁。

方式和宏偉抱負的形成，都起到了蘊育和催化的作用。「臣自結髮從學，講先生之道，聞君子之風，竊不自揆，常妄有尊王庇民之志。」

　　幼年的司馬光隨著父親司馬池爲官的遷移而在全國各地輾轉。宋眞宗天禧三年（1019 年），司馬光父親正在光州光山縣（今河南光山縣）任縣令，司馬光就出生於光州光山縣官舍，所以其父給他起名光。天聖三年（1025 年），司馬池遷知小溪縣（今四川省遂寧縣），後從劉燁辟爲河南府（今河南省洛陽市）司錄。7 歲的司馬光隨父親一道來到河南府。天聖六年（1029 年），司馬池奉調入京任群牧判官，11 歲的司馬光跟隨父親來到北宋王朝的政治、經濟、文化中心——京城汴梁。明道元年（1032 年），父親司馬池調離京城，到西南地區的立州路任轉運使，14 歲的司馬光又隨同家人一起遷往陝南居住。輾轉不定的生活並沒有影響到司馬光的教育，相反卻使得司馬光從小就見多識廣，瞭解很多地方的風土人情。另外，老來子的身份並沒有得到父親的溺愛。父親司馬池注意從多方面嚴格教育司馬光，使其從小就養成了誠實、節儉和刻苦學習的良好習慣。司馬光珍惜時間，不貪睡眠，用一截圓木做枕，稱爲「警枕」。每天晚上，「警枕」一滾動，他便立刻起床讀書。這個「警枕」伴隨司馬光的一生，直到離世。7 歲時，司馬光始學《左氏春秋》，「大愛之」，剛聽老師講完，「退爲家人講，即瞭其大旨，自是手不釋書，至不知飢寒渴暑。」〔註5〕15 歲時，司馬光便「於書無所不通，文辭醇深，有兩漢風。」〔註6〕俗語說「養其習於童蒙」，司馬光一生都保持著刻苦學習的習慣，盡量不浪費一點學習時間，甚至「或在馬上，或在中夜不寢時，詠其文，思其義」。後來他在詩中談到：「聖賢述事業，細大無不完。高出萬古表，遠窮四海端。於中苟得趣，自可忘寢餐」，刻苦學習使得他「所得多矣」。司馬光很早就表現出了聰明才智。7 歲之時，他砸缸救小夥伴的故事，在「京、洛間畫以爲圖」〔註7〕，流傳開來。

　　宋仁宗明道二年（1033 年），按照宋朝的恩蔭制度，15 歲的司馬光因爲父親司馬池官居四品，得到了恩補郊社郎的官位，不久，改授他爲將作監主簿。這個官職很小，實際上要做的事情也少，他一面以學習爲主，一面幹一些公事，受到了初步鍛鍊。

〔註5〕（元）脫脫等，宋史（卷 336）〔M〕，北京：中華書局，2000 年，第 10757頁。

〔註6〕同上。

〔註7〕同上。

宋仁宗寶元元年（1038 年）三月，剛滿 20 歲的司馬光中進士甲科。深受父親儉樸生活習慣的影響，司馬光「性不喜華麗」。中進士以後，皇帝舉行喜宴，司馬光「獨不戴花」，還是一個同科進士告訴他「君賜不可違」，他才不得已戴上一朵小花。司馬光一生勤儉治家，「惡衣菲食以終其身」，其夫人病逝時，因爲家無閒財，竟然需要「賣田以葬」其妻。同年，司馬光和張存的女兒結婚，伉儷情深，相濡以沫三十年，後人比之爲「司馬相如與卓文君」。中進士後，朝廷授他以奉禮郎，華州判官之職，這可以說是司馬光真正進入仕途的起點。在華州任職不到一年，因爲父親司馬池在杭州爲官，司馬光便「求籤蘇州判官事以便親，」〔註8〕。然而，不幸的是，他到蘇州不久，母親便離開人世。按照封建禮制，司馬光必須辭官受制三年。在此期間，北方党項族人元昊稱帝，建立了西夏國。西夏爲了擺脫對宋朝的臣屬地位，同宋朝發生了戰爭，宋朝連連失敗。宋仁宗爲了加強軍事防禦力量，要求兩浙添置弓手，增設指揮使等官職。司馬父子認爲這樣做，並沒有什麼好處。於是由司馬光代父草擬《論兩浙不宜添置弓手狀》，從各方面闡述添置弓手增設武官，不僅起不到積極作用，反而有害，因爲戰爭發生在西北邊境，而遠在萬里之遙的東南海濱設置鄉兵對緩解緊張局勢毫無補益，而且可能造成地方混亂。奏章的核心是從實際出發，以不增加人民負擔、穩定社會秩序爲原則。這是體現司馬光利民保民的政治倫理思想的第一份奏摺，並終身未改。不幸的是這個奏章給他父親帶來了麻煩，一生正直正派的司馬池，第二年就被調往偏僻的虢州（今河南陝縣東南）。

慶曆元年（1041 年），在司馬父子調往虢州的短短幾個月之後，司馬光的父親病逝晉州，司馬光和哥哥司馬旦扶著父親的靈柩回到了故鄉夏縣。還未平息母親離世所帶來的悲傷，又要面對父親離世的殘酷事實。多年之後司馬光還常爲此悲傷、歎息：「命奇不得報劬勞，平生念此心先亂。」〔註9〕在居喪期間，司馬光把悲哀化作發奮讀書的動力，以排遣無盡的悲傷和寂寞。在此期間，他讀了大量的書，也寫了許多有價值的文章，如《十哲論》、《四豪論》、《賈生論》，對一些古人古事，根據自己的見解和感受，提出許多有真知灼見的見解。例如他提出了作爲賢臣的標準：即忠君、利國、養民。做到這

〔註8〕 （元）脫脫等，宋史（卷 336）〔M〕，北京：中華書局，2000 年，第 10757 頁。

〔註9〕 （宋）司馬光，和錢學士公輔呈邵興宗〔A〕，司馬溫公集編年箋注 2〔M〕，成都：巴蜀書社，2009 年，第 146 頁。

三條，才能、智謀固然重要，但最根本的還是「道」，就是必須恪守「周孔之夷圖」，而不能「樹申商之險術」，施政要以「仁義」為根本。這些思想可以說是司馬光政治倫理思想的萌芽。同時，閒散的鄉居生活，使他有機會與鄰里親友交往，瞭解了許多下層社會生活的情況。縣尉孟翱和司馬光有同年之交，孟翱是個有責任感的清官，他強記博識，又十分盡心職守，對縣境之內的山川河流，道路村落都瞭如指掌；全縣吏卒、百姓、窮富、倉廩等情況，他一清二楚。司馬光對這個身居父母官的同年十分佩服，兩人常在一起談古論今。他們對宋朝和西夏戰爭給百姓造成的災難，深表同情，對國家因腐敗給百姓造成的痛苦，表示極大憤慨。

宋仁宗慶曆四年（1044 年）冬，司馬光服喪期滿，結束為期 5 年的丁憂閒居生活，出仕為官。慶曆四年擔任了武成軍（今河南滑縣）判官之職，次年改任宣德郎將作監主簿，權知韋城（治所在今河南東）縣事。在那裡為官一年多，「政聲赫然，民稱之」。處理政務之餘，司馬光抓緊時間攻讀典籍，寫了大量文章，如《機權論》、《才德論》、《廉頗論》、《冀君實論》、《應侯罷武安君兵》、《項羽誅韓生》、《漢高祖斬丁公》、《河間獻王贊》、《不以卑臨尊議》、《史評十八首》等文章。這些文章，以後成為司馬光在《資治通鑑》中有關「臣光曰」的內容。從司馬光所著述的文章可見，他熱愛史學，喜歡用他敏捷的才思評議歷史人物和事件，意圖從中探索出統治者的治國之道。

慶曆五年（1045 年），司馬光被調到京城作官，改授為大理寺評事，補國子監直講，不久又遷任大理寺丞。赴京之日，僚友們空府出動，置酒為他餞行。司馬光為大家的熱情所感動，即席賦詩：「不辭爛醉樽前倒，明日此歡重得無？追隨不忍輕言別，回首城樓沒晚煙！」這時司馬光意氣風發，懷著滿腔激動來到京都。仁宗皇祐元年（1049 年），司馬光由龐籍推薦任館閣校勘，同知太常禮院。館閣校勘是負責編校圖書典籍的，既是榮耀，對愛好歷史研究的司馬光來說又是一個很好的學習機會。因此，他利用這個機會對《古文孝經》進行了系統的研究，並撰寫了《古文孝經指解》一文。仁宗皇祐五年（1053）七月，司馬光任殿中丞，除史館檢討，修日曆，改集賢校理，專任史官。從此，司馬光開始了對歷史的研究。

仁宗至和元年（1054 年），龐籍被罷宰相職，降為戶部侍郎，出任鄆州（在今山東鄆城境內）知州。龐籍希望身邊有個得力的助手，因此，便舉薦司馬光為鄆州典學，於是司馬光遷官鄆州。不久，提任為通判，負責考察全州官吏。仁宗至和二年（1055 年），因龐籍出知并州，為河東路經略安撫使，司馬

光改任并州通判。并州地理環境十分惡劣，正如司馬光在他所作的詩歌中描述的一樣：「并州從來號慘烈，今日得知非虛名。陰煙苦霧朝不散，旭日不復能精明。跨鞍攬轡趨上府，髮舉鬚磔指欲零。」但是惡劣的環境並沒有使司馬光消沉，雖已「年垂四十」，卻仍然「晨夕思乾坤」。爲了實現平生之志，他沒有自暴自棄，不僅盡心地方政務，而且依舊關心國家大事。仁宗嘉祐元年（1056 年），仁宗皇帝已經 47 歲，沒有兒子，故一直未立太子，加之仁宗又生病，滿朝文武爲繼嗣而著急。司馬光雖遠在邊地，當他得知這一情況時，認爲皇儲對穩定國家極爲重要，因此他連寫三封《請建儲副或進用宗室》（第一、二、三狀），而前後三狀「皆杳然若投沙礫於滄海之中，莫有知其所者」。以後他又託范鎮在奏事時代爲轉達，請仁宗有個明確答覆。

　　仁宗嘉祐二年（1057 年），司馬光以改太常博士，祠部員外郎，直祕閣，判吏部南曹得身份重新回到京師。太常博士隸屬太常寺，僅是個發薪俸的寄祿官；祠部員外郎是祠部屬官，歸禮部管轄，以無職事的朝官充任；直秘閣爲他官兼領的貼職，判吏部南曹隸屬吏部，因官署設在尚書之南，故稱南曹，這裡有些實際工作可做。由這些閒職可見，司馬光再次回到京師備受冷落，但是這種情況很快得到了改變。仁宗嘉祐三年（1058 年）司馬光遷開封府推官，賜五品服。嘉祐四年（1059 年）遷度支員外郎，判句院。嘉祐六年（1061 年）擢修起居注，司馬光認爲認爲這個職務需要「文采」，而自己「實非所長」力辭五次而後受命，同判尚書禮部。同年 7 月，遷起居舍人，同知諫院，不到一年即改爲知諫院。知諫職務，主要是「掌規諫諷諭。凡朝政缺失，大臣至百官，任非其人，三省（即門下省、中書省、尚書省）至百司事有違失，皆得諫正」。這是一個得罪人的差事，正所謂「爲諫臣有言責，世人自見疏」，別人不願當，司馬光卻認爲可以直接向皇帝進諫，是他報效國家、施展政治抱負的大好時機，因而欣然就任，毫不推託。直到治平二年（1065 年）7 月除龍圖閣直學士，他在這個非比尋常的崗位上恪盡職守地工作了將近五年，「不識忌諱，不阿權貴，遇事妄言，無所顧避，以此荷知於累朝，見稱於眾人」﹝註10﹞，「專利國家而不爲身謀」﹝註11﹞，前後共上奏章 177 餘份，其中對有些重大事件一奏再奏，多重奏，政績卓著。

﹝註10﹞　（宋）司馬光，乞開言路狀﹝A﹞，司馬溫公集編年箋注 4﹝M﹞，成都：巴蜀書社，2009 年，第 171 頁。

﹝註11﹞　（宋）司馬光，諫院題名記﹝A﹞，司馬溫公集編年箋注 5﹝M﹞，成都：巴蜀書社，2009 年，第 196 頁。

　　剛上任，司馬光就向仁宗上疏了「陳三德」、「言御臣」、「言揀兵」三個箚子。「陳三德」提出了「仁」、「明」、「武」的人君治國之德；「言御臣」提出了「任官」、「信賞」、「必罰」的治國三要；「言揀兵」主要是針對軍隊需要整頓，認為：「兵者國之大事，廢興之端，安危之要，盡在於是。」在提出「三德」、「御臣」、「揀兵」以後，他又進一步提出了「保業」、「惜時」、「遠謀」、「重微」、「務實」的治國五規。「三言」、「五規」，是司馬光考察歷史之得失之後，總結出的歷代君王安邦治國的寶貴經驗，是「守邦之要道，當世之急務」。司馬光直言敢諫，在進諫了治國安邦的政治思想之後，又緊鑼密鼓地關心起皇帝繼嗣問題。他剛進諫院就面見仁宗皇帝，開門見山地說：「臣昔通判并州，所上三章，願陛下果斷力行。」之後司馬光又上疏催促，仁宗覺得司馬光真心為國家社稷考慮，很是感動，遂將奏摺轉至中書省。司馬光趁熱打鐵，親自到中書省催辦，直到趙曙被立為皇太子。皇帝繼嗣問題剛解決，新的矛盾又出現。仁宗嘉祐八年（1063 年）三月廿九日，仁宗病逝，四月趙曙即皇帝位，即英宗。趙曙並非皇太后曹氏所生，兩宮之間本有間隙。英宗即位後不久就生病，病中常語言不周，使兩宮隔閡加深，矛盾不斷激化。看到這種情況，司馬光憂心如焚，「不避死亡，以進忠直之言」。他四月十三日進《上皇太后疏》，四月二十七日進《上皇帝疏》，六月二十二日，上《兩宮疏》，十一月二十六日，寫了兩封章奏，一封給皇太后，一封給皇帝……從仁宗嘉祐八年（1063 年）四月仁宗病死，到英宗治平元年（1064 年）七月，一年多時間裏，司馬光為兩宮矛盾，前後共上奏章 17 封，每一封都是曉之以理，動之以情，深入細緻地反覆開導、啟發，解除雙方內心的疙瘩，終於消除了矛盾，解除了危機。這些充分表現了司馬光對封建王朝的忠心，也說明了他作為一個諫官是多麼盡職守責。

　　在任諫官期間，除了關注於鞏固國家基業的大事之外，司馬光本著「安國家，利百姓」的原則為民請命。進諫了一些關心人民疾苦，減輕人民負擔的意見，其主要內容是根據「節用而愛民」的思想，請求統治者帶頭崇尚節儉緊縮財政開支，禁止亂攤亂派和懲治橫征暴斂之官，同時還要求統治者愛惜民力，不要濫徵百姓當兵。遺憾的是他的一番苦心獻策，未得到採納。

　　治平二年（1065）七月，遷司馬光為龍圖閣直學士、判流內銓，改右諫議大夫。在這一年裏，出現了濮議之爭，司馬光先後進呈《濮王箚子》、《論安懿皇箚子諍》，堅持稱皇伯之說。「濮議」之爭司馬光是個失敗者。但是，

這一次也頗似麟州事件那樣，眾人受貶，獨他例外。經過這場爭論，人們非但沒有低看他，而是對他更高看了一眼。

熙寧元年（1068 年），在龍圖閣直學士的位置停留了一年多之後，司馬光受到宋神宗的重用，遷翰林學士兼侍讀學士。四月，又任司馬光為御史中丞，成為臺院的代理長官。而這次重用卻把司馬光推到了即將開始的一場驚天動地的改革的激流之中。熙寧二年（1069 年）二月變法正是開始。司馬光和王安石私交甚好，彼此都非常敬重和賞識對方。但是由於政見不同，從變法伊始，他們就爭辯不斷，王安石本著「天變不足畏，祖宗不足法，人言不足恤」的精神銳意改革，而司馬光卻堅持認為「先王之法，不可變也」，幾度上書反對新法。熙寧元年八月，司馬光與王安石為爭論理財，同進呈《郊齋箚子》於延和殿。熙寧二年，神宗以王安石為參知政事，實施變法。司馬光在《上體要疏》中全面批評王安石，說：「臣恐所改者，未必勝於舊，而徒亂祖宗成法。考古則不合，適合則非宜。」熙寧三年，司馬光又發出多封《與介甫書》，使王安石與司馬光的辯論達到高潮。看寫信勸導無效，司馬光最後又上奏《奏彈王安石表》說：「安石首倡邪術，欲生亂階，違法易常，輕革朝典。學非言偽，王制所誅；非曰良臣，是為民賊而又牽合衰世。文飾奸言，徒有嗇夫之辨談，拒塞爭臣之正論，加以朋黨鱗集，親舊星攢，或備近幾，或居重任，窺伺神器，專制福威，人心動搖，天下驚駭。」由於宋神宗對王安石的百依百順，這場爭辯以司馬光主動請辭調出京師任官的而告終。熙寧三年（1070年）九月，司馬光以端明殿學士知永興軍。

熙寧四年（1071 年）四月，司馬光接到權判西京留司御史臺的命令。是年初夏，司馬光來到西京洛陽，就任判留御史臺的職務。從此「六任冗官，皆以書局自隨」〔註 12〕，居洛陽十五年，「絕口不復論事」，專心編撰《資治通鑑》。神宗元豐七年（1084 年），《資治通鑑》全部修完，是年七月十一日全書呈上，十二月三日，朝廷降詔獎諭司馬光。他在《進資治通鑑表》中說：「臣今筋骨?瘁，目視昏近，齒牙無幾，神識衰耗，目前所謂，旋踵而忘。臣之精力，盡於此書。」這部編年體巨著，共 294 卷，上起周烈威王 23 年（前 403年），下迄周世宗顯德六年（959 年），記載了 1362 年的歷史。同時，司馬光選擇《通鑑》中的史料，以及對各種異說的辯證、存疑，作《通鑑考異》30卷。為便於檢索，把《通鑑》每年所涉的重大事情，標目列舉，成《通鑑目

〔註12〕明文書局，中國史學史辭典〔M〕，臺灣：明文書局，1986 年，第 109 頁。

錄》30 卷。同年，司馬光還寫了著名的《中和論》一文，深刻闡述了其「中和」思想，爲其倫理思想打下了堅持的哲學基礎。

元豐八年（1085 年），神宗皇帝駕崩，司馬光進京奔喪，受到人們的熱烈歡迎，「都人疊足聚觀，即以相公目之，馬至於不能行。謁時相於私第，市人登樹騎屋窺瞰。人或止之，曰：『吾非望而君，所願識者，司馬相公之風采耳。』呵叱不退，屋瓦爲之碎，樹枝爲之折。一時得人心如此。」司馬光回京之後，立馬受到太皇太后的重任，即任命他爲門下侍郎，主持朝政。轉年，又拜其爲尚書左僕射兼門下侍郎（行宰相職權）。司馬光回到京城之後，「欲以身殉社稷，躬親庶務，不捨晝夜」，〔註 13〕排斥新黨，廢止新法。同時，在日夜操勞著政務之餘，他輯錄《國語》的精要，編成《徽言》一書。又將《歷年圖》和《百官公卿表》增補、總輯爲《稽古錄》一書，形成一部「略存體要」的簡明通史。在此期間，又對《資治通鑑》進行了最後的校定。

哲宗元年（1086 年）九月初一，這位偉大的政治家、哲學家、史學家，報效國家而彈心竭力，與世長辭。死後贈太師溫國公，諡文正，賜碑「忠清粹德」。「京師人爲之罷市往弔，鬻衣以致奠，巷哭以過車者，蓋以千萬數」，靈柩送往夏縣時，「民哭公甚哀，如哭其私親。四方來會葬者蓋數萬人」，「家家掛像，飯食必祝」。

司馬光從 20 歲入仕爲官直到 68 歲病逝，一生「孝友忠信、恭儉正直、居處有法、動作有禮」〔註 14〕。不管是「居廟堂之高」，還是「處江湖之遠」，司馬光是「進亦憂」，「退亦憂」。正如其詩所言：「所存舊業惟清白，不負明君有樸忠」〔註 15〕。

司馬光是一個學識淵博的大家，「與學無所不通」〔註 16〕，著作頗豐，爲後人留下了豐富的精神食糧。《宋史‧藝文志》著錄的其書籍有 37 種，流傳至今，著錄在《四庫全書總目》中的還有 16 種、457 卷之多。它們的名稱是：《溫公易說》6 卷，《書儀》10 卷，《類編》45 卷，《切韻指掌圖》2 卷，《資

〔註13〕（宋）脫脫等，宋史（卷 336）〔M〕，北京：中華書局，2000 年，第 10768頁。

〔註14〕同上，第 10769 頁。

〔註15〕（宋）司馬光，初到洛中書懷〔A〕，司馬溫公集編年箋注 2〔M〕，成都：巴蜀出版社，2009 年，第 297 頁。

〔註16〕（元）脫脫等，宋史（卷 336）〔M〕，北京：中華書局，2000 年，第 10769頁。

治通鑑》294 卷，《資治通鑑目錄》30 卷，《資治通鑑考異》30 卷，《稽古錄》20 卷，《通鑑釋例》1 卷，《家範》10 卷，《法言集注》10 卷，《潛虛》1 卷，《徽言》1 卷，《沫水紀聞》16 卷，《續詩話》1 卷，《傳家集》80 卷。其中司馬光貢獻最大的就是他為祖國寶貴的歷史文化遺產增添了一部閃爍著光輝的史學名著《資治通鑑》，一部 294 卷、300 多萬字的巨著。《資治通鑑》從治平三年（1066 年）奉命成立書局正式進行編寫，至宋神宗元豐七年（1084 年）完成，共歷時十九年，全書內容上起周威烈王二十二年（前 403），下迄後周世宗顯德六年（959 年）。取材除「十七史」之外，尚有野史、傳狀、文集、譜錄等 222 種，由司馬光總其事，劉恕、范祖禹等人各就所長，分段負責。正如他在《進通鑑表》中所說：「臣之精力，盡於此書」。除《資治通鑑》及其他史學著作之外，儒學思想的著作主要有：《致知在格物論》，《中和論》，《孝經指解》，《易說》，《注繫辭》，《注太玄經》，《揚子淺釋》，《迂書》，《潛虛》，《大學中庸義》，《原命》，《說玄》等等。

第二節　司馬光倫理思想產生的時代背景

　　司馬光倫理思想在針砭時弊的基礎提出的，其理論提出的初衷就是為了穩定和維持當時封建社會的統治，其最大特點之一就是契合了當時時代的需要，故而，我們在剖析其倫理思想之前，必須瞭解司馬光所處時代的政治、經濟和文化狀態。

一、政治背景

　　公元 960 年，宋太祖趙匡胤「陳橋兵變」，「黃袍加身」，篡取後周政權，建立宋朝，從此拉開了趙家王朝的歷史序幕。然而，宋太祖趙匡胤所接手並不是一個太平盛世，而是如司馬光所說的「天下蕩然，莫知禮儀為何物矣！」的禮壞樂崩的時代。面對此情此境，宋太祖趙匡胤「以史為鑒」，總結唐末五代武人專橫跋扈、擁兵自重的歷史經驗教訓，推行「崇文抑武」的治國方略，偃武修文，厚待文人，改革官僚體制，發展和完善科舉制度，不斷加強君主集權。《宋史‧文苑傳序》云：「自古創業垂統之君，即其一時之好尚，而一代之規模，可以預知矣。藝祖（太祖）革命，首用文吏奪武臣之權，宋之尚文，端本乎此……自時厥後，子孫相承，上之為人君者，無不典學；下之為人臣者，自宰相以至令錄，無不擢科，海內文士彬彬輩出焉。」

　　具體說來，北宋的開國君主爲推行「崇文抑武」的治國方略，實現君主集權的政治夢想，主要採取了以下幾個方面的措施：第一，「杯酒釋兵權」。宋太祖在剿滅地方割據勢力之後，採用大臣趙普的建議，卸去武將們的兵權，解除後顧之憂。第二，改編軍隊體制。宋朝的軍隊由禁軍和廂軍組成。禁軍是中央軍，直接由皇帝指揮，調動權歸樞密院。廂軍是地方軍，軍權歸地方各州，州用朝官爲「知軍州事」（府稱知府），由文官擔任。第三，改革官僚體制。中央官制主要採取二府三司制。二府，指中書省和樞密院。三司，指鹽鐵、度支和戶部。中書門下主管民政，樞密院主管軍政，三司主管財政。三足鼎立，彼此不相知，大權集於皇帝一人之手。地方官制複雜冗疊。最具特點的是派遣文臣帶京官銜外出，充任地方軍政長官，統轄軍隊，掌管兵民、軍事、兵工工程諸事，同時設置通判一職，牽制和分掌地方官的權力。另外還設立各路轉運使，掌管財賦。設立各路提刑按察使，掌管司法監察。最終形成了「一郡之內，兵一官也，財一官也，彼監此臨，互有統屬，各有司存」〔註17〕的地方政治格局。第四，完善科舉制度。大量增加進士科錄取名額，改善科舉取士體制的科學性和公平性，用來培養文官體系，加強讀書尚文之風氣。第五，「與士大夫共治天下」。定下「不殺士大夫與上書言事者」的祖訓，鼓勵士大夫參政議政。

　　北宋高度集中的君主集權制度造就了統一的政治局面，爲社會的長期穩定提供了制度保障，爲經濟、文化的高度發展，創造了良好的外部環境。同時「與士大夫共治天下」的政治策略使得文人士大夫的社會地位不斷得到提升。士大夫的政治熱情、報國情懷、責任意識、憂患意識前所未有地被激發出來，以孜孜不倦的態度去實現立德、立功、立言的崇高人生價值。然而由於「以防弊之政，作立國之法」，一些強化專制主義中央集權制的政策和措施，就轉化成爲了它的對立面。最爲嚴重的就是「冗官」、「冗兵」和「冗費」與日俱增，再加上日趨尖銳的民族矛盾，使宋朝陷於積貧積弱的局勢中。

　　冗官，是宋代統治機體上的腫瘤。宋朝統治者非常明白自家江山是如何而來，因而爲了保住得之不道的大宋江山，統治者大力推行「崇文抑武」的治國方略，改革官僚體制，完善科舉取士制度，實施恩蔭制度，不斷擴大皇權、削弱相權，最終形成了以皇帝爲中心、中央嚴密而牢固控制地方的官僚

〔註17〕叢書集成續編第 105 冊集部・水心先生別集十六卷〔M〕，上海：上海書店出版社，1994 年，第 1062 頁。

體制。然而，行政權的過分集中，形成了官僚政治體制的弊端——官僚機構空前龐大。〔註 18〕因此高度集中的皇權的孿生現象就是「四海之廣不能容濫官，天下物力不能供俸祿」〔註 19〕的冗官現象。

　　冗官現象在北宋出現並達到鼎盛的主要原因之一就是北宋疊床架屋，紛繁複雜的官僚體制。這種官僚體制有兩個顯著的特點：一是「分化事權」、以官牽官；二是「官與職殊」。「分化事權」，即極力割裂官僚機構，增添新的機構設置虛職、副職，廣設文官武將，以此縮小官職的權限範圍，削弱各級官僚的權力。如中央設立參知政事一職為副相，分隔宰相的政權，設立三司分宰相的財權，設立樞密使分隔宰相的兵權等等。又如「宋朝典選之職，自分為四。文選二，日審官東院，日流內銓，武選二，日審官西院，日三班院。」〔註 20〕概而論之就是「今京朝官則別置審官，供奉殿直則別立三班，刑部不令詳斷，別立審刑，宣徽一司全同散地……至如銀臺一司，舊屬樞密，近年改制，職掌甚多，多倍置人。」〔註 21〕地方官員體制更是錯綜複雜。北宋把原先的州、縣二級地方行政區劃制改為路、州、縣三級行政區劃制。同時設立轉運使、安撫使、按察使、平常使，分管地方的財權、軍權、民政權、司法權，這樣就把原先地方行政官的權力一分為四。再由中央朝廷向各路直接派遣臨時性的使臣（差遣），把地方上的財權、軍權、民政權、司法權集中收歸中央。另外，在地方官職中還設有名目眾多的閒職、虛職，如有主薄、縣尉、推判官、觀察支使、參軍等。「官與職分」，即本官不治本司之政，別遣他官主判。據《文獻通考》記載：宋朝「官人授受之別，則有官，有職，有差遣。官以寓祿秩，敘位著，職以待文學之選，而差遣以治內外之事。」〔註 22〕由此可見，「官」與「職」只是個有名無實的代號，只有「差遣」才擁有行政管理的實權。最後就出現了「中書令、侍中、尚書令不預朝政，侍郎、給事不領省職，諫議無言責，起居不記注；中書常闕舍人，門下罕除常侍，司諫正言非特旨供職，亦不任諫診。至於僕射、尚書、丞、郎、員外，居其官

〔註 18〕樊樹志，國史概要〔M〕，上海：復旦大學出版社，2010 年，第 208 頁。

〔註 19〕（宋）歐陽修，歐陽修集編年箋注 6〔M〕，成都：巴蜀書社，2007 年，第 330 頁。

〔註 20〕中華書局編輯部編，歷代紀事本末〔M〕，北京：中華書局，1997 年，第 1366 頁。

〔註 21〕同上，第 1298 頁。

〔註 22〕張希清等著，宋朝典章制度〔M〕，長春：吉林文史出版社，2001 年，第 92 頁。

不知其職者，十常八九」〔註 23〕的政治局面。由此官僚機構之龐大、冗官現象之嚴重可想而知。

北宋官吏的選拔制度，是冗官大批產生的另一的主要原因。宋朝選拔官吏主要有兩個途徑：一為科舉取士；一為恩蔭制度。宋朝繼承並進一步改革完善了隋唐的科舉取士制度，大力增加錄取名額，提高被錄取者的待遇，廣泛地吸收文人士大夫參加政權。同時，北宋朝廷特別重視科舉出身的士人，對他們更是釋褐即授官，而不必像唐朝那樣還要去參加吏部舉行的選試。更有甚者，宋朝還專設「特奏名」一科，來安撫和鼓勵那些久試不中、老年無成的讀書人。真是「較藝之詳，推恩之廣，近代未有也。」〔註24〕

恩蔭制度是北宋僅次於科舉取士的一條選舉官員的途徑。恩蔭又稱門蔭、恩補、世賞、任子等，即權貴的子孫親戚們憑藉權貴的政治身份，直接獲得官職，而不需要參加科舉考試的一種的選拔制度，是中國封建社會中官僚貴族階層享有的一項制度化的特權。宋朝的「恩蔭」授官的範圍是相當廣泛。《宋史・職官志》記載：「蔭子固朝廷惠下之典，然未有宋代之濫者。文臣，自太師及三府儀同三司；可蔭子若孫，及其同親大功以下親，並異姓親，及門客。太子太師，至保和殿大學士；蔭至異姓親，無門客。中大夫到中散大夫；蔭至小功以下親，無異姓親。武臣亦以是為差。」〔註 25〕宋朝的「恩蔭」授官的數目是相當驚人。如皇祐二年（1050 年）何鄭上奏曰：「總計員數，上自公卿，下至庶官子弟，以蔭得官及他橫恩，每三年為率，不減千餘人。」〔註 26〕皇恩浩蕩，恩蔭極廣，於是乎有人戲曰：「尚嬉竹馬，已獲荷囊；未應娶婦，已得任子」。〔註 27〕結果只能是「入流寖廣，仕路益雜」〔註 28〕。

官僚體制的疊床架屋，科舉取士的浩浩蕩蕩，「恩蔭」授官的皇恩浩大，造成了北宋極為嚴重的冗官現象。譬如三班例員，最初不足 300 人，可到了天熹年間，竟達 4200 人之多，是原來的 14 倍，元豐以後則劇增至 11690 人，

〔註23〕（元）脫脫等著，宋史（卷3）〔M〕，北京：中華書局，2000 年，第 2524 頁。

〔註24〕（元）馬端臨，四庫家藏 文獻通考・選舉考 5〔M〕，濟南：山東畫報出版社，2004 年，第 63 頁。

〔註25〕錢有靈犀〔M〕，呼和浩特：遠方出版社，2005 年，第 24 頁。

〔註26〕張希清等著，宋朝典章制度〔M〕，長春：吉林文史出版社，2001 年，第 106 頁。

〔註27〕游彪，宋代蔭補制度研究〔M〕，北京：中國社會科學出版社，2001 年，第 77 頁。

〔註28〕宋瑞熙，宋代社會研究〔M〕，鄭州：中州書畫社，1983 年，第 31 頁。

合宗室 870，總計 12560，可謂官冗矣。〔註 29〕針對這種現象，蘇軾就曾指出：
「臣等伏見從來天下之患，無過官冗，人人能言其弊，而不能去其害。」〔註 30〕宋祁也曾經感歎：「州縣不廣於前，而官五倍於舊，吏何得不苟進，官何得不濫除？」〔註 31〕冗官就是宋朝走向積貧積弱格局的禍根。官制重疊龐大，機構臃腫龐雜，機關相互掣肘，使得政令不暢，人浮於事，「苟且因循」，致使國家機器運轉不靈，「政失於寬而弊於姑息」，〔註 32〕最終導致宋朝「政息人亡」。

冗兵，顧名思義是指軍隊士兵人數多，質量差，戰鬥力弱，軍政效力低下，是令北宋走向積貧積弱漩渦的致命原因之一。正如宋人蔡襄所說：「今天下大患者在兵，禁軍約七十萬，廂軍約五十萬，積兵之多，仰食天子衣食，五代而上，至於秦漢無有也」〔註 33〕。北宋軍隊主要由禁軍和廂軍兩部分構成，「國有武備之兵，而又有力役之兵」〔註 34〕。禁軍是北宋政府的中央軍，任務是「列營京畿，以備宿衛」，由皇帝直接指揮；廂軍為「諸州之鎮兵也，各隸其州之本城，專以給役」〔註 35〕，軍權歸地方各州，但由朝廷派遣的「知事」（知府）掌管。對比之下可見，禁軍由於主要是負責帝都安全，因而戰鬥力稍強，待遇較高，而廂軍由於主要是供官府役使，平時很少訓練，缺乏戰鬥經驗，故而戰鬥力非常差，待遇也就自然低于禁軍了。但禁軍與廂軍之間，是可以相互流通的。據《嘉泰會稽志》記載：「禁軍有退惰者，降為廂軍，謂之落廂。」〔註 36〕廂軍中精壯曉勇者皆選送京師以補禁軍之缺。

北宋的募兵制度是北宋冗兵現象出現的根本原因。募兵制度是指「為農者出租以養兵，為兵者事征以衛民」〔註 37〕的兵農相分的職業兵制。根據《宋

〔註 29〕 李廣星，試論北宋冗官的產生及危害〔J〕，齊魯學刊，1983 年 3 月。
〔註 30〕 （宋）蘇東坡，蘇東坡全集：蘇東坡文集 4〔M〕，珠海：珠海出版社，1996年，第 598 頁。
〔註 31〕 闞履權，兩宋史論〔M〕，鄭州：中州書畫社，1983 年，第 103 頁。
〔註 32〕 蕭伯符，畢耕集：蕭伯符法學文萃〔M〕，北京：中國人民公安大學出版社，2008 年，第 184 頁。
〔註 33〕 蔡襄撰，陳慶元等校注，蔡襄全集〔M〕，福州：福建人民出版社，1999 年，第 429 頁。
〔註 34〕 徐規主編，宋史研究集刊〔M〕，杭州：浙江古籍出版社，1986 年，第 62 頁。
〔註 35〕 吳曉亮主編，宋代經濟史研究〔M〕，昆明：雲南大學出版社，1994 年，第 19 頁。
〔註 36〕 淮建利，宋朝廂軍研究〔M〕，鄭州：中州古籍出版社，2007 年，第 53 頁。
〔註 37〕 宋史・兵志八（卷 194）〔M〕。

史‧兵志七》記載：宋之軍隊來源大體有四：「或募土人就所在團立，或取營伍子弟聽從本軍，或募饑民以補本城，或以有罪配隸給役。」由此可見，招募新兵是北宋擴充軍隊最主要的方式。北宋的募兵制度有三個主要特點：第一，招募範圍廣泛，招募人數巨大；第二，士兵服役終生化，只進不出；第三，士兵服役職業化，農兵分離，士兵不從事其他生產勞動。由於宋太祖趙匡胤認為「可以利百代者，惟養兵也。方凶年饑歲，有叛民而無叛兵；不幸樂歲變生，則有叛兵而無叛民」〔註38〕。募饑為兵，招流從伍，竟然成了北宋治國的一條祖訓家法。以此條祖訓家法為指導思想，北宋王朝大肆招募饑民流民為兵，不斷擴充軍隊。如宋仁宗皇祐年間，河北水災，農民流入京東者 30 餘萬，安撫使富弼募以為兵，「拔其尤壯者得九指揮」，約 4500 人。不到百年當中，軍隊幾乎增加了 6 倍。宋太祖建國初年，軍隊總數為 22 萬，開寶年間增加到 37 萬 8 千人。宋太宗至道年間的軍隊總數達 66 萬 6 千人，而到了宋真宗天禧年間增加到 91 萬 2 千人，到宋仁宗慶曆年間就一躍達到了 125 萬 9 千人。〔註39〕然而，雖然「今內外之兵百餘萬……給漕挽者兵也，服工役者兵也，繕河防者兵也，供寢廟者兵也，養國馬者兵也」，卻都是「疲老而坐食者」〔註40〕。募兵數量的增多，軍隊人數的龐大，並不能單方面地造成北宋冗兵現象的出現。如果當年招募的士兵數量與當年裁剪的士兵數量相當，那麼冗兵也就不會大量出現。因而，除了大量招聘士兵之外，冗兵的出現必定還有其他原因，其中之一就是士兵服役終身化。北宋軍隊士兵易進難出，甚至是有進無出，因而出現軍隊「積兵」過多，軍隊人數只增不減。軍隊難以完成新陳代謝，弱兵、殘兵、老兵常留軍中，軍隊戰鬥力之弱由此可見。軍隊人數的整體增多，最終也不一定會造成冗兵的出現。如果所有軍隊的士兵只是在戰事之時服兵役，平時都參加農業勞動，就轉化為了勞動力，也就不存在冗兵之說了。然而，北宋的這種募兵制度是兵農分離的，士兵們都是不耕稼穡，「仰食天子衣食」的。所以，冗兵的最終形成就正如宋人蘇轍所說：「古者民多則兵眾，兵眾則國強，今兵眾而至於以為冗者，則是不耕而食之過也。」〔註41〕總得來說，是募兵之多之亂，士兵服役只進不出，士兵

〔註38〕周鑾書，兵略 兵制 兵爭〔M〕，南昌：江西人民出版社，2002 年，第 228 頁。

〔註39〕漆俠，王安石變法〔M〕，石家莊：河北人民出版社，2001 年，第 21 頁。

〔註40〕于汝波，李興斌主編，中國經典兵書 中〔M〕，濟南：山東友誼出版社，2002 年，第 1880 頁。

〔註41〕張美霞，蘇轍全集 5〔M〕，長春：時代文藝出版社，第 1558 頁。

不耕稼穡，三者相互作用，最終滋生了冗兵現象並日趨嚴重。冗兵現象的滋生並日趨嚴重必將使北宋王朝日益走向積貧積弱的深淵。

冗費是造成北宋王朝國用不足，國家積貧積弱的終極原因。北宋王朝冗費產生的原因是多方面，主要有四個方面：冗官產生的冗費、冗兵產生的冗費、統治者奢侈腐敗產生的冗費、向外族政權進獻「歲賜」產生的冗費。其一，「冗吏耗於上」。北宋疊床架屋的官僚體制導致北宋的冗官現象非常嚴重。冗官所導致的一個直接後果就是冗費。北宋時期官員俸祿的名目繁多，數額驚人。就俸祿名目來說，有奉祿匹帛、職錢、傔人衣糧、廚料、薪炭、儲物、公用錢、給券、職田等。名目之多，令人眼花繚亂。從此名目也可見北宋士人只要進入了公務員隊伍，一切費用均由朝廷承包，豐衣足食，高枕無憂。就俸祿數量來說，金額之大同樣令人咂舌。根據《宋史・職官志》記載，北宋官員最高每月可得官俸四百千，春、冬服各綾二十四、絹三十匹、冬綿百兩，祿粟一百石，職錢一百千，束薪一千二，鹽七石，牲口粟二十四馬，公用錢兩萬貫，職田四十餘頃（無職田的付給茶湯錢），外加數量可觀的給券和傔人衣糧費用等。這樣計算下來，北宋每年官俸總支出，大約錢 96 萬貫，金 14870 兩，銀 620000 兩。〔註42〕此外，「宋制，祿賜之外，又時有恩賞。李沆病，賜銀五千兩……戴興為定國軍節度使，賜銀萬兩，歲加給錢千萬」〔註43〕。如宋仁宗駕崩，「遺賜大臣各值百餘萬」。北宋王朝對官員的優待只能說是「恩逮於百官者唯恐其不足」〔註44〕。此外，宋太祖在「杯酒釋兵權」時，就對忠臣說：「人生駒過隙爾，不如多積金，市田宅，以遺子孫，歌兒舞女，以終天年，君臣之間，無所猜嫌，不亦善乎？」〔註45〕這也從側面促進了官員們不務正業、奢侈生活的養成，從此產生的冗費亦不少也。正如司馬光在其《論財利疏》中所描述的：「左右侍御之人，宗戚貴臣之家，第宅園圃，服食器用，往往窮天下之珍怪，極一時之鮮明，惟意所欲，無復分限……至於頒賜外廷之臣，亦皆踰溢常數，不循舊規……近日俸給賜予，比於先朝，何啻數十倍

〔註42〕譚鳳娥，宋代的俸祿制度與宋代的滅亡〔J〕，甘肅社會科學，2003 年 5 月。

〔註43〕汪聖鐸，兩宋財政史〔M〕，北京：中華書局，1995 年，第 486 頁。

〔註44〕王瑞明，宋代政治史概要〔M〕，武漢：華中師範大學出版社，1989 年，第 469 頁。

〔註45〕本書編委會編，二十五史精選 文白對照與導讀・下〔M〕，北京：中國書籍出版社，1995 年，第 1487 頁。

矣。」〔註46〕其二，「冗兵耗於下」。北宋軍隊不斷擴充，冗兵不斷增加，必然導致養兵之費也急劇增加。如嘉祐二年（1057年）三司使程琳上疏指出：「河北、陝西軍儲數匱而招募不已，且住營一兵之費，可給屯駐三兵。昔養萬兵者，今三萬兵也。河北歲費芻糧千二十萬，其賦入支十之三；陝西歲費千五百萬，其賦入支十之五……計騎兵一指揮所給，歲約費緡錢四萬三千，步兵所給，歲約緡錢三萬二千，他給賜不預。合新舊兵所費，不啻千萬緡。……此國用所以日絀也。」〔註47〕從當時北宋國家財政總支出來看，「養兵之費，在天下十居七八」，這個比例實為驚人。其三，皇室貴族的奢侈費用。每朝前幾位君主尚能明白創業之艱難，勵精圖治，勤儉持家，然而或許是暖飽思淫欲的緣故，隨著社會的逐漸穩定，隨後的君主基本都會走上奢靡淫欲之路，這似乎成為了中國歷代封建王朝的一條定律。北宋王朝照例沒有逃脫這個定律。開國皇帝宋太祖、第二代皇帝太宗基本上能保持節儉的習慣，但從第三代宋皇帝真宗後期開始，統治者們的字典裏遺漏了「居安思危」，生活腐化奢靡日益加重。如皇室費用，元德皇后嘗用金錢緣襜，太宗怒其奢。仁宗時初定公主奉料，以問獻穆，再三始言初僅得五貫爾，異時中宮月有止七萬錢者。但至神宗時，「官中一私身之奉有及八十千者，嫁一公主至費七十萬緡，沈貴妃料錢月八百緡」〔註48〕。又如郊祀之費，景德時一次為六百餘萬；皇祐時，增至一千二百萬；治平時，更增至一千三百萬，總支出約為一億萬緡以上。〔註49〕其四，向外族政權進獻的歲幣產生的冗費——「歲賜」。北宋王朝軍隊冗兵之多，戰鬥力之弱，導致幾乎每次與外族政權交戰都以失敗而告終。最後朝廷只能求和，向外族政權進獻貨幣財物，美其名曰「歲賜」。如宋真宗景德元年（公元1004年），北宋與遼國簽定「檀淵之盟」，規定每年送給遼歲幣銀10萬兩，絹20萬匹。又如康定元年（公元1040年），慶曆元年（公元1041年），慶曆二年（公元 1042 年），北宋與西夏之間先後發了三次大的軍事戰役：即三川口之戰、好水川之戰、定川寨之戰。三次戰役均已北宋損兵折將而告終。

〔註46〕 （宋）司馬光，論財利疏〔A〕，司馬溫公集編年箋 3〔M〕，成都：巴蜀書社，2009 年，第 359 頁。

〔註47〕 葉振鵬主編，中國歷代財政改革研究〔M〕，北京：中國財政經濟出版社，1999年，第 432 頁。

〔註48〕 孫翊剛編，中國財政史〔M〕，北京：中央廣播電視大學出版社，1984 年，第139 頁。

〔註49〕 葉振鵬主編，中國歷代財政改革研究〔M〕，北京：中國財政經濟出版社，1999年，第 433 頁。

慶曆四年（公元 1044 年），最後雙方商議，北宋每年賜給西夏「絹十三萬匹，銀五萬兩，茶兩萬斤，進奉乾元節回賜銀一萬兩，絹五千匹，茶五千斤，賀正旦貢獻回賜銀五千兩，絹五千匹，茶五千斤，中冬賜時服銀五千兩，絹五千匹，以及賜臣生日禮物銀器二千兩，細衣著一千匹，雜帛兩千匹」〔註 50〕。西夏君主元昊取消帝號，向北宋稱臣。而宋夏戰爭之際，遼國乘火打劫，再次向北宋索要歲幣，北宋再一次拿錢消災，對遼的歲幣年贈銀 10 萬兩，絹 10 萬匹。由此可見，每年用於「歲賜」費用不是一筆小數目。

優遇官僚和養兵的需要，統治者漫無邊際的賞賜、浪費，戰敗被索求的賠款，一步步蛀空了趙宋王朝的經濟基礎。《宋史》卷 179《食貨志》下記載，寶元中，天章閣侍講賈昌朝言：「臣嘗治畿邑，邑有禁兵三千，而留萬戶賦輸，僅能取足，郊祀慶賞，乃出自內府。計江、淮歲運糧六百餘萬石，以一歲之入，僅能充期之用，三分二在軍旅，一在冗食，先所蓄聚，不盈數載。天下久無事，而財不於國，又不在民，倘有水旱軍戎之急，計將安出？」〔註 51〕顯而易見，此時的財政為赤字。又如京師出入金帛，「寶元元年，入一千九百五十萬，出二千一百八十五萬；是歲郊祀，故出入之數視常歲為多；慶曆二年，入二千九百二十九萬，出二千六百一十七萬，而奇數皆不顧焉」。皇祐元年（1049 年），「入一億二千六百二十五萬一千九百六十四，而所出無餘」〔註 52〕。由此可見，北宋王朝的國家財政，「年年虧短」，「支諸宿藏」，以致「百年之積，惟存空簿」，最後雖「盡取山澤之利而不能足也」〔註 53〕，只能不斷加重對勞動人民的盤剝，於是乎「官亂於上；民貧於下；風俗日以薄；財力日以困窮」〔註 54〕，各種矛盾交織在一起，使北宋政權的統治逐漸走向沒落。

北宋王朝此時「災異屢降，饑饉薦臻，官多而用寡，兵眾而不精，冗費日滋，公私困竭，戎狄桀傲，邊鄙無備，百姓流亡，盜賊將起」〔註 55〕，危

〔註 50〕（清）畢沅，續資治通鑑〔M〕，上海：上海古籍出版社，1987 年，第 230 頁。
〔註 51〕葉振鵬主編，中國歷代財政改革研究〔M〕，北京：中國財政經濟出版社，1999 年，第 433 頁。
〔註 52〕王雷鳴編注，歷代食貨志注釋 第 2 冊〔M〕，北京：農業出版社，1985 年，第 256 頁。
〔註 53〕（宋）洪邁著，高蘭譯，容齋隨筆〔M〕，西寧：青海人民出版社，2004 年，第 181 頁。
〔註 54〕安開學，王安石傳〔M〕，北京：京華出版社，2002 年，第 152 頁。
〔註 55〕（宋）司馬光，乞罷評定宰臣押班箚子〔A〕，司馬溫公集編年箋注 3〔M〕，成都：巴蜀書社，2009 年，第 469 頁。

如累卵。司馬光作爲北宋具有強烈責任意識和憂患意識的忠君愛國的士大夫代表，必然竭盡所能維護和振興北宋王朝的江山社稷。其多次上疏，針砭時弊，向皇帝陳述的危機國情，提出自己的政治主張。司馬光在《辭免裁減國用》箚子中，指陳五大時弊：「用度太奢、賞賜不節、宗室繁多，官職冗濫，軍旅不精」〔註56〕。在《論御臣》箚子中，強烈要求變革「累日月以進秩，循資塗而授任」〔註57〕的「冗官」舊病。在《揀兵》箚子中，提出「養兵之術，務精不務多」〔註58〕的建議，以消除「冗兵」現象。這些思想都是其政治倫理思想的重要組成部分，由此可見，當時的政治背景是司馬光倫理思想產生的溫床。

二、經濟背景

北宋結束了五代十國的政治分裂局面，統一了中原大部分地區，並在建立北宋政權之後，統治者積極推行「偃武崇文」的治國方略，使得北宋王朝前百餘年間基本沒有長期的戰亂發生，這爲當時社會經濟的復蘇與發展創造了一個較爲穩定的社會環境。另外，北宋前期的統治者們居安思危，勵精圖治，採取了一系列促進生產力發展的經濟措施，如「不抑兼併」的土地政策、興修水利工程等，有力地促進了北宋經濟的發展與繁榮。在此良好的社會環境和經濟政策的保障下，勞動人民辛勤勞作，刻苦經營，故而北宋的農業、手工業、商業等社會經濟方面呈現出一派欣欣向榮的景象。

技術革新，產量豐收的北宋農業。農業是立國之本。在中國封建社會，統治者向來把農業放在社會經濟的首位。北宋初期，統治者們爲了恢復被五代十國時期被破壞的農業生產，採取了一系列的改革措施。宋太祖曾發佈詔令：「有能廣植桑棗，開墾荒田者，並之納舊租，永不通檢」〔註59〕，鼓勵人民墾荒，鼓勵人民澆旱田爲水田，圍湖造田，與山爭田，使得北宋的耕地面

〔註56〕（宋）司馬光，辭免裁減國用箚子〔A〕，司馬溫公集編年箋注3〔M〕，成都：巴蜀書社，2009年，第537頁。

〔註57〕（宋）司馬光，御臣〔A〕，司馬溫公集編年箋注3〔M〕，成都：巴蜀書社，2009年，第53頁。

〔註58〕（宋）司馬光，揀兵〔A〕，司馬溫公集編年箋注3〔M〕，成都：巴蜀書社，2009年，第58頁。

〔註59〕漆俠，中國經濟通史（宋）上〔M〕，北京：經濟日報出版社，2007年，第203頁。

積不斷增大。根據《文獻通考》的記載,「開寶末天下農田二百九十五萬三千三百二十頃六十畝,至道二年農田三百一十二萬五千二百五十一頃二十五畝,天禧五年農田五百二十四萬七千五百八十四頃三十二畝」〔註 60〕。不到半個世紀的時間,天下農田增長近一倍之多。除了鼓勵墾荒之外,北宋統治者非常重視興修水利工程。宋太祖時,瓊州度靈塘開修渠堰;宋太宗時,引滹沱河水灌溉稻田;宋眞宗時,開深州新河、霸州滹沱河、靜戎軍鮑河、鎮州鎮南河,又自嘉山東引唐水河至定州,引保州趙彬堰徐河水入雞距泉,修固浙江捍海堰;宋仁宗時,唐州修復陂渠,修建通州、楚州捍海堰。這些水利工程灌溉了千畝良田,阻擋了來自海洋的風潮襲擊,保障了農業生產。與此同時,北宋時期的農業勞作技術也得到了較大的提高和發展。如雙季稻的種植,鐵製農具的增多,插秧農具秧馬的出現,灌溉工具龍骨翻車的使用,引水上山、灌溉山田的筒車發明等。所有的這一切都必然使得北宋的糧食產量不斷增加。據統計「戰國平均糧食畝產 85 斤,兩漢 120 斤,唐代 116 斤,宋代畝產 177 斤,土地生產率比戰國提高 108%,比兩漢提高 47%,比唐代提高 53%,這是一個了不起的成就」。〔註61〕除了糧食作物之外,北宋的桑、茶、麻、甘蔗等經濟作物的產量也到提高。

　　生產力決定生產關。北宋農業生產力的不斷提高必然帶來北宋農業生產關係的改變。「合種」和「承佃」是北宋具體的兩種的租佃形式。「合種」爲分成租佃制,即佃客耕種地主的土地,秋收後,產量按照一定的比例分成。「承佃」爲定額租佃制,即佃客租種地主的土地,並按照定額交納地租。然而,隨著「田制不主」、「不抑兼併」的土地政策的推行,北宋的土地高度集中,定額租佃制比重不斷加大,從而使得地主與佃客之間的租佃關係悄然改變。當時有人言:「富民招客爲佃戶,每歲末收穫間,借貸周給無所不至,一失撫存,明年必去而之地。」〔註62〕可見,佃戶的社會地位有所提升,在一定的條件下可以離開原來的地主。另外,佃戶還可以購買土地,自立門戶,成爲國家的稅戶。由此可見,北宋時期,佃客對地主的人身依附關係在緩慢減弱。

　　門類眾多,異彩紛呈的北宋手工業。除了農業之外,北宋的手工業生產

〔註60〕 (元)馬端臨,文獻通考·田賦考四(卷 4)〔M〕,北京:中華書局,1986年,第 57 頁。

〔註61〕 張其凡,宋代史〔M〕,澳門:澳亞周刊出版有限公司,2004 年,第 374 頁。

〔註62〕 彭雨新主編,中國封建社會經濟史〔M〕,武漢:武漢大學出版社,1994 年,第 385 頁。

也有很大進步。北宋手工業門類十分豐富，除了有傳統的礦冶、陶瓷、煉鋼、紡織、雕刻、印刷、造船、釀酒、造紙等行業以外，由於新的科技發明，還出現了一些新的手工業門類，如火藥、火藥武器等。北宋手工業規模不斷擴大。北宋具有一定規模的手工業生產基地比前代大大增多了。如在礦冶業方面，唐代的金錫冶坊 186 處，宋英宗時（1064～1067 年）增至 271 處。北宋手工業技術不斷提高。如在冶鐵行業中，信州（今江西上饒）鉛山的冶銅工匠用「膽礬」（即硫酸銅）煉銅，同時採用近代化學中「置換反應」的原理，用「膽礬」浸鐵成銅，這在當時是一種先進的冶鐵技術。四川並鹽開採中所出現的筒井，也是北宋採礦技術的一大新成就。〔註 63〕除此之外，還有泥活字印刷術的發明，套色印刷紙幣的發明，銅刻印刷的普遍使用等。北宋手工業產品產量都大為提高。如：唐代元和初年（9 世紀初），國庫每年鐵收入 2070000 斤；而北宋英宗治平年間（1064～1067 年）鐵收入達到 8241000 斤。唐元和中銅課每年只有 26.6 萬斤；宋神宗元豐元年（1078 年）銅課每年多達 1400 多萬斤。北宋至道末年（997 年），政府歲收布帛 218 萬匹，絲帛 658 萬兩；元豐以後，僅租稅中的絹帛收入就已經達到 390 萬匹，絲帛 911 萬兩。唐代中期茶利收入每年不過 40 萬貫；宋大中祥符七年（1014 年），東南六路的茶利收入達到了 390 萬貫，此後因茶法廢壞的原因，茶利收入減少，但亦總在 100 萬貫以上。〔註 64〕北宋手工業產品質量大幅提升。如宋代的絲織品工藝堪稱精巧美妙。明代著名畫家董其昌評論北宋的絲織品：「唐絹粗而厚，宋絹細而薄，元絹與宋絹相似而稍不勻淨」〔註 65〕，反映了宋代絲織品技術上獨樹一幟。另外，北宋的瓷器工藝同樣是精妙絕倫，真正是「青如天、明如鏡、薄如紙、聲如磬」〔註 66〕，「在陶瓷美學上開闢了新的境界，奠定了後世各類瓷器的風格特色」〔註 67〕。

隨著手工行業生產力的不斷髮展，手工行業中工匠的身份也開始發生變化。工匠在官營作坊工作，可以獲得一定的「雇值」。有的生產部門是還現了

〔註 63〕吳泰，宋朝史話〔M〕，北京：中國國際廣播出版社，2009 年，第 68 頁。
〔註 64〕彭雨新主編，中國封建社會經濟史〔M〕，武漢：武漢大學出版社，1994 年，第 397 頁。
〔註 65〕漆俠，宋代經濟史下冊〔M〕，上海：上海人民出版社，1988 年，第 628 頁。
〔註 66〕胡世慶編著，中國文化通史〔M〕，杭州：浙江大學出版社，1996 年，第 594 頁。
〔註 67〕彭雨新主編，中國封建社會經濟史〔M〕，武漢：武漢大學出版社，1994 年，第 402 頁。

類似計件給雇值的方式。另外私營作坊使用雇傭工匠，他們領取錢米作為雇值。這些情況表明北宋工匠所受的封建人身束縛已經有所鬆弛，工役已向雇傭勞動方向發展。

欣欣向榮、繁榮發展的北宋商業。農業和手工業的發展必然推動商業不斷進步。宋朝時期，我國商業的發展達到了封建社會商業的發達形態。商業都市不斷增多，出現了很多國際性的商業大都市。如《馬可波羅遊記》中記載的「在莊嚴和秀麗上，的確為世界其他城市之冠」的杭州，城內各街道有「無數的鋪子」，還有十個方形的大市場，每星期有三日為集市，「有四五萬人」帶著各種物品來此貿易。〔註68〕都市商業打破了唐以來的坊市制度。據《東京夢華錄》的記載，當時東京城內有許多大街，街上酒店綵樓相對，店鋪屋子雄壯，「每五更點燈，博易買賣衣物圖畫花環領抹之類，至曉即散，謂之『鬼市』」〔註69〕。農村中坊場墟市等集市增多和擴大促進了新市鎮的形成。浙江海寧縣的長安鎮、富陽縣的南新鎮等即由集市而發展而來的市鎮。商業行會得到空前發展。北宋國都汴京（今開封），諸行百市不可勝記，有名稱見於記載的有20多個〔註70〕。紙幣的出現以及貨幣流通量的擴大。北宋市場上流通的貨幣是以銅錢為主，紙幣為輔。〔註71〕

北宋商業的發展使得商人的社會地位不斷上昇。在中國古代社會，「士、農、工、商」是人們對社會階層的一個劃分，也可以說是一個共識。商人處於社會最低層，是最低賤的階層。然而，隨著北宋商業的不斷髮展，對社會經濟的貢獻不斷增大，人們對商人的看法也發生了轉變。范仲淹就在其《四民詩》中感問到：「吾商則何罪，君子恥為鄰！」〔註72〕，強烈抗議傳統的輕商、蔑商觀念。除此之外，封建君主對商人的看法也發生了轉變，如宋英宗治平元年，詔令：「工商雜類，有奇才異行者，亦聽取解。」〔註73〕就給長期以來受社會抑商觀念壓制、束縛的商人提供了入仕官場的機會，商人政治地位得到一定提高，和前朝各代相比，這無疑是個較大的進步。

〔註68〕 羅晶，淺析宋元時期的商德〔A〕，論理學研究，2012 年 1 月。

〔註69〕 （宋）孟元老撰，李士彪注，東京夢華錄〔M〕，濟南：山東友誼出版社，2001年，第 20 頁。

〔註70〕 田野，宋代的商人組織──行〔J〕，北京商學院學報，1999 年 5 月。

〔註71〕 羅晶，淺析宋元商人道德〔J〕，倫理學研究，2012 年 1 月。

〔註72〕 （宋）范仲淹，范文正公集（卷1）〔M〕，北京：商務印書館，1937 年，第 9頁。

〔註73〕 （清）徐松，宋會要輯稿〔M〕，北京：中華書局，1957 年，第 4488 頁。

三、文化背景

　　北宋穩定而「積弱」的政治環境、繁榮卻「積貧」的經濟環境、尚文又寬鬆的文化氛圍孕育了璀璨輝煌的北宋文化。在數千年文化歷史的積澱上，北宋文化推陳出新，各個文化領域、各類文化形式、各種雅俗文化百花齊放，絢麗奪目。不僅在文學、史學、哲學等人文科學領域，北宋創造了豐富的文化成果，如宋詞、理學等。同時在自然科學領域，北宋的天文、數學、物理、生物、醫藥以及建築技術、冶煉技術、活字印刷技術等方面都走在了世界的前列。對此，宋史專家鄧廣銘認為：「宋代是我國封建社會發展的最高階段。兩宋時期的物質文明和精神文明所達到的高度，在中國整個封建社會歷史時期之內，可以說是空前絕後的。」不僅是中國自己人說好，國外的學者對北宋文化也是讚不絕口。世界著名英籍學者李約瑟先生深有感觸地說：「談到11世紀，我們猶如來到最偉大的時期。」其「文化科學都達到了前所未有的高峰」。日本漢學專家內藤湖南更是在其《概括的唐宋時代觀》一文中認為：「唐代是中世的結束，宋代則是近世的開始」。

　　在自然科學領域，北宋取得了前所未有的成績，不管是和中國古代的其他王朝相比，還是和同時代的歐洲各國相比，都處於遙遙領先的地位，在天文、數學、醫藥、建築、軍事等各個領域都湧現出了諸多傑出的科學家，以及大量的科學著作和科技發明。在中醫藥領域，汴京太醫劉溫舒發展了傳統中醫的運氣學說。仁宗朝太醫王維一創制了針灸銅人，在上面刻畫經穴，標注名稱，並寫成《銅人俞穴針灸圖經》3卷，又將《圖經》刻石流傳，便利了針灸的操作和傳授。另外出現了大量的醫方書，如《太平聖惠方》、《蘇沈良方》，對於普及醫藥學知識起到了重要作用。在建築領域，鄭州新鄭人李誡刻苦鑽研三十載，完成了《營造法式》這部建築學巨著。《營造法式》全書共計34卷，分為5個部分：釋名、各作制度、功限、料例和圖樣，前面還有「看樣」和目錄各1卷。此書的問世，標誌著我國古代建築技術已發展至較高階段。在天文領域，蘇頌和韓公廉等人創制了世界上第一臺結構複雜的「天文鐘」——水運儀象臺。另外還共同寫成了《新儀象法要》一書，這些成就充分反映了北宋時期天文、機械等方面取得的顯著成就。在軍事領域，北宋仁宗年間，官方編修了一部著名的軍事著作《武經總要》。該書完整記述了北宋前期的軍事制度，介紹了兵器、火器、戰船等軍用器具，注重軍事戰術與技術的結合，這對於中國軍事史和兵器技術史的研究，具有極高的參考價值。

在數學領域，邵雍通過對先天易圖的解釋，結合象數推演，建構出「先天象數學」。其以「太極」爲本體，發揮「四象」一分爲二的原理，揭示出宇宙萬物運行的數理規律。在生物化學領域，宋人已經開始從人尿中提煉激素作爲藥物。他們在提煉尿中的類固醇激素時，竟然採用了皀素沉澱這種完全是現代化的方法。此外，北宋出現了一個著名的科學家，他就是沈括。沈括學識淵博，從事研究的領域極其廣闊，《宋史‧沈括傳》作者稱其「博學善文，於天文、方志、律曆、音樂、醫藥、卜算無所不通，皆有所論著」。尤其是其所寫的《夢溪筆談》一書，詳細地記載了勞動人民在科學技術方面的卓越貢獻和他自己的研究成果，反映了我國古代特別是北宋時期自然科學達到的輝煌成就。英國科學史家李約瑟評價《夢溪筆談》爲「中國科學史上的里程碑」。當然，北宋科技成就中最爲輝煌的是活字印刷、火藥和指南針的發明與應用。北宋畢昇在雕版印刷的基礎上發明了活字印刷術，帶來了刻書業的繁榮，有力地推動力圖書收藏和整理事業的發展，使得國家和個人的圖書數量激增，成爲文化傳播的巨大推動力。正如資政殿大學士向敏中所言：「國初（北宋建國初）惟張昭家有三史……今三史、《三國志》、《晉書》皆鏤版，士大夫不勞力而家有舊典。」當然刻書業不僅僅局限於史書，還廣泛涉及到了儒家、佛家、道家、天文、地理、農工、醫學、詩文、詞集、小說等方面的經典書籍。如此繁榮的文化背景爲司馬光學習、研究、著作提供了良好的外部條件。

人文科學在北宋代政府推動下同樣獲得了巨大的發展。在文學領域，宋詞的出現，打破了唐詩獨領風騷的文學格局，成爲中國文學史上與唐詩並列的文學明珠。在史學領域，北宋王朝在北宋初年至仁宗時期，就組織力量校對宋、齊、梁、陳、北魏、北齊、北周七史的並謬亡缺，成功編修了《新唐書》與新舊《五代史》，有力地促進了史學的繁榮。但在此我們著重要分析的是北宋哲學思想的發展。北宋哲學思想呈現出兩個顯著的特徵，或者說兩個顯著的發展格局。其一是儒釋道「三教合流」，並駕齊驅，相互吸納，融會貫通。另一是儒學的復興，理學的出現與發展。從董仲舒「罷黜百家獨尊儒術」開始，在中國封建社會的絕大部分歷史時期，儒家思想都是統治者所認同和實施的治國指導思想，是官方哲學，是社會的主流價值觀，當然其也有低迷時期，如魏晉時期玄學的興起，但是那只是暫短的時期。道教是中國土生土長的宗教，教門尊老子爲教主，以《道德經》爲聖經，經過長期的歷史發展而形成。東漢張陵創立「五斗米道」是道教形成的標誌性事件。道教思想在

中國封建歷史上佔有重要的地位，尤其是魏晉時期。佛教起源於印度，在公元前後開始傳入中土，為求生存與發展，佛教不得不開始本土化的漫長過程。在此過程中，一是向占統治地位的儒家靠攏，二是依附於老莊和玄學。經過隋唐時期，發展到了北宋時期，在優容儒學的前提下，統治者對佛教、道教採取了寬鬆政策，儒家、道家、佛家之觀念系統間相互利用、相互滲透，儒、道、釋三種思想三足鼎立的格局已經形成，呈現出「三教合一」的發展趨勢。

「三教合一」最大的成果是孕育了中國封建社會最完備的官方意識形態——道學（亦稱理學）。然而令人頗感意外的是，理學的產生最初卻是從反對道教、佛教，復興儒學開始的。此次儒學復興運動從唐朝中末期開始，由唐宋八大家之一的韓愈首先舉起復興儒學的旗幟，以古文運動為表現形式，以懷疑傳統經學為起點，以批判並吸收佛老、改造以董仲舒為代表的舊儒學為主要內容。到了北宋時期，宋儒繼承韓愈的未竟事業，在社會上掀起一場儒學復興的大潮。此時，儒學復興運動由疑傳惑經發展到以己意說經，形成一次強大的思想解放運動；由批判佛老思想到吸收佛老，融合三家，終於形成一種支配宋元明清思想界的新儒學——理學。理學的產生，是宋代文化上的大事。北宋時期，理學還處於草創和初興時期，以探討天理、人性、人生境界等問題為旨歸，主要代表人物是指北宋五子，即邵雍、周敦頤、張載、程顥、程頤。在南宋初期，朱熹曾在其《六先生畫像贊》一文中把本書討論的主人公司馬光作為北宋六子之一，可見當時的這場儒學復興運動對司馬光的影響之深。

北宋是我國封建社會重要的變革和轉型時期，其政治、經濟、思想文化等諸方面皆呈現出與前代社會不同的內容特質。崇文抑武的政治國策，矛盾重生的政治環境，繁榮發展的商品經濟，日益貧困的國家經濟，欣欣向榮的自然科學，復興儒學的社會思潮等，這一切都給具有高度社會責任感的北宋士大夫們帶來了巨大的衝擊與影響，他們本著「先天下之憂而憂，後天下之樂而樂」入世精神，以主人翁的姿態，上下求索，勵精圖治，為復興與拯救趙宋王朝而獻計獻策。司馬光就是其中傑出的表率，他的倫理思想正是在這種時代背景下應運而生。

第三節　司馬光倫理思想的思想淵源

司馬光是北宋最有深度的思想家之一，其倫理思想博大精深，因此，要全面而準確地瞭解與把握其倫理思想，探究其思想淵源就顯得十分必要了。

　　司馬光「家世爲儒」〔註74〕，「徒以儒術承家，早用門資署吏」〔註75〕，「幼時始能言，則誦儒書」〔註76〕。《宋史》之《司馬光傳》稱司馬光「孝友忠信，恭儉正直，居處有法，動作有禮，自少至老，語未嘗妄」，將其描繪爲一個典型的儒家君子。由此可知，儒家思想必定是其倫理思想的主要來源。與一般的宋儒一樣，司馬光的倫理思想首先是來源於儒家的六經，從六經中學習先王之道，正如其所言：「世家相承、習尚儒素。故自免去襁褓、初知語言、父兄提攜、授以經籍。」〔註77〕司馬光認爲「聖作六經、萬世典型」〔註78〕，因此在其各種文章、奏章中，頻頻引用儒家傳統六經。如《資治通鑑》「臣光曰」的評論中，有關儒家傳統六經的引用就多達五十多處。另外司馬光還多次引用過《尚書·大禹謨》中的「人心惟危、道心惟微、惟精惟一、允執厥中」作爲心性修養方法，以及他推崇中和之道的根據之一。

　　當然，作爲「以樸濡自守」並被時人公推爲「醇儒」的司馬光，其倫理思想的本源自然無法跨越儒家鼻祖孔子其人其說。司馬光對孔子及其思想最爲欽歎，他說到：「仲尼、聖人也，自生民以來未之有也」。「必欲求道之眞，則莫若以孔子爲的而已」。「學者苟志於道，則莫若本之於天地、考之以先王、質之以孔子」。大贊孔子光大先王之道的沒世之功：「及周之衰，先王之道蕩覆崩壞，幾無餘矣，其不絕者，纖若毫芒，自非孔子起而振之、廓而引之，使宏大顯融以迄於今，則生民之眾幾何其不淪而爲禽夷也」。在司馬光的哲學著作及論文奏箚中，孔子《論語》之論星布於其中，構成了司馬光學術思想的主旋律。因而，孔子及其《論語》當是司馬光倫理思想的核心來源。

　　《大學》《中庸》也是司馬光倫理思想的重要發源地。司馬光非常重視《大學》《中庸》，這可由司馬光專門注釋《大學中庸義》得知，可惜此書已失傳。但司馬光對《大學》《中庸》倫理思想的繼承與發揮還是隨處可見的，如在其專著《中和論》中，他把「中和」視爲「本」和「道」，認爲是支配自然界和人類社會的規律，同時也是其衡量事物的基準。另外司馬光倫理思想中的中和思想、誠的思想，以及虛靜定的治心功夫諸觀點就都直接淵源於《大學》《中庸》。

〔註74〕司馬溫國文正公文集·乞開言路狀〔M〕。
〔註75〕司馬溫國文正公文集·謝檢討啓〔M〕。
〔註76〕司馬溫國文正公文集·答劉賢良書〔M〕。
〔註77〕司馬溫國文正公文集·謝枚勘啓〔M〕。
〔註78〕（宋）司馬光，潛虛〔M〕，上海：商務印書館，中華民國25年，第41～42頁。

　　司馬光倫理思想的哲學思想淵源，還有兩處是絕對不可忽視的：一處是荀子，一處是揚雄。對於荀子、揚雄，司馬光給予了相當高的評價，他認為「戰國以降，諸子（百家）蠭起，先王之道，荒塞不通，獨荀卿、揚雄排攘眾流，張大正術，使後學者坦知去從」〔註79〕。並在入朝為官不久，就上奏宋仁宗《乞印行荀子揚子法言狀》，請求印行《荀子》、《揚子法言》兩書。司馬光繼承荀子的倫理思想主要體現在吸取荀子的「隆禮明分」論、「虛一而靜」論、「天人相分」論、「人定勝天」論、「聖人立教」說、「王霸並衡」論以及其餘的治國之道，如荀子《解蔽篇》中的「虛一而靜」、「德操定應」的思想就被司馬光發揮為以中和調情志的治心方法。

　　與荀子相比，司馬光對揚雄的尊崇又要高出一籌。對於揚雄，司馬光給以了僅次於孔子的尊崇，把他看作是孔子後的第一大儒，是聖人之道的發揚光大者：「揚子雲真大儒者耶！孔子既歿，知聖人之道者，非子雲而誰？孟與荀殆不足擬，況其餘乎？」。「司馬光自命為繼承揚雄之學，對《法言》、《太玄》二書『研精竭慮』、『疲精勞神』達三十餘年。」〔註80〕司馬光不僅花大精力為揚雄的《法言》《太玄》作注，且又準《太玄》作《潛虛》，並且認為揚雄的著述觀點是確論真理，「觀玄之書，昭則極於人，幽則盡於神，大則包宇宙，小則入毛髮。合天地人之道以為一，刮其根本，示人所出，胎育萬物，而兼為之母，若地履之而不可窮也。若海挹之而不可竭也。天下之道，雖有善者，蔑以易此矣。考之於渾元之初而玄已生，察之於當今而玄非不行，窮之於天地之末而玄不可亡，叩之以萬物之情而不漏，測之以鬼神之狀而不違，概之以六經之言而不悖」〔註81〕。因而「後立之言、莫能加也」。司馬光倫理思想中的人性論、中和論、天人論、因革論、禮樂紀綱說，以及對諸家各派的評說中處處留下了揚雄思想的印痕。如關於人性，揚雄認為：「人之性也善惡混，修其善則為善人，修其惡則為惡人。」〔註82〕司馬光則說：「夫性者，人之所受於天以生者也。善與惡必兼有之。」〔註83〕揚雄主張中和之道，說：「立政鼓眾，動化天

〔註79〕司馬溫國文正公文集・乞印行荀子揚子法言狀〔M〕。
〔註80〕侯外廬，中國思想通史（卷4）〔M〕，北京：人民出版社，2011年，第511頁。
〔註81〕（宋）司馬光，說玄〔A〕，王无咎主編，四部精粹・下集　集部〔M〕，上海：經緯教育聯合出版部，1936年，第414頁。
〔註82〕法言・修身篇〔M〕。
〔註83〕同上。

下，莫尚於中和。」〔註84〕司馬光也說：「政以中和爲美也」〔註85〕揚雄說：「學者所以求爲君子也。」〔註86〕司馬光則說：「學者所以求治心也。學雖多而心不治，安以學爲？」〔註87〕揚雄說：「聖人治天下也，不礙（止也）諸以禮樂。」〔註88〕司馬光則說：「禮義，治人之大法。」〔註89〕「禮者，聖人之所履也。」〔註90〕揚雄說：「君子爲國，張其綱紀，謹其教化二。」〔註91〕司馬光則主張：「自天子、諸侯至於卿大夫、士庶人，尊卑有分，大小有倫，若綱條之相維，臂指之相使，是以民服其上而下無凱覦。」〔註92〕由此可見，司馬光的倫理思想與揚雄的倫理思想是一脈相承的，甚至還有人誇張地認爲「溫公之學子雲之學也」，揚雄對司馬光倫理思想的影響之深遠由此可見。

對繼孔子以後公認的大儒，儒學亞聖——孟子，司馬光獨樹一幟，在其《疑孟》中，對《孟子》中的一系列觀點進行了駁斥，認爲雖孟子宣稱願學孔子，然所持論點卻與孔子思想多有不合。但是，即使是爲司馬光所不喜的孟子之論，他也偶稱「孔孟之爲聖賢」。在其著文中，也不時有引孟子之言的地方。如在《上兩宮疏》中，司馬光就英宗與皇太后不和事勸「皇太后無忘孟子之言」，即孟子說的「父子責善、賊恩大矣」。希望骨肉至親以和爲貴，不要錙銖必較。另外，司馬光的道德修養論及重民思想等方面還是受到了孟子思想的影響。如在其《中和論》一文中，司馬光引用「孟子曰：我善養吾浩然之氣」，之後又連續引了孟子「故曰」五次。將孟子心性修養中的配義與道、直養其氣、檢其慢志、收其放心的思想加以改造吸收，得出要「謹守中和之志，不以喜怒哀樂亂其氣分」。

由此可見，司馬光自幼深受儒學的薰陶，廣泛地吸收儒家傳統觀點，從

〔註84〕 法言・先知篇〔M〕。

〔註85〕 （宋）司馬光，中和論〔A〕，司馬溫公集編年箋注 5〔M〕，成都：巴蜀書社，2009 年，第 350 頁。

〔註86〕 法言・學行篇〔M〕。

〔註87〕 文集・學要〔M〕。

〔註88〕 法言・問道篇〔M〕。

〔註89〕 （宋）司馬光原著，資治通鑑・文白對照本（卷 291）〔M〕，北京：中華書局，2009 年，第 12386 頁。

〔註90〕 （宋）司馬光原著，資治通鑑・文白對照本（卷 192）〔M〕，北京：中華書局，2009 年，第 8002 頁。

〔註91〕 法言・先知篇〔M〕。

〔註92〕 （宋）司馬光原著，資治通鑑・文白對照本（卷 192）〔M〕，北京：中華書局，2009 年，第 9268 頁。

學術源流上講是儒家正統。難怪他自己最後聲明：「此皆纂述聖賢之言，非取諸胸臆也」。當然，他對聖賢之言不是轉述而已，而是加以改造，有機地結合在他的思想體系中。

　　司馬光以儒家正統自居，「不喜釋老」，稱「其微言不能出吾書，其誕吾不信」〔註93〕，並曾慨然奏請皇帝說：「釋老之教，無益於世，而聚匿遊惰，耗蠹良民」〔註94〕，應予禁絕！指斥「老莊以虛無之談，騁荒唐之辭，……彼莊棄仁義而絕禮學，非堯舜而薄周孔，死生不以為憂，存亡不以為患，乃匹夫獨行之私言，非國家教人之術也」〔註95〕，指斥佛教為「胡神」和「鬼教」。然而，其身處在北宋儒釋道三教合流這一大的文化背景之下，還是不可避免地受到「釋老」之學的影響。更何況，司馬光在批判佛老之學的同時，也認為「余何遊乎？余將遊聖之門、仁之里，非聖不師，非仁不友，可乎？不可！不若遊眾人之場，聞善而遷，觀過而改」〔註96〕，主張博學眾說、廣取眾長。如其在《迂書‧老釋》一文中，司馬光自問自釋：「或問老釋有取乎？迂叟曰：有。或曰：何取？曰：釋取其空，老取其無為自然。捨是無取也。或曰：空則人不為善、無為則人不可治，奈何？曰：非謂其然也。空取其無利欲之心，善則死而不朽，非空矣；無為取其因任，治則一日萬機，有為矣妙。」〔註97〕，抓住釋老「空」、「無」、「自然」的實質，加以改造吸取。另外在人生觀上，司馬光特別贊成莊子「恬淡逍遙，歸於自然」的生活態度，還一度以「齊物子」自名。在義利觀上，司馬光對佛教的無利欲之心肯定有加。

　　司馬光倫理思想的學術淵源廣泛，不僅包括正統的儒家思想，佛老之學，甚至上文沒有提到的《孝經》、《儀禮》、甚至韓非子的刑名說、墨子的兼愛說等，司馬光都有借鑒與吸收。然而，對儒家之外的學說，司馬光雖有所受，

〔註93〕　（宋）蘇軾，司馬溫公行狀〔A〕，司馬溫公集編年箋注6〔M〕，成都：巴蜀書社，2009年，第491頁。

〔註94〕　（宋）司馬光，論寺額箚子〔A〕，司馬溫公集編年箋注3〔M〕，成都：巴蜀書社，2009年，第210頁。

〔註95〕　（宋）司馬光，論風俗箚子〔A〕，司馬光文集1～4冊〔M〕，北京：中華書局，1985年，第152頁。

〔註96〕　（宋）司馬光，友箴〔A〕，司馬文正公傳家集（卷66）〔M〕，上海：商務印書館，民國26年，第824頁。

〔註97〕　（宋）司馬光，釋老〔A〕，司馬溫公集編年箋注5〔M〕，成都：巴蜀書社，2009年，第462頁。

但其受只是一種認同之受，都是基於儒家聖人之道的基礎上，用聖人之道加以改造，之後才認同，而並非直接納入儒學之中。所以總的說來，司馬光倫理思想與正統儒家思想是一脈相承的，是對正統儒家思想的繼承與發展，但同時又廣泛地批判地吸收了其他學派的學術思想。

第二章　司馬光倫理思想的哲學基礎

在北宋這個大的歷史背景下，司馬光的倫理思想應運而生，但卻與同時代其他哲學家的倫理思想「同而不同」，原因在於其具有特有的哲學基礎。本章著重探討這些內容。

第一節　人性論

人性論是人類從精神層面對自我的反思，是古今中外哲學家們最爲關注的核心問題之一。德爾斐的阿波羅神廟的箴言——「認識你自己」，啓迪了古希臘文明，孕育了西方文化。而早在公元前 6 世紀，中國古代之思想聖人孔子，就開始了對人性的思考，提出了「性相近，習相遠」的人性論思想，由此開啓了中國儒家文明。

從公元前 6 世紀的春秋時代，到公元 10 世紀的北宋王朝，中國古代哲學家們從未停止過對人性的思考，他們提出了見解各異的人性論思想，大體說來，可以分爲以下幾個派別：一，孔子提出的「性相近、習相遠」〔註 1〕的人性論思想。在其看來，人性之初相差無幾，人性的差別是由人後天的習行造成的，是人在不同的社會環境中所接受的薰染和自身的行爲決定的。二，孟子提出的性善論思想。孟子認爲人皆有「四心」：「惻隱之心」、「羞惡之心」、「辭讓之心」、「是非之心」，這「四心」就是人性根基，是人之爲人的基礎，而惡的存在只是外物誘導的結果。三，告子提出的性不善不惡論思想。他認爲「生之謂性」，人性就是人的先天本能，無所謂善與惡，「猶水之無分於東

〔註 1〕論語・陽貨〔M〕。

西也」,「決諸東方則東流,決諸西方則西流」〔註2〕。四,荀子提出性惡論思想。其認爲人性「生而有好利」、「生而有疾惡」、「生而有耳目之欲」〔註3〕,所以人性本惡,善的出現是聖人教化的結果,叫做「化性起僞」〔註4〕。五,周人世碩提出的性善惡混有論。他認爲「人性有善有惡。舉人之善性,養而致之則善長;性惡,養而致之則惡長」〔註5〕。之後,東漢揚雄是最著名的性善惡混論者。其認爲「人之性也,善惡混。修其善則爲善人,修其惡則爲惡人」〔註6〕,認爲人性之初善惡夾雜,強調人在後天中的自我修爲。六,董仲舒提出的性三品論理論。董仲舒否認共同人性的存在,認爲人性分爲「聖人之性」、「中人之性」、「鬥筲之性」三等。七,韓愈提出的新「性三品說」。其認爲「上焉者之於五也,主於一而行於四;中焉者之於五也,二不少有焉則少反焉,其於四也混;下焉者之於五也,反於一而悖於四」〔註7〕。在比較研究先賢們之人性論理論的基礎上,宋儒司馬光提出了他自己的「善惡必兼有之」的人性論思想。

一、性「善惡必兼有之」

司馬光《善惡混辨》曰:

> 夫性者,人之所受於天以生者也,善與惡必兼而有之。是故,雖聖人不能無惡;雖愚人不能無善。其所受多少之間則殊矣。善至多而惡至少,則爲聖人。惡至多而善至少,則爲愚人,善惡相半,則爲中人。聖人之惡不能勝其善,愚人之善不能勝其惡,不勝而從則亡矣。故曰:惟上智與下愚不移。〔註8〕

從來源上而言,「夫性者,人之所受於天以生者也」。司馬光認爲人性是先天性的,是「天命」,隨人的先天自然之形體而來。一個人具有什麼樣的人性,在其出生之時就已經被上天所注定。司馬光的這種性乃天賦的觀念實質上與《禮記·中庸》所說「天命之謂性」意同,重複了古人所謂「生之爲性」的自然善惡論,帶有一種宿命主義的神秘氣息。

〔註2〕 孟子·告子上〔M〕。
〔註3〕 荀子·性惡〔M〕。
〔註4〕 同上。
〔註5〕 論衡·本性〔M〕。
〔註6〕 法言·修身〔M〕。
〔註7〕 韓昌黎集·原性〔M〕。
〔註8〕 溫國文正司馬公文集·善惡混辨(卷72)〔M〕。

　　從內涵上而言，人性「善與惡必兼而有之」。司馬光在其《善惡混辨》一文中，開門見山地批判了孟子的性善論和荀子的性惡論的人性論思想，他說：「孟子以爲人性善，其不善者外物誘之也；荀子以爲人性惡，其善者聖人之教之也。是皆得其偏而遺其大體也。」〔註9〕司馬光認爲孟子和荀子的人性論思想都未能全面整體地把握人性的內涵，都走向了人性的極端，是片面的，偏執的。司馬光分析到，如果孟子的性善論正確，人只具有仁義禮智等善的本性，那麼惡又是從何而來呢？如果說是由於外物的誘惑而導致的，但是如果人本身就沒有貪、瞋、癡等惡的本性，又如何能被外物所誘惑呢？同樣，司馬光也批判了荀子的性惡論。司馬光指出，如果荀子的性惡論正確，人只具有貪、瞋、癡等惡的本性，那麼善從何而來呢？如果說善是聖人教導的結果，那麼不具有善之本性的聖人又如何教導眾人爲善呢？司馬光進一步打比喻評論說：「孟子以爲仁義禮智，皆出乎性者也，是豈可謂之然乎？然不知暴慢貪惑亦出乎性也。是知稻粱之生於田，而不知藜莠亦生於田也。荀子以爲爭奪殘賊之心，人之所生而有也，不以師法禮義正之，則悖亂而不治，是豈可謂之不然乎？然殊不知慈愛羞愧之心亦生而有也。是知藜莠之生於田而不知稻粱亦生於田也。」〔註10〕孟子的性善論肯定善的存在，卻無法解釋惡的存在。荀子的性惡論肯定惡的存在，卻無法解釋善的存在。可見，孟子和荀子的人性論思想都沒有揭示出人性的全部內涵。此外，在《告子曰性猶湍水》這一短文中，司馬光還對告子的性無善無惡論進行了批判。告子主張「性之無分於善不善，猶水之無分於東西」〔註11〕，司馬光認爲「告子之言失也」〔註12〕。司馬光進一步分析到：「水之無分於東西，謂平地也。使其地東高而西下，西高而東下，豈決導所能致乎？」〔註13〕。同時又通過「瞽叟生舜，舜生商均」的歷史事例來駁斥告子，證明性無善無惡論的錯誤性。

　　在非孟、斥荀、批告的過程中，司馬光實際上已經間接地提出了自己的「善惡必兼有之」的人性論思想。司馬光認爲人性是善惡兼有，「譬之於田，稻粱、藜莠相與並生」〔註14〕。人不可能純善無惡，同樣也不可能純惡無善。

〔註 9〕溫國文正司馬公文集‧善惡混辨（卷72）〔M〕。

〔註10〕同上。

〔註11〕溫國文正司馬公文集‧告子曰性猶湍水（卷73）〔M〕。

〔註12〕同上。

〔註13〕同上。

〔註14〕溫國文正司馬公文集‧善惡混辨（卷73）〔M〕。

因此，「雖聖人不能無惡；雖愚人不能無善」。即使是聖人，其人性中也包含有惡的一面，即使是愚人，其人性中也包含有善的一面。司馬光雖然沒有，也不可能逃脫儒家從道德倫理之視角來考察人性的窠臼，也沒有意識到人性問題的討論必須建立在一種普遍人的定義的基礎之上，換言之，沒有意識到一種真正有意義的有關人性的學說應該適用於所有人，但是他注意到了現實中人性的複雜性和多面性，具有一定的進步意義。同時，他認為「聖人亦人耳，非生而聖也」，即使是聖人之性，也不能是全善無惡的，而是善惡兼有的。這就從一定程度上將聖人還了俗，摘去了長期蒙在聖人面上全善無惡的神聖面紗，具有積極意義。

另外，司馬光根據每個人所受善惡多少之間殊，把人性分為「聖人」、「中人」、「愚人」三等。「善至多而惡至少，則為聖人。惡至多而善至少，則為愚人。善惡相半，則為中人」〔註15〕。聖人的人性中善多於惡，愚人的人性中惡多於善，而一般的中人，其人性則是善惡兼半。聖人之性中的善佔據決定性地位，其僅有的一點惡是無法超越其善的一方面的。反之，愚人之性中的惡佔據壓倒性地位，其僅有的那點善無法超越其惡的一面。所以，「聖人」「愚人」兩性之間不可轉換，不能過渡，是遵守「惟上智與下愚不移」之定律的。言外之意，中人卻可為善人或惡人。司馬光把人性分為上中下三等，繼承了董仲舒、韓愈對人性進行三等劃分的方法，但由於他認為聖人也有惡，愚人也有善，因而又不同於董仲舒、韓愈。對世界上絕大多數人來說，都為「中人」之性。其人性構成即是「善惡相半」。

司馬光這一段關於人性的抽象議論，主張人性天成，主張人性善惡兼有，主張人性分為上中下三等，「實際上是主張人類在先天受命時就存在著不平等」〔註16〕，是唯心主義的，是從封建倫理關係上出發的，是為了維護其所處的封建倫理社會。這是司馬光人性理論的糟粕，應予批判否定。

二、性「成不可更」，但可「修」

司馬光《善惡混辨》曰：

雖然，不學則善日消而惡日滋，學焉則惡日消而善日滋。故曰：
惟聖罔念作狂，惟狂克念作聖。必曰聖人無惡，則安用學矣？必曰

〔註15〕溫國文正司馬公文集·善惡混辨（卷72）〔M〕。
〔註16〕侯外廬主編，中國思想通史〔M〕，北京：人民出版社，1980年，第518頁。

愚人無善，則安用教矣？譬之於田，稻粱藜莠相與並生。善治田者，
耘其藜莠而養其稻粱；不善治田者反之。善治性者長其善而去其惡，
不善治性者反之。〔註17〕

司馬光講「成不可更，性也」〔註 18〕，指的是聖人之性與愚人之性二者之間
無法轉化，聖人之性無法變成愚人之性，反之亦然。這顯然是不對的。但司
馬光同時也認爲人性可「修」，即聖人之性、愚人之性、中人之性在其自身質
的範圍裏，善與惡的比例可以發生量的變化，同時，對於佔據世界大多數的
中人之性可以衝破其質的界定，向聖人之性與愚人之性發生轉變。由此可見，
司馬光認爲「善」與「惡」在一定條件下可以相互轉化，人性在一定程度可
以發生改變，這是他的人性理論中具有進步意義的精華。

那麼人性發生轉變的條件是什麼呢？司馬光認爲是學習。「不學則善日消
而惡日滋，學焉則惡日消而善日滋」。善與惡的增長都是學習的結果。只有通
過學習，才可以去惡從善，才能使人性得到改造與轉化。在司馬光看來，這
就像種田一樣，善於種田的人，拔除田中的雜草而培育稻粱，不善於種田的
人，則反之。司馬光說：「水之流也，習而不止，以成大川，人之學也，習而
不止，以成大賢」〔註 19〕。聖賢不是從天上掉下來的，而是勤學苦練出來的。
「夫不歷块埤，不能登山；不泝江河，不能至海。聖人亦人耳，非生而聖也。
雖聰明睿智，過絕於人，未有不好學從諫以求道之極致，由賢以入於聖者也。」
〔註 20〕通過學習，「賢者學以成德，愚者學以寡過，豈得謂之無益也。」〔註
21〕由之，司馬光發出了「自古五帝三王未有不由學以成其聖德者」〔註 22〕的
感慨。因而，我們可以看到，對於人性的轉化，司馬光非常注重後天「學」
與「習」的工夫。在此理論基礎上，司馬光提出了「以禮爲天下」的治國之
道，強調禮治教化對於治國的重要性。司馬光在其歷史巨著《資治通鑑》中
大膽地評論：「教化，國家之急務也，而俗吏慢之；風俗，天下之大事也，而

〔註17〕 溫國文正司馬公文集·善惡混辨（卷 72）〔M〕。
〔註18〕 （漢）揚雄撰，（宋）司馬光集注，劉韶軍點校，太玄集注·玄衡〔M〕，北
　　　　京：中華書局，1998 年，第 181 頁。
〔註19〕 溫公易說·坎·大象〔M〕，參見宋元學案補遺（卷 8）〔M〕所引。
〔註20〕 孔子原話，前一段見論語·述而〔M〕，後段見論語·爲政〔M〕，此處司馬光
　　　　所引非全文。
〔註21〕 （宋）司馬光：楊子法言·學行篇（卷 1）〔M〕，轉引自：李昌憲，司馬光評
　　　　傳〔M〕，南京：南京大學出版社，1998 年，第 364 頁。
〔註22〕 溫國文正司馬公文集·進孝經指解荀子（卷 49）〔M〕。

庸君忽之。夫惟明智君子，深識長慮，然後知其爲益之大而收功之遠也」〔註23〕，極力譏刺了那些怠慢「教化」的俗吏和庸君。

　　既然學習對於人性之轉變是如此重要，那麼人們應該如何學習呢？應該學習哪些內容呢？首先，司馬光認爲要「擇善而固執之」〔註24〕。什麼是善呢？司馬光回答：「仁義，天德」〔註25〕。由此可見，司馬光認爲要保持人性不斷趨向於善，就必須致力於對儒家學說所推崇的五常──仁義禮智信的學習。但是，在現實生活，雖然「人之情莫不好善而惡惡，慕是羞非」〔註26〕，卻是「善且是者蓋寡，惡且非者實多」〔註27〕。對此社會實況，司馬光自問自答：「何哉？皆物誘之也，物迫亡也。」〔註28〕司馬光進一步揭露到：在現實生活中，人們對於「斗升之秩、錙銖之利」，「趨之如流水」〔註29〕；對於「動色之怒、毫末之害」，「畏之如烈火」〔註30〕。可見，現實社會的各種利益欲望的引誘脅迫，使得「至聖」難以「世出」也。然而，值得興慶的是，難以「世出」不是不能「世出」，現實生活中，總還有那麼一小部分的「好學君子」能「視天下之事善惡是非，如數一二，如辨黑白，如日之出無所不照，如風之入無所不通；洞然四達，安有不知者哉？所以然者，物莫之蔽故也」〔註31〕。「好學君子」是如何達到此境界的呢？司馬光認爲是他們格物、致知、正心、誠意的結果。爲學在格物，格物在致知，最終落腳點在正心之上。正「所謂學者，非誦章句習筆扎作文辭也。在於正心、修身、齊家、治國，明明德於天下也」〔註32〕；否則，「學雖多，而心不治，安以學爲？」〔註33〕至於如何治心，他認爲要做四毋，即「毋意」、「毋必」、「毋固」、「毋我」〔註34〕。

〔註23〕　（宋）司馬光原著，資治通鑑‧文白對照本（卷68）〔M〕，北京：中華書局，2009年，第2736頁。

〔註24〕　（宋）司馬光，送李揆之序〔A〕，司馬文正公傳家集（卷70）〔M〕，上海：商務印書館，民國26年，第862頁。

〔註25〕　溫國文正司馬公文集‧貓虪傳（卷67）〔M〕，

〔註26〕　溫國文正司馬公文集‧致知在格物論（卷71）〔M〕。

〔註27〕　同上。

〔註28〕　同上。

〔註29〕　同上。

〔註30〕　同上。

〔註31〕　同上。

〔註32〕　溫國文正司馬公文集‧進孝經指解箚子（卷49）〔M〕。

〔註33〕　溫國文正司馬公文集‧學要（卷74）〔M〕。

〔註34〕　溫國文正司馬公文集‧絕四論（卷74）〔M〕。

司馬光說：「有意，有必，有固，則有我。有我則私，私實生蔽，是故泰山觸額而不見，雷霆破柱而不聞。無意，無必，無固，則無我。無我則公，公實生明，是故秋毫過目無不見也，飛蚊歷耳無不聞也。其得失，豈不遠哉！」〔註35〕。這些卓越的見解，具有普遍的意義。

　　司馬光進一步提出：「所謂學者，非誦章句習筆扎作文辭也。在於心正、修身、齊家、治國、明明德於天下也」〔註36〕，在於「依仁以爲宅，遵義以爲路，誠意以行之，正心以處之，修身以帥之」〔註37〕。學習不只是簡單地背誦「孔曰成仁」，「孟曰取義」，而是要身體力行，把仁義禮智信的道德品質實踐到現實生活的方方面面之中。由此可見，司馬光更加重視道德實踐，把道德實踐看作是更高意義上的學習。司馬光這一段關於人性的抽象議論，主張人性可修，主張通過後天的學習和實踐儒家的倫理道德規範來改變人的天賦之性的觀點與先哲們的思想「殊途同歸」了！

　　司馬光認識不到人的本質是一切社會關係的總和，而把人的本質歸結爲倫理道德屬性，把影響人之道德品質的後天因素歸結爲社會環境和教育條件，把人的自我完善、自我實現的途徑僅僅歸結爲道德修養與道德教育，這無疑是片面的。但是其人性論論證了倫理道德與人本質的一致性，論證了社會環境和後天教育對人先天自然屬性的改造作用，論證了道德修養和道德教育是社會發展有序和諧的客觀需要，是人自我完善、自我實現的內在要求，爲倫理道德他律和自律的統一提供了人性根據。這些都是中國人性論史上的巨大進步。

三、性情一體

　　「情」是中國古代倫理學的重要範疇之一。在中國古代倫理學中，情與性總是形影相隨，結伴出現，性情關係是中國古代倫理學上的重要問題，亦是人性論中不可迴避的重要內容。在中國古代哲學史上，先哲們對之發表過諸多不同的觀點：郭店簡書《性自命出》提出「情生於性」，主張性內情外；孟子主張情乃性之才質，其本然皆爲善；荀子認爲性情有同有異；董仲舒認爲性陽情陰，性善情惡；韓愈提出性情三品論，認爲性是情之基礎；李翱提

〔註35〕溫國文正司馬公文集・絕四論（卷74）〔M〕。
〔註36〕溫國文正司馬公文集・進孝經指解箚子（卷49）〔M〕。
〔註37〕溫國文正司馬公文集・致知在格物論（卷71）〔M〕。

出性善情昏說，認為性情對立又相因；王安石認為性情一體，性體情用；朱熹提出「中和」性情說和「四端皆情」說，主張「心統性情」；王夫之提出「性為道心，情為人心」。司馬光當然也不例外，其既撰《性辯》，又著《情辯》，以闡述他對於性情關係的理解。

《禮記‧禮運》說：「何謂情也？喜、怒、哀、懼、愛、惡、欲。七者弗學而能」。由此可見，在中國古代，「情」主要指外界事物所引起的喜、怒、愛、憎、哀、懼、欲等心理狀態，既包含情感，也包含情欲。司馬光基本上繼承了傳統儒家對「情」的定義，他說：「事之生未有不本乎意者也，意必自欲。欲既立於此矣，於是乎有從有違，從則有喜有樂有愛；違則有怒有哀有惡，此人之常情也。」〔註38〕「人之情莫不好善而惡惡，慕是而羞非。然善且是者蓋寡，惡且非者實多，何哉？皆物誘之也，物迫之也。」〔註39〕他又說：「人喜，斯愛之；怒，斯惡之，故喜怒所以兼愛惡也」。故而，最後，司馬光將「情」的具體內容歸納為「喜怒哀樂懼」五種。那麼這五種「喜怒哀樂懼」的人之常情來源於哪裏呢？司馬光的回答是：「情，夫性也；性，天命也」〔註40〕。「喜怒哀樂好惡畏欲與民俱生，非今有而古無也。」與他對人性的理解一樣，情同樣是人與生俱來的，情同樣是可善可惡的。

司馬光把性與情的關係比喻為道與情的關係，主張道情一體，性情一體。他說：「夫情與道一體也，何嘗相離哉！始死而悲者，道當然也。久而浸衰者，亦道當然也。故始死而不悲，是豺狼也，悲而傷生，是忘親也。豺狼不可，忘親亦不可，是以聖人制服，日遠日輕，有時而除之，若此者非他，皆順人情而為之也」〔註41〕。人剛剛逝去之時，親人悲痛欲絕，是道之當然；隨著時間的推移，親人的悲傷之情日漸日衰，同樣是道之當然。活人不能因為親人的離開而永久悲痛乃至傷生，這既是道之當然，也是人情之自然。用人死親悲的事例，司馬光論證了「情」的生成、變化與「道」的內涵是相互契合的。「情」對於「道」來說不可或缺。無人「情」，也就無人「道」，得體之「情」正是表現「道」的必不可缺的正常手段和形式。由此可見，司馬光不同意把

〔註38〕溫國文正司馬公文集‧絕四論（卷74）〔M〕。
〔註39〕溫國文正司馬公文集‧致知在格物論（卷71）〔M〕。
〔註40〕董根洪，司馬光哲學思想述評〔M〕，太原：山西人民出版社，1993年，第220頁。
〔註41〕（宋）司馬光，情辨〔A〕，司馬溫公集編年箋注5〔M〕，成都：巴蜀書社，2009年，第359頁。

道與情二分，把道與情、性與情對立起來，主張道情一體，性情一體。

司馬光既然認爲道情既然一體而不二分，那麼道與情、性與情就不可能是交相勝的關係。司馬光說：「夫情者，水也；道者，防也；情者，馬也；道者，御也。水不防則泛溢蕩潏，無所不敗也；馬不御則騰突奔放，無所不之也。防之御之，然後洋洋焉注夫海，駸駸焉就夫道，由是觀之，情與道何嘗交勝哉！」以水和馬喻「情」，以水和馬之防禦喻「道」。水無「道」之防禦，則會泛濫成災，馬無「道」之駕馭，則會亂蹭無忌。「情」的合理發揮必須受到「道」的引導與制約。道性是情的防禦者、主導者，而不是與「情」交相勝者。

司馬光提出的道情是統一的關係，而非道滅情或情害道的「交勝」關係，這一點值得肯定。儘管道情的統一是建立在以道統情的基礎上的，但他明確肯定了兩者的一體性，特別主張道不能離開情的觀點，大膽肯定了人的適當情感的合理性與必要性，這不僅比佛教和韓愈、李翱的「滅情」說要進步，而且也比只論「制情」的二程朱熹的情論更具有積極性。「道情一體」的思想在邏輯上還是明清時羅欽順、王夫之和戴震等人所持的「天理」和「人欲」相統一觀點的理論先驅。

第二節　義利觀

義利之辨是關於倫理道德與物質利益間關係的論辯，是關於倫理道德與物質利益孰輕孰重、孰先孰後、孰善孰惡問題的論辯，其本質爲道德價值觀。古往今來，一切倫理學爲尋求正確價值觀，都必須開展義利之辨這種倫理思維活動。可以毫不誇張地說，義利之辨是倫理學最核心、最基本的問題，對於中國倫理學尤其如此。它貫穿於整個中國倫理思想史，對中國社會影響至廣至深。宏觀來看，中國古代倫理思想史上曾經發生過五次義利之辨的高潮：春秋戰國之義利之辨、兩漢之義利之辨、兩宋之義利之辨、明末清初之義利之辨，近世（鴉片戰爭——五四時期）之義利之辨。

兩宋時期，「儒者第一義」〔註42〕的義利之辨成爲了倫理思想鬥爭的中心。大體來說，兩宋時期曾經先後展開過三次爭鋒相對的義利之辨：一是司

〔註42〕朱子文集（卷24）〔M〕。

馬光同王安石的交鋒，二是二程同李覯的交鋒，三是朱熹同陳亮的交鋒〔註43〕。在兩宋激烈的義利之辯中，司馬光在繼承前哲義利思想的基礎上推陳出新，提出了「利人爲仁」的義利統一的義利觀。

一、求利以養生

何謂利也？「利，最初爲一種農器具。引申爲鋒利，又進一步引申爲利害之利。倫理學意義上的利，也就是利益。在古代倫理思想史上，利字一般在三種意義上使用：一是泛言有利，二是眾人之利，三是一己之利。」〔註44〕因此，一般人們所認爲的「利益」、「好處」就是倫理意義上的「利」的意思。在中國古代思想史上，中國思想家們對待「利」的態度各不相同，大體可以分爲四類：第一類，非利，即利輕義重。根據非利程度的不同，有輕利與否利之別，但從根本上來說，都是認爲「利」與「義」是對立的，「利」惡而「義」善。自古以來，中國大部分的正統儒家思想家們都談「利」而色變，把「利」當做是洪水猛獸，無情地加以批判；把求「利」之人視爲卑鄙小人，肆意地加以鄙視。例如孟子在與梁惠王對話中就發出了「王何必曰利」的呼喊，而程朱理學家們更是要求「存天理，滅人欲」！第二類，正利，即肯定「利」存在的合理性。先秦時期的墨家學派，東漢的王充等思想家都肯定了「利」存在的正當性與合理性。例如墨子就提出了「交相利」的思想。第三類，唯利，即唯利是圖，把「利」當做是人生的終極目的。楊朱學派是持這種思想的典範，他們是「拔一毛而利天，不爲」。第四類，無利，即無所謂「利」，認爲人們所言說的「利」根本不存在。佛家正是持這種觀點，認爲萬事萬物的本質只是一個「空」字了得。

深受儒家思想薰陶的司馬光對「利」的看法與大多數的儒家學者，尤其與同時代的理學家們大有出入。司馬光認爲「天生萬物，各有所食。苟不得其食，則不能全其生。人爲萬物之靈，兼蔬穀酒肉而食之，乃其常性也」。他還說：「衣食貨賂，生養之具」，「生生之資固人所不能無」。衣食住行用所需要的物質利益是人生存的根本條件，沒有這些物質利益人就無法生存。由此，司馬光提出了「求利以養生」的觀點，認爲人類要生存下去，要生生不息的

〔註43〕王澤應，中國倫理思想史上的義利之辨及其理論分析〔J〕，道德與文明，1990年 3 月。

〔註44〕焦國成，中國倫理學通論〔M〕，太原：山西教育出版社，1997 年，第 151 頁。

繁衍下去，就必須追求物質利益。顯而易見，「求利」就是「養生」的必要條件、必由之路。既然「養生」必須「求利」，那麼「利」與「求利」的存在就是合理的、正當的，就應該得到承認與肯定。司馬光不僅在理論上認可了「利」存在的合理性與正當性，並且在實踐中同樣認可了「利」存在的合理性與正當性。司馬光晚年爲相，就經常「詢士大夫私計足否」，過問官員的生活質量，俸祿夠不夠開銷。人怪而問之。公曰：「倘衣食不足，安肯爲朝廷而輕去就耶？」爲官如果衣食都不能保證，又如何精忠報國，爲國效犬馬之勞呢？雖然司馬光認爲「彼商賈者志於利而已」，卻主張不能「棄信而奪之」。司馬光專著《論財利疏》等文，論述財利對於國家生活的重要性，激勵朝廷採取有利措施，使「農工商賈皆樂其業而安其富」；「務令百姓敢營生計，則家給人足庶幾可望矣」。

　　司馬光肯定養生所需的個人利益的正當性與合理性，本質上就是肯定了私利存在的正當性與合理性。中國大部分學者歷來在討論中國思想史上的義利之辨時，要麼忽視司馬光義利之辨的重要性，根本不加論述；要麼論述之時，就認定司馬光的義利觀是「繼承了儒家正統派的觀點，擺出一副要義不要利的僞善面孔」〔註 45〕。其所給出的論據通常是以下兩個：一，在《資治通鑑》一書中，司馬光肯定了孟子與梁惠王「只言義，不曰利」的做法；二，司馬光寫信勸導王安石不要變法，曾說：「力制置三司條例司聚文章之士及曉財禮之人，使之講利。孔子曰：君子喻於義，小人喻於利。樊須請學稼，孔子猶鄙之，以爲不知禮義信，況講商賈之末利乎？……於是言利之人，皆攘臂圜視，衒鬻爭進，各鬥智巧，以變更祖宗舊法。」〔註 46〕論據都屬實，但是分析結論卻不正確。司馬光之所以肯定孟子對梁惠王「只言義，不曰利」的做法，是因爲司馬光認爲孟子遇到的是一個根本不重視義，而只求利的君王，所以對於這樣的君主就必須要著重強調義的作用，正如其所言：「孟子對梁王直以仁義而不及利者，所與言之人異故也。」而用司馬光反對王安石變法的那一段言詞作爲認定其要義不要利的證據，同樣是不合理的。面對改革，司馬光並不是如很多學者所評說的那樣，是頑固守舊派的領頭人，只是他和王安石改革的思想、方法與措施等方面出現了分歧，或者也可以說是對立。

〔註 45〕　漆俠，宋代經濟史・下〔M〕，上海：上海人民出版社，1988 年，第 1162 頁。
〔註 46〕　（宋）司馬光，與王介甫書〔A〕，司馬溫公文集 1～4 冊〔M〕，北京：中華書局，1985 年，第 242 頁。

在宋神宗皇帝時，北宋已經陷入了積貧積弱的泥潭，尤其冗官、冗兵、冗費問題使得國家不堪重負。而就在這樣的背景下，王安石還主張成立新的專門機構進行改革，同時以往機構又不加以裁剪，這顯然會進一步加重了國家和朝廷負擔。司馬光正是針對這一點進行批判。因而，我們可以說司馬光的批判有些欠妥當，但顯然這不能成為司馬光義利觀中要義不要利的證據。

司馬光「求利以養生」的觀點，對養生之「利」的肯定，其本質是對物質利益的肯定，這顯然是受到了北宋經濟大發展的影響，是當時經濟發展的事實在司馬光思想中的反映。司馬光敏銳地抓住了時代發展的旋律，值得肯定。然而，從司馬光自行節約的身體力行與倡導屬行節約的經濟思想中，我們可以看出司馬光提出「求利以養生」的觀點，還隱含有另一層深義，即「求利」的目的在於且僅在於「養生」。這一點在下一節將著重論述。

二、義以利事

何謂義也？「義，己之威儀也，從我羊」。「義」之繁體字為「義」，甲骨文作𦏾，寫法上從羊從我。在中國古代，人們認為「羊，善也」，羊是美善吉祥的象徵。「羊」與「我」會意形成「義」，最初用來表示人們對美善吉祥事物的守護和追求，後來慢慢引申為適宜、合理之意。「義者宜也」，即要求人們在行為處事之時要講究分寸，把握尺度，採取最為恰當得體的行動，做出最為合情合理的處置。在中國封建社會，「義」指代的是與禮制緊密相關的封建道德規範。如《禮記·禮運》中說：「何謂人義？父慈、子孝、兄良、弟弟、夫義、婦聽、長惠、幼順、君仁、臣忠，十者謂之人義。」當然在中國古代社會，「義」所包含的內容遠遠不止這十項。與「利」相對，「義」在中國封建社會倍受青睞與重視，但卻不是所有思想家都持同樣的觀點。大體說來，思想家們對待「義」的態度可以分為四類：第一類：重義，即「義」重於「利」，把「義」當作人生終極目的。正統儒家學者幾乎都持這種觀點，他們或許是要求「見利思義」，或者主張「以義制利」等等。第二類：唯義，即有且僅有「義」的存在才具有合理性。以二程、朱熹為代表的理學家們是持這種觀點的典型代表，他們認為「天理存則人欲亡，人欲勝則天理滅」。第三類：非義，即「義」的存在不具有合理性。楊朱「貴己」「重生」的觀點其實就是非義。第四類，無義，即「義」根本不存在，佛教講「空」，道教講「無」，都是無義也。

作為儒家正統學派的典型代表，司馬光自然屬於重義學派。司馬光認為

「求利以養生」，那麼「養生」之外的「求利」又該如何評說呢？司馬光認為：
「天下之志莫不欲利而惡害」〔註 47〕，人具有好利的天性，對於利益的愛好
與追求永無止境。然而，他認為「夫生生之資，固人所不能無，然勿多求多
餘。多餘，希不為累矣。」〔註 48〕就是說，保障人類生存所必須的物質利益
不可或缺，但如果過多地追求超出生存所需求的物質利益，就會被物質利益
所牽累。司馬光進一步說到：「賢而多財則損其志，愚而多財則益其過。」〔註
49〕賢能之人，擁有過多的財富就會損害他們的意志；愚庸之人，有過多的財
富就會增加他們的過失。因此，司馬光認為「利不苟取」〔註 50〕，要「義以
利事」、「利者，義之和也」。就是說，只有以「義」為規範，在「義」的指導
下去追求利益，才能最終獲利，否則「事失其宜，人喪其利」〔註 51〕。可見，
「義」是人們追求物質利益的根本準繩，亦是人們追求物質利益的有效途徑。

　　然而，當「義」「利」發生矛盾衝突時，該如何取捨呢？司馬光在《資治
通鑑》一書中評價李德裕與牛僧孺關於維州之爭時，他曾說到：「且德裕所言
者利也，僧孺所言者義也，匹夫徇利而忘義猶恥之，況天子乎」〔註 52〕。雖
然取得維州，可以擴大國家版圖，推動國家統一，但是如果要違背道義來實
現這個目的，司馬光則堅持認為不可取。顯然，司馬光關於李牛之爭的評論
並不恰當，但是，我們可見司馬光對於「義」的執著與重視。在司馬光這裡，
「義」作為求「利」的根本準則，不僅規定求「利」的方式、途徑與量度，
更決定著何種「利」可以求，何種「利」不能求。只有「利」與「求利」之
途徑都符合了「義」的規定，求利之行為才具有正當性與合理性。司馬光不
僅自己以身作則，以「義」為人生準則，在對子孫後人的教育中更是重視「義」

〔註47〕　袁永鋒，馬衛東編譯，司馬光講周易　白話溫公易說〔M〕，長春：長春出版
　　　　　社，2010 年，第 29 頁。
〔註48〕　（宋）司馬光，溫公家範（卷 1）〔M〕，天津：天津古籍出版社，1995 年，
　　　　　第 25 頁。
〔註49〕　（宋）司馬光原著，資治通鑑・文白對照本（卷 25）〔M〕，北京：中華書局，
　　　　　2009 年，第 986 頁。
〔註50〕　（宋）司馬光原著，資治通鑑・文白對照本（卷 51）〔M〕，北京：中華書局，
　　　　　2009 年，第 2012 頁。
〔註51〕　袁永鋒，馬衛東編譯，司馬光講周易　白話溫公易說〔M〕，長春：長春出版
　　　　　社，2010 年，第 8 頁。
〔註52〕　（宋）司馬光原著，資治通鑑・文白對照本（卷 247）〔M〕，北京：中華書局，
　　　　　2009 年，第 10480 頁。

的教育。他曾說：「臣聞愛子，教之以義方」〔註53〕。由此可見，在司馬光這裡，「義」高於「利」，「義」先於「利」，「義」重於「利」。

在「義」「利」關係中，司馬光提出「義以利事」的觀點，肯定了「義」之功利性目的與價值，同時肯定了「義」作爲道德規範的合理性與正當性。在承認「利」存在的正當性與合理性的前提下，認爲「義」高於「利」，「義」先於「利」，「義」重於「利」，與我們現在的社會主義價值觀存在相契合的地方，值得肯定。

三、愛利天下

個人的養生之利是個體生存的基礎與保障。同樣，集體、國家要生存與發展也必須獲得相應的基礎與保障。集體、國家也需養生之利。整體不等於個體的簡單相加。公利不等於私利的簡單相加。司馬光肯定個人合理追求自身的養生之利屬於義的範疇，但這是由於人類生存所必須而具有的合理性與正當性，還不具有精神意義上的價值性。滿足個人的養生之利是解決溫飽問題，但解決個體的溫飽問題絕對不是人類的最終追求。司馬光說：「凡人所以貴於禽獸者，以有仁愛也」，「人無惻隱、虎狼奚異？擴而充之，同仁一視」。而「裁仁以就宜者」爲「義」。義是仁愛的具體化，是對仁愛之道的適宜具體。「仁者愛人」，愛天下之人。於是，司馬光提出「義」的最高層次在於「愛利天下」，爲天下之蒼生謀福利！

「愛利天下」是司馬光義利之辨中的靈魂思想。他說：「士者當美國家、利百姓」〔註54〕。在司馬光看來，士人不能爲了書中的黃金屋與顏如玉而讀書入仕，而理應把昌盛國家、造福百姓作爲人生理想，爲之奮鬥不息。不僅士人如此，聖人君王更必須以天下之利爲己任。司馬光說：「聖人以利人爲心」〔註55〕，聖人者，「貴重天下者」；「夫王者以大庇生民爲仁」〔註56〕，王者須「治民主於惠利」〔註57〕。聖人乃中國古代社會之最高理想人格，君主乃中

〔註53〕（宋）司馬光，溫公家範（卷1）〔M〕，天津：天津古籍出版社，1995年，第33頁。

〔註54〕溫國文正司馬公文集·士則（卷74）〔M〕。

〔註55〕溫國文正司馬公文集·聖窮（卷74）〔M〕。

〔註56〕溫國文正司馬公文集·上殿劄子二道（卷24）〔M〕。

〔註57〕（宋）司馬光，右諫議大夫呂府君墓誌銘〔A〕，司馬文正公傳家集（卷76）〔M〕，上海：商務印書館，民國26年，第942頁。

國古代社會之最高權位象徵。司馬光認為他們都必須履行興天下之功、謀百姓之利的職責，那麼在司馬光這裡，「愛利天下」毋庸置疑被認定為最高道德標準、終極價值目標。

在提出「愛利天下」的價值目標之後，司馬光說：「同則相愛、異則相惡；愛則生利、惡則相害。相利則交安、相害則交危。利害安危之端在於同人」。追求共同的利益，人們就會相互友愛，反之，則會相互殘害。但「上下交相愛而天下和矣」，又「利者，義之和也」。故而，同人之利是獲得最後利益的保證。司馬光接著說：「天下之事未嘗不敗於專而成於共。專則隘，隘則睽，睽則窮；共則博，博則通，通則成」。〔註58〕再次強調事情成功的關鍵在於追求「共人之利」。因此，司馬光發出了「同人之利豈不大哉！」的感慨。是追求共同之利，還是追求專己之利成為了司馬光區分君子與小人的標準之一。他說：「君子修身治心則與人共其道，興事立業則與人共其功，道隆功著則與人共其名，志得欲從則與人共其利；是以道無不明，功無不成，名無不榮，利無不長。小人則不然，專己之道而不能從善服義以自廣也，專己之功而不能任賢與能以自大也，專己之名而日恐人之勝之也，專己之利而不欲人之有之也；是以道不免於蔽，功不免於楛，名不免於辱，利不免於亡。此二者，君子、小人之大分也」〔註59〕，強調君子仁者追求的是百姓之利、共同之利，而非一己私利。對照這條標準，司馬光把堯舜禹湯文武等諸王列入聖人之席，盛讚他們「勤勞天下」之功業。

司馬光「同人之利」的倫理思想是對墨子「兼相愛，交相利」的倫理思想的繼承。司馬光在墨子「兼相愛，交相利」義利觀的基礎上，進一步提出「愛利天下」的價值觀，把「愛利天下」作為最高的「道」，作為本質的「義」，體現了道德的精神價值與功利價值的一致性、動機與效果的一致性。這種價值觀也成為其藏富於民的經濟思想的理論基礎。與同時代王安石的斂財為廟堂的經濟思想相比，具有很大的進步性。

四、君子尚仁義

孔子曾說「君子喻於義，小人喻於利」，在中國思想史上，第一次把對義利的追求看作是區分君子小人的標準。以「樸儒自守」的司馬光，很自然地

〔註58〕溫國文正司馬公文集・越州張推官字序（卷64）〔M〕。
〔註59〕同上。

繼承了這一思想。其在《資治通鑑》中引用董仲舒之言：「夫皇皇求財利，常恐乏匱者，庶人之意也；皇皇求仁義，常恐不能化民者，大夫之意也」〔註60〕來表達自己「君子尙仁義」的倫理觀點，把道德仁義作爲人生的最高追求和價值目標。

司馬光說：「神者，心之用也。人以心腹爲主，陰主惡，陽主善，二在思慮之中，而當夜其心不能純正，見利則欲爲惡，顧義則欲爲善。犯疑猶豫，未知適從」。〔註61〕每個人在面對義利之時，都會憂慮彷徨。但是司馬光認爲「君子所尙者義也，小人所徇者利也，爲國者當以義褒君子，以利悅小人」〔註62〕。君子以「義」作爲人生理想，小人則把求利作爲奮斗目標。因而根據人們不同的追求，君主可以採用不同的政策，投其所好，最後各取所需，天下太平。因而，司馬光認爲「士本學先王，所求誼與仁」，並敦促正人君子「依仁以爲宅、遵義以爲路」，唯「義則行之，不義則捨之」，「專利國家而不爲身謀」，爲人處世「斷以大義」、「裁之義」、「當義治」、「以道制欲」、「去欲從道」，以「仁」、「義」、「道」作爲取捨功利的準則，唯取「仁義」、唯求「兼利」。

司馬光本人是「君子尙仁義」思想之身體力行者。縱觀其一生，時時刻刻把仁義二字作爲自己的座右銘。就連教育子孫後人也不忘。這都無一表達了他在義利二者之間孰輕孰重，孰先孰後的一個肯定回答。

綜上所述，我們發現司馬光雖然自稱「樸儒」，但在「義」「利」關係上，他卻並未如二程等理學家一樣，死拘董仲舒「正其誼而不謀其利，明其道而不計其功」的戒條，將義和利絕對地對立起來，而是提出了獨特風格的義利統一觀。司馬光義利觀四方面的內容：「求利以養生」、「義以利事」、「愛利天下」、「君子尙仁義」構成一個有機的思想體系，全面而深刻地闡述了他的倫理價值取向。在養生的場合，司馬光肯定私利的正當性；在求利的過程中，司馬光主張以「義」爲準繩；在功績的建立中，司馬光提倡利民主義；在價值的追求中，司馬光督促人們「尙仁義」。既不輕「利」，又高度強調重「義」，以「義」爲主，以「義」爲先，以「義」爲本。既肯定了「義」的功利性價值，更突出了「義」的道義性本質，具有濃厚的儒家民本主義色彩。道德並

〔註60〕 （宋）司馬光原著，資治通鑑・文白對照本（卷17）〔M〕，北京：中華書局，2009 年，第 636 頁。
〔註61〕 （漢）揚雄撰，（宋）司馬光集注，劉韶軍點校，太玄集注〔M〕，北京：中華書局，1998 年，第 5 頁。
〔註62〕 溫國文正司馬公文集・乞聽宰臣等免郊賜箚子（卷 39）〔M〕。

不排斥功利，恰恰相反，道德必須蘊含功利，道義必須以最大的功利（公利）為指歸。司馬光獨樹一幟的義利觀值得我們肯定，也理應在中國思想史佔有一席之地。

第三節　中和論

「中和」為儒學之「大本」，中華之「至德」。中華民族傳統尚「中」貴「和」。在中國人的思維裏，「中」指代事物存在與發展的最佳結構、最佳關係和人行為的最佳方式。「中」為中華民族在構建和調節主客體間關係的根本方法論原則。「和」指代事物存在與發展的最佳狀態。和諧、平衡、秩序等為中華民族的根本價值取向與追求。中為本、和為貴的方法論原則和價值取向，造就了中華民族「萬邦協和」、「里仁為美」的博大胸懷與忠恕心理。

據記載，「中」、「和」二字在孔子以前單獨使用，孔子是哲學史上提出「中庸」理論的第一人，其在繼承和發揮殷周時期「尚中」思想及前人有關「和」的思想成果的基礎上，對之進行了深刻論述並加以昇華，正式提出了「中庸」理論。荀子是儒家學派中正式提出「中和」範疇的第一人，其分別在《王制》、《樂論》、《至仕》三篇中提及「中和」。《王制》篇：「故公平者職之衡也，中和者聽之繩也。」《樂論》篇：「故樂者，天下之大齊也，中和之紀也。」《至仕》篇：「恭敬以先之，政之始也，然後中和察斷以輔之，政之隆也。」「中和」在荀子這裡具有了方法論和價值觀的意蘊。稍後的《中庸》正式從形而上的本體論高度提出了「中和」範疇。《中庸》曰：「喜怒哀樂之未發謂之中，發而皆中節謂之和……致中和，天地位焉，萬物育焉。」之後，儒家中和思想經過董仲舒等後儒的推闡，逐漸走向系統、完善和成熟。

在宋代中和思想發展史上，司馬光是一個相當重要的人物，其對中和思想作了極具開拓性的闡發。司馬光是北宋最早表彰與注釋《中庸》的儒者之一，而其對《中庸》的重視，首要集中於「中和」問題。司馬光沿襲了儒家學派的《中庸》學說，以中和之道作為觀察世界、指導言行的基本原則或方法。在其中和思想體系中，司馬光闡述了其對「中和」之內涵與作用的理解，並且運用中和思想，具體地分析了養生、治心、為政等問題。雖然其注釋《中庸》之作《中庸廣義》今已散佚，但通過其另外的作品如《中和論》，《溫公易說》，《揚子〈法言〉注》，以及與范景仁、韓秉國、李孝卿等人的部分書信，我們仍然可以瞭解到他那富有特色的中和思想。

一、無過與不及

關於「中和」之內涵問題，司馬光曾與韓維展開過激烈的辯論。從其給韓維的回信中，我們可以清楚地認識司馬光對「中」的理解。

司馬光說：

> 秉國云，「中之說有二，對外而言一也，無過與不及一也。」此誠如諭。然中者，皆不近四旁之名也。指形而言之，則有中有外，指德而言之，則有和。此書以《中庸》爲名，其所指者，蓋德也，非形也。〔註63〕

> 今光與秉國皆知中庸之爲至德而信之矣，所未合者，秉國以無形爲中，光以無過與不及爲中。……《中庸》所謂中者，動靜云爲無過與不及也。〔註64〕

韓維認爲「中」有兩個層面的內涵，其一是以中外相對舉而言，其二是以無過無不及而言。司馬光不贊同韓維的看法，他認爲指代形而言，自然有「中」有「外」，但指德而言，只能說「中」說「和」。那就只能是從「無過與不及」的角度來理解。於是司馬光提出：「適宜爲中，交泰爲和」〔註65〕；「雍，和也。天地萬物之性，不剛則柔，不晦則明。通而行之，其在和乎！」〔註66〕顯然，在司馬光看來，「中和」即無過無不及、不偏不倚之和暢通達的狀態。

司馬光在其《中和論》一文中更是花了大量的篇幅來說明這個問題。司馬光說：

> 陰陽之道，在天爲寒燠雨暘。在國爲禮樂賞刑，在心爲剛柔緩急，在身爲饑飽寒熱，此皆天下之所以存，日用而不可免者。然稍過其分，未嘗不爲災，是故過寒則爲春霜夏雹，過燠則爲秋華冬雷，過雨則爲淫潦，過暘則爲旱歎。禮勝則離，樂勝則流，賞僭則人驕溢，刑濫則人乖叛。太剛則暴，太柔則懦，太緩則泥，太急則輕。

〔註63〕 （宋）司馬光，答韓秉國書〔A〕，司馬溫公集編年箋注 5〔M〕，成都：巴蜀書社，2009 年，第 87 頁。

〔註64〕 （宋）司馬光，答秉國第二書〔A〕，司馬溫公集編年箋注 5〔M〕，成都：巴蜀書社，2009 年，第 92 頁。

〔註65〕 （宋）司馬光，四言銘係述〔A〕，司馬溫公集編年箋注 5〔M〕，成都：巴蜀書社，2009 年，第 249 頁。

〔註66〕 （清）黃宗羲原著，（清）全祖望補修，陳金生，梁運華點校，宋元學案 第 1 冊〔M〕，北京：中華書局，1986 年，第 304 頁。

　　　　饑甚則氣虛竭，飽甚則氣留滯，寒甚則氣沈濡，熱甚則氣浮躁，此
　　　　皆執一而不變者也。善爲之者，損其有餘，益其不足，抑其太過，
　　　　舉其不及，大要歸諸中和而已矣。〔註67〕

任何事物都不能太過，天地、國家是這樣，人之身心、自然之四季交替也是
這樣，自然現象太過會帶來災禍，人類社會也一樣。宇宙陰陽之道的調和需
要各種因子的都達到「中」即「無過無不及」的狀態。只有這樣，天地、社
會與自然才會按照它們本身的規律運行。

二、陰陽變通，由乎中和

　　司馬光秉承傳統思維模式，以陰陽爲宇宙本體，從而論述「中和」乃天
地之所生成的根據，是萬物都由之的原因。

　　司馬光說：

　　　　易有太極，極者中也、至也、一也。

　　　　陰陽者，易之本體，萬物之所聚。〔註68〕

　　　　光聞一陰一陽之爲道，然變而通之，未始不由乎中和也。陰陽
　　　　之道在天爲寒燠雨暘，在國爲禮樂刑賞，在心爲剛柔緩急，在身爲
　　　　饑飽寒熱。此皆天人之所以存，日用而不可免者也。雖稍過其分，
　　　　未嘗不爲災。……善爲之者損有餘而益其不足，抑其太過舉其不及，
　　　　大要歸諸中和而已矣。

　　　　太極分而爲陰陽，陰陽之間必有中和。〔註69〕

　　　　陰陽者，弓矢也；中和者，質的也。弓矢不可偏廢，而質的不
　　　　可遠離。〔註70〕

司馬光的論述旨在說明，「陰」與「陽」，二者必須保持一種動態平衡，陽不
可太過，陰亦不可不及。「陰陽有如人之兩足，兩腳並立是中，但只是中的一

〔註67〕（宋）司馬光，答李大卿孝基書〔A〕，司馬溫公集編年箋注5〔M〕，成都：
　　　　巴蜀書社，2009年，第3頁。
〔註68〕袁永鋒，馬衛東編譯，司馬光講周易　白話溫公易說〔M〕，長春：長春出版
　　　　社，2010年，第97頁。
〔註69〕王鐵，宋代易學〔M〕，上海：上海古籍出版社，2005年，第89頁。
〔註70〕（宋）司馬光，答李大卿孝基書〔A〕，司馬溫公集編年箋注5〔M〕，成都：
　　　　巴蜀書社，2009年，第4頁。

種形態，只有在前後的動態平衡即保持中的狀態中才能前行，才能變而通之，若有不及或太過，都會因失去平衡而跌倒，便不能變而通之」〔註71〕。陰陽的這種動態平衡關係就爲「中和」。

然而，「萬物莫不以陰陽爲體」。也就是說，陰陽是宇宙本體，萬事萬物都由陰陽交合而成，兩者之間的關係模式是解釋萬物之間聯繫的最基本模式。因此，陰陽之道便是萬物之道，中和爲陰陽之道，中和亦爲萬物之道。萬物只有符合中和原則，才能順利發展，否則「稍過其分，未嘗不爲災」，「過與不及，皆爲災害」。於是，司馬光進一步提出：「夫和者，大則天地，中則帝王，下則匹夫，細則昆蟲草木，皆不可須臾離者也」〔註72〕。「中和之道，崇深閎遠，無所不周，無所不容。人從之者，如鳥獸依林；去之者，如魚蝦出水」〔註73〕。

這裡司馬光高度概括地揭示了中和之道具有客觀性、普遍性、絕對性，揭示了中和之道是宇宙萬物必須遵循不能違背的根本發展之道。道大無不至、細無不容，宇宙之大未離其內，昆蟲之小未在其外。應該說，司馬光對中和之道的客觀性、普遍性、絕對性的揭示是符合唯物主義和辯證法的，在儒家中和哲學發展史上具有重要意義。

三、禮者中和之法，仁者中和之行

司馬光在論述中和之道是天地人「萬物靡不由之」的「大本」「達道」的前提下，接著揭示了中和之道是人的根本的行爲之道、實踐之道，是人類社會生活各個方面的最高原則，人類一切實踐活動根本上以中和之道爲核心和本質。司馬光說：

> 禮者中和之法；仁者中和之行……樂以中和爲本……政以中和爲美……刑以中和爲貴。〔註74〕

> 中者，天下之大本也；和者，天下之達道也。智者，知此者也。

〔註71〕段海寶，方國根，司馬光中和思想試論〔J〕，浙江工商大學學報，2010 年 3 月，第 71 頁。

〔註72〕（宋）司馬光，與范景仁論中和書〔A〕，司馬溫公集編年箋注 5〔M〕，成都：巴蜀書社，2009 年，第 71 頁。

〔註73〕同上，第 72 頁。

〔註74〕（宋）司馬光，中和論〔A〕，司馬溫公集編年箋注 5〔M〕，成都：巴蜀書社，2009 年，第 350 頁。

> 仁者，守此者也。禮者，履此者也。樂者，樂此者也。政者，正其
> 不能然者也。刑者，威其不從者也。合而言之，謂之道。道者，聖
> 賢之所共由也，豈惟人哉。天地之所以生成，萬物靡不由之，故曰：
> 「致中和，天地位焉，萬物育焉」。〔註75〕

中和成了儒家基本政治倫原則智仁禮樂的靈魂精髓，實質核心。智者仁者禮者樂者都因中和而知而仁而禮而樂。這樣，司馬光就具體地揭示了孔子中庸為「至德」的真正內蘊，中和是認知的對象，也是價值的源頭，更是真善美的統一所在。「禮者，中和之法；仁者，中和之行」；「樂以中和為本」，「政以中和為美」，「刑以中和為貴」，仁禮樂政刑本質上都是中和之道的體現，都以中和為自身的內在根據和理想形態。這樣，仁禮智樂刑政無一不以中和為內核，中和便成了儒學的根柢，儒家的靈魂。儒者之所以是儒者，儒學之所以是儒學，儒政之所以是儒政，蓋在其中心都為中和之道。在儒家中和哲學發展史上，如此明晰系統概括地揭示了中和之道是人生和社會的最高世界觀和方法論的，司馬光是第一個。我們必須肯定司馬光的思想是深刻的。他把中和視為智仁禮樂的中心，體現了從中和之道的生存之道到中和之德的生存智慧的遞進性質。

四、治心以中

最後，司馬光「中和」思想落腳到「心性」問題上，即中和的人文價值及主觀目的性，這是陰陽中和之天道在理論上的必然，也是司馬光在實踐過程中的切身體悟。司馬光如是說：

> 求道只在己心。
>
> 君子從學貴於博，求道貴於要。道之要，在治方寸之地而已。〔註76〕
>
> 學者，所以求治心也。學雖多而心不治，安以學為？〔註77〕
>
> 小人治迹，君子治心。〔註78〕

〔註75〕　（宋）司馬光，中和論〔A〕，司馬溫公集編年箋注5〔M〕，成都：巴蜀書社，2009 年，第 349 頁。

〔註76〕　同上。

〔註77〕　（宋）司馬光，學要〔A〕，司馬溫公集編年箋注5〔M〕，成都：巴蜀書社，2009 年，第 456 頁。

〔註78〕　（宋）司馬光，治心〔A〕，司馬溫公集編年箋注5〔M〕，成都：巴蜀書社，2009 年，第 456 頁。

君子之所以貴在「治心」，在司馬光看來是因為：

> 夫心，動物也，一息之間，昇天沉淵，周流四海，固不肯兀然如木石也。惟賢者治之，能止於一，擇其所止，莫如中庸。故《虞書》曰：「惟精惟一，允執厥中」也。凡人固有無喜怒哀樂之時，當此之際，其心必有所在。小人則追求嗜好，靡所不之。惟君子能自處於中庸之地，不動以待事也。〔註79〕

> 《大禹謨》曰：「人心惟危，道心惟微。惟精惟一，允執厥中。危則難安，微則難明，精之所以明其微也，一之所以安其危也，要在執中而已。」〔註80〕

人心的特點既「微」且「危」，難於治理，不好把控。如何才能「明其微」，「安其危」呢？在司馬光看來，治心的辦法，就是遵循先聖教導，「允執厥中」。「允執厥中」，即「執中」，就是讓心「處於中庸之地」，即「中和」狀態。司馬光說：

> 喜怒哀樂，聖人所不免，其異於眾人者，未嘗須臾離道。平居無事，則心常存乎中庸，及其既發，則以中庸裁之，喜不失節，怒不過分，哀不傷生，樂不極欲。中者，君子之所常守也，故曰大本；和者，君子之所常行也，故曰達道。

> 《中庸》曰：「喜怒哀樂之未發謂之中，發而皆中節謂之和」。君子之心，於喜怒哀樂之未發，未始不存乎中，故謂之中庸。庸，常也，以中為常也。及其既發，必制之以中，則無不中節，中節則和矣。是中、和，一物也；養之為中，發之為和，故曰：中者，天下之大本也；和者，天下之達道也。〔註81〕

> 治心養氣，專以中為事，動靜語默，飲食起居，未始不在乎中，則物雖輻湊橫至，一以中待之，無有不中節者矣。〔註82〕

司馬光認為「治心」，就是要求喜怒哀樂發而皆中節，要求以「中」制之，是

〔註79〕 （宋）司馬光，答韓秉國書〔A〕，司馬溫公集編年箋注5〔M〕，成都：巴蜀書社，2009年，第87頁。

〔註80〕 （宋）司馬光，中和論〔A〕，司馬溫公集編年箋注5〔M〕，成都：巴蜀書社，2009年，第349頁。

〔註81〕 同上。

〔註82〕 （宋）司馬光，答韓秉國書〔A〕，司馬溫公集編年箋注5〔M〕，成都：巴蜀書社，2009年，第88頁。

對人的欲望進行調節，使其合度、合理，從而做到「喜不失節，怒不過分，哀不傷生，樂不極欲」。這樣內合自己心理、生理尺度，於自己養生有益；外合禮儀規範、刑法之則，於族群和諧有益。

　　然而，司馬光認為要達到這種「中和」的狀態，實非易事：

　　　　然則中和者，聖賢之所難。而來示謂光心未嘗不平，氣未嘗不和，猶不免於病，此言過矣。以光方於古人，乃下之下者也。於聖賢之道，曾不能望其藩籬，然亦知中和之美，可以為養生作樂之本。譬如萬物，皆知天之為高，日之為明，莫不瞻仰而歸向之，誰能跂而及之邪？向所以薦於左右者，欲與景仁黽勉共學之耳，安能遽入其域邪？〔註83〕

也就是說，要入「中和」之域，雖聖賢猶有所難，即便如司馬光自己，深知「中和」之美，但也只能是心嚮往之，希望與人「黽勉共學」而已。

　　總的來說，司馬光「治心以中」主要是提倡人們精神思慮專注於「中」之上，時時以中為事，念念不忘中和之德，時刻準備著以中和為最高原則對待面臨的事物。其本意旨在培養人們形成中和的思維模式和中和的生存智慧。然而，司馬光並沒有展開論述未發之中與已發之和以及相應的性與情、寂與感、本體與工夫、涵養與省察、人心與道心等範疇的關係內涵。故而，司馬光的治心功夫還是比較簡略的，還未真正成為心性論。這正是程朱有時貶司馬光「不知學」的主要原因。它體現了司馬光既是理學的「開山祖師」，但又未能成為一個成熟的正統理學家。

　　在司馬光這裡，「中者」，為「天下之大本也」；「和者」，為「天下之達道」。「陰陽不中，則物不生；血氣不中，則體不平；剛柔不中，則德不成；寬猛不中，則正不行。中之用，其至矣乎！」〔註84〕「中和」是宇宙論、本體論、價值論與方法論的融合，是主觀合目的性與客觀合規律性的統一。

〔註83〕　（宋）司馬光，與范景仁第五書〔A〕，仇正偉，李肇翔著，唐宋十大家書信全集 上〔M〕，濟南：山東友誼出版社，1997年，第752頁。

〔註84〕　（宋）司馬光，潛虛〔M〕，上海：商務印書館，中華民國25年，第61頁。

第三章　司馬光政治倫理思想

　　北宋王朝建立伊始，面臨五代十國戰亂留下之禮壞樂崩的社會殘局，其宗法等級制度幾乎崩潰，倫理道德一團亂麻，統治者隆禮重法，重文輕武，勵精圖治，使得北宋王朝逐步走向興旺。然而，隨著「三冗」現象日益加重，北宋逐漸陷入積貧積弱的漩渦並越陷越深，從此由盛而衰，一蹶不振，社會政治局面變得煩雜不堪，正所謂是「財不足用於上而下已弊，兵不足威於外而敢驕於內，制度不可爲萬世法而日益叢雜，一切苟且，不異五代之時」〔註1〕。面對這種混亂國情，終身深受儒家禮學思想薰陶的司馬光認爲「天下之禍生於無禮也」，於是舉起「禮治」大旗，提出「以禮爲天下」的治國之策。司馬光積極撰寫禮學著作，且無數次在其著作及奏摺中闡明其「禮治」觀點，勸誡國君大臣要以「禮」爲立國之本，以「禮」爲匡扶社稷之綱紀，依「禮」治國，依「禮」行政，依「禮」行事，依「禮」修身、齊家、治國、平天下，堅決反對一切僭越。

第一節　治國理念

　　司馬光深受儒家倫理思想薰陶，對儒家禮治、仁政和德治的政治倫理深表贊同，並予以創造性的發揮。他在《資治通鑑》的開篇就提出「天子之職莫大於禮，禮莫大於分，分莫大於名」的治國理念。這種治國以禮思想成了司馬光政治倫理思想的基本觀念和價值目標。

〔註 1〕　（宋）歐陽修，本論〔A〕，歐陽修集編年箋注 4〔M〕，成都：巴蜀書社，2007
　　　　年，第 30 頁。

一、立政以禮

（一）禮之內涵與作用

中華民族自古以來被稱爲「禮儀之邦」，華夏文化之重要特點便是「禮（禮）」。何謂禮也？中國華夏之「禮」源遠流長，內涵豐富，包含萬千，正所謂是「禮儀三百，威儀三千」〔註2〕，大到國家制度、法律道德，小到日常生活的言行舉止，都可以用「禮」來指稱。司馬光在其《資治通鑑》第一卷開宗明義地點出了他對「禮」的理解。他說：

> 何謂禮？紀綱是也。何謂分？君、臣是也。何謂名？公、侯、卿、大夫是也。夫以四海之廣，兆民之眾，受制於一人，雖有絕倫之力，高世之智，莫不奔走而服役者，豈非以禮爲之紀綱哉！是故天子統三公，三公率諸侯，諸侯制卿大夫，卿大夫治士庶人。貴以臨賤，賤以承貴。上之使下猶心腹之運手足，根本之制枝葉，下之事上猶手足之衛心腹，支葉之庇本根，然後能上下相保，而國家治安。故天子之職莫大於禮〔註3〕。

顯然，司馬光認爲「禮」即「天子統三公，三公率諸侯，諸侯制卿大夫，卿大夫治士庶人」的封建社會尊卑貴賤之上下等級制度。「禮」之本質「莫大於分也」，即根據個人在社會中所處的階層地位，所擁有的社會權勢的不同，將道德規范進行對應化和具體化，進而確定人們政治角色和社會角色的義務，形成整體上的社會道德等級秩序。此乃「禮之大節」，不可亂。不僅不可亂，並且國家之等級制度的存在合情合理、天經地義。地位之高貴與低賤，就好比心腹對手足，根莖對枝葉。心腹指揮手足，手足護衛心腹；根莖控制枝葉，枝葉蔭庇根莖。每個社會成員都必須認同自身的社會地位，遵守社會的高低貴賤法則，安守本分，依此「禮」，國家必將長治久安。於是乎，司馬光理直氣壯地說：「故天下之令必行於諸侯，諸侯之令必行於卿大夫士，卿大夫士之令必行於庶人。使天下之勢，如身之使臂，臂之使指，莫不率從。詩曰：『勉勉我王，綱紀四方』，此禮之本也。」〔註4〕由此可見，司馬光認爲「分」是「禮」的內涵。

〔註2〕 禮記·中庸〔M〕。

〔註3〕 （宋）司馬光原著，資治通鑑·文白對照本（卷1）〔M〕，北京：中華書局，2009年，第2頁。

〔註4〕 （宋）司馬光，上謹習疏〔A〕，司馬文正公傳家集（卷24）〔M〕，上海：商務印書館，民國26年，第347頁。

司馬光認爲「名」和「器」是「禮」的存在形式。他如是說：

> 夫禮，辨貴賤，序親疏，裁群物，制庶事，非名不著，非器不
> 形；名以命之，器以別之，然後上下粲然有倫，此禮之大經也。名
> 器既亡，則禮安得獨在哉？昔仲叔於奚有功於衛，辭邑而請繁纓，
> 孔子以爲不如多與之邑。惟器與名，不可以假人，君之所司也；政
> 亡則國家從之。衛君待孔子而爲政，孔子欲先正名，以爲名不正則
> 民無所措手足。夫繁纓，小物也，而孔子惜之；正名，細務也，而
> 孔子先之：誠以名器既亂則上下無以相保故也。夫事未有不生於微
> 而成於著，聖人之慮遠，故能謹其微而治之，眾人之識近，故必待
> 其著而後救之：治其微則用力寡而功多，救其著則竭力而不能及
> 也。……故曰：分莫大於名也。〔註5〕

如何實現「禮」之「分」的本質，司馬光認爲靠「名」與「器」，只有正「名」、
樹「器」才能區「分」。「名」即名位，「器」即「器物」。只有用名位來分別
稱呼，用器物來分別標誌，國家的等級制度才能井井有條，「禮」才能得到貫
徹與實現。「名」、「器」若亂，則「禮」無存焉。所以說，區別地位之高低貴
賤關鍵靠匡正等級名分。司馬光還認爲珍惜名器，就要防微杜漸，在日常的
政治生活中要注意抓小事。

除了「名」與「器」之外，「儀」是「禮」的另一重要存在形式。司馬光
說：

> 夫禮非威儀之謂也，然無威儀則禮不可得而行也；樂非聲音之
> 謂也，然無聲音則樂不可得而見矣。譬諸山，取其一土一石而謂之
> 山則不可，然土石皆去，山於何在哉！故曰：「無本不立，無文不行。」
> 〔註6〕

「禮」爲本，「儀」爲文。「禮」與「儀」不可分割。「禮」一定包括「儀」，
有「禮」就一定有「儀」。司馬光關於「禮」與「儀」關係的論述，簡潔而精
闢，說明禮之精神是與禮之形式即禮儀有機地結合在一起。司馬光非常重視
朝典禮儀的政治作用。漢宣帝時，曾經發生過一起關於匈奴單于朝見大漢天

〔註5〕 （宋）司馬光原著，資治通鑑‧文白對照本（卷1）〔M〕，北京：中華書局，
2009年，第4頁。
〔註6〕 （宋）司馬光原著，資治通鑑‧文白對照本（卷192）〔M〕，北京：中華書局，
2009年，第8004頁。

子之朝見的儀式的爭論。其中蕭望之認為應該將匈奴視為與漢朝同等地位的國家，以國賓之禮相待，位在諸侯王之前。對此，司馬光堅決反對。他認為蕭望之的言論純屬「僭度失序，以亂天常，非禮也」〔註7〕。顯然，司馬光認為大漢與蠻夷的藩屬關係是首要的，任何情況下，都不應破壞體現這種藩屬關係的朝廷禮儀。

禮有何用？司馬光說：「國家之治亂本於禮」〔註8〕，「人有禮則生，無禮則死」〔註9〕，「太祖太宗，知天下之禍生於無禮也」〔註10〕。「天子之為四方之綱，諸侯之為一國之綱，卿、大夫、士各紀其職，亂何自生？」〔註11〕在司馬光看來，「禮」是國家存亡攸關的制度保障，是百姓安生立命的言行規範，是國泰民安的法定秩序。

「隆禮貴義者其國治」〔註12〕。司馬光認為只要以「禮」治國，那麼即使國家實力薄弱，其也能夠得到保存。司馬光曾這樣評論西周王朝，他說：「昔周之興也，禮以為本，仁以為源。自后稷已來，至於文、武、成、康，其講禮也備矣；其施仁也深矣。民習於耳目，浹於骨髓，雖後世微弱，其民將有陵慢之志，則畏先王之禮而不敢為；將有離散之心，則思先王之仁而不忍去。此其所以享國長久之道也。」〔註13〕顯然，司馬光認為，東周以其衰微之勢而竟能作為天下共主在列強之中延續數百年的根本原因在於周王室能夠堅守「禮以為本」、「仁以為源」的政治原則。

「簡禮賤義者其國亂」〔註14〕。司馬光認為「聖人所以能使其民者，以

〔註7〕　（宋）司馬光原著，資治通鑑·文白對照本（卷27）〔M〕，北京：中華書局，2009年，第1050頁。

〔註8〕　（宋）司馬光，上謹習疏〔A〕，司馬文正公傳家集（卷24）〔M〕，上海：商務印書館，民國26年，第347頁。

〔註9〕　（宋）司馬光，答范景仁論養生及樂書〔A〕，司馬溫公集編年箋注〔M〕，成都：巴蜀書社，2009年，第50頁。

〔註10〕　（宋）司馬光，上謹習疏〔A〕，司馬文正公傳家集（卷24）〔M〕，上海：商務印書館，民國26年，第348頁。

〔註11〕　（宋）司馬光注，法言·先知篇〔M〕。

〔註12〕　（宋）司馬光原著，資治通鑑·文白對照本（卷6）〔M〕，北京：中華書局，2009年，第188頁。

〔註13〕　（宋）司馬光，（美）王亦令點校，稽古錄（卷11）〔M〕，北京：中國友誼出版公司，1987年，第169頁。

〔註14〕　（宋）司馬光原著，資治通鑑·文白對照本（卷6）〔M〕，北京：中華書局，2009年，第188頁。

有禮樂也。若皆去之，則民將散亂而不可制。雖欲取其耳而塗之，安可得哉？」〔註 15〕。如果禮治敗壞，那麼民心就會散亂，國家就難以統治。故而，他對周王朝最終走向滅亡如是評論：「周道日衰，綱紀散壞，下陵上替，諸侯專征，大夫擅政，禮之大體什喪七八矣……今請於天子而天子許之，是受天子之命而爲諸侯也，誰得而討之！故三晉之列於諸侯，非三晉之壞禮，乃天子自壞之也。」〔註 16〕顯然，在司馬光看來，周幽王、周厲王因爲失去了德行而造成周朝道德日衰，綱領和法紀也隨著破壞。下邊越軌上邊衰弱，諸侯逞強專橫，大夫專權擅政，離國家滅亡也就不遠了。

「禮之爲物大矣！用之於身，則動靜有法而百行備焉；用之於家，則內外有別而九族睦焉；用之於鄉，則長幼有論而俗化美矣；用之於國，則君臣有敘而政治成焉；用之天下，則諸統順服而紀綱正焉。」〔註 17〕尊禮還是非禮，關係著人生、國家和社會的命運。所以說「禮法者，（國之）柱石也」。〔註 18〕

（二）立政以禮的政治實踐

司馬光主張「立政以禮」，把「禮」作爲統治整個封建國家的最高準則，將依禮行事視爲治理國家的根本方略，要求各階級成員，在各方面都自覺認同封建社會的禮樂制度、禮儀規範並遵照其行事，不得有任何僭越，從而實現「天子統三公，三公率諸侯，諸侯制卿大夫，卿大夫治庶人」〔註 19〕的社會政治格局。

1. 尊君卑臣，敦尚名節

「禮」的本質是明「分」，即將個人在國家中所處的社會地位，所扮演的社會角色，所應該承擔的社會責任，所可以享受的社會權利等區分清楚。以禮治國就是要實現這種區分，並保持在這種區分狀態的前提下實現社會和諧，國家興旺。如何實現這種理想狀態呢？司馬光認爲關鍵在於「正名」，即

〔註 15〕　（宋）司馬光注：法言・問道篇〔M〕。
〔註 16〕　（宋）司馬光原著，資治通鑑・文白對照本（卷 1）〔M〕，北京：中華書局，2009 年，第 4 頁。
〔註 17〕　（宋）司馬光原著，資治通鑑・文白對照本（卷 11）〔M〕，北京：中華書局，2009 年，第 412 頁。
〔註 18〕　（宋）司馬光，惜時〔A〕，司馬溫公集編年箋 3〔M〕，成都：巴蜀書社，2009 年，第 76 頁。
〔註 19〕　（宋）司馬光原著，資治通鑑・文白對照本（卷 1）〔M〕，北京：中華書局，2009 年，第 2 頁。

社會各階層的人都應該明白自己的身份和在社會中所處的地位，君君、臣臣、父父、子子、兄兄、弟弟，名分不能顛倒。因而，司馬光主張要珍惜名器，防微杜漸。司馬光繼承了孔子「上好禮，則民易使也」〔註 20〕的思想，認為珍惜名器，防微杜漸，首先應該從君主做起，君主做典範，帶頭遵守封建禮儀的約束。司馬光說：「夫朝廷者，四方之表儀也」〔註 21〕，「為人君者，動靜舉措不可不慎，發於中必形於外，天下無不知之。」〔註 22〕君主不能因為個人喜好，或認為事情微不足道而隨意行事以至亂了朝禮綱紀。故而，在《資治通鑑》中，司馬光對這樣的君主進行了嚴厲的批判。春秋時期的衛國，有人立了軍功，衛國君主賜予他土地，他不要，卻想要「繁纓」和「曲縣」，衛君同意了。孔子認為衛君的做法不當，應該多賜予些土地，而不應該賜予「繁纓」和「曲縣」。因為「繁纓」是馬腹帶飾，「曲縣」是樂器，而這兩者只有諸侯才能使用。立軍功不應該享受這種待遇，給了他們，就會產生覬覦之心，僭越之行，最終導致禮崩樂壞，國家危機。司馬光十分認同孔子的看法。

司馬光的正名思想，要求社會上每個人都正視自己的社會地位與社會責任，承擔起相應的社會義務，從而達到維護社會穩定的作用。這一點是可以肯定的，對於我們現在和諧社會的建設具有借鑒意義，但是其中君君臣臣的封建等級觀念必須要加以批判和摒棄。

2. 治軍以禮

司馬光不僅要求在日常行政事務之中體現立政以禮之思想，並且要求把禮之精神貫徹到各個領域，其中治軍以禮的思想尤為重要。

司馬光主張「治軍必本於禮」，對軍隊中「治軍而不顧禮」的現象表示出極大的憤慨。如對於唐肅宗時期，軍隊中下陵上的「壞禮」事件，尤其是對殺逐主帥而自立的侯希送，朝廷不但「不治其罪」，反而「因以其位任授之」事件，司馬光進行了嚴厲地批判。他如是評論：

> 肅宗遭唐中衰，幸而復國，是宜正上下之禮以綱紀四方；而偷取一時之安，不思永久之患。彼命將帥，統藩維，國之大事也，乃委一介之使，徇行伍之情，無問賢不肖，惟其所欲與者則授之。自

〔註20〕論語・憲問〔M〕。

〔註21〕（宋）司馬光，上謹習疏〔A〕，司馬文正公傳家集（卷24）〔M〕，上海：商務印書館，民國 26 年，第 350 頁。

〔註22〕（宋）司馬光原著，資治通鑑・文白對照本（卷22）〔M〕，北京：中華書局，2009 年，第 840 頁。

是之後，積習爲常，君臣循守，以爲得策，謂之姑息。乃至偏裨士卒，殺逐主帥，亦不治其罪，因以其位任授之。然則爵祿、廢置、殺生、予奪，皆不出於上而出於下，亂之生也，庸有極乎。

……

蓋古者治軍必本於禮，故晉文公城濮之戰，見其師少長有禮，知其可用。今唐治軍而不顧禮，使士卒得以陵偏裨，偏裨得以陵將帥，則將帥之陵天子，自然之勢也。由是禍亂繼起，兵革不息，民墜塗炭，無所控訴。〔註23〕

對於宋太祖趙匡撤之所以能統一宇內，安定天下，司馬光認爲主要原因是由於做到了「治軍以禮故也」。他如是說：

凡二百餘年，然後大宋受命。太祖始制軍法，使以階級相承，小有違犯，咸伏斧質。是以上下有敘，令行禁止，四征不庭，無思不服，宇內乂安，兆民允殖，以迄於今，皆由治軍以禮故也。豈非詒謀之遠哉！〔註24〕

司馬光這兩段論說，從正反兩個方面旨在說明一個道理，即治軍需以禮。司馬光認爲只有維護軍隊嚴格的秩序，嚴明的紀律，才能避免軍隊發生叛亂，軍隊才會有戰鬥力。軍隊如果沒有鐵的紀律，就會一盤散沙，就沒有絲毫的戰鬥力。司馬光看到了紀律對治軍的重要性，值得肯定。然而，我們知道如果把唐肅宗以後藩鎮割據、中央政權失掉對軍隊的控制的原因全歸結於不以禮治軍，那肯定是片面的。我們也清楚北宋伊始的軍法實際上也沒有司馬光所評論的那樣完美，宋太祖趙匡胤矯枉過正，甚至還是宋王朝屢受外族欺凌的主要原因之一，這點史家和朱熹等理學家都早有評論，不必我們多說。本書作者認爲司馬光之所以如此片面地強調以禮治軍的重要想，關鍵在於司馬光以禮治軍之「禮」除了包括紀律一層含義之外，其本質是封建社會等級制度。他看到了以禮治軍對於維持軍隊的地主階級國家強力組織的屬性，維護封建君主制、維護封建地主階級統治秩序的重要性。

3. 興教化，厚風俗

興教化，厚風俗是司馬光以禮治國政策的重要實踐。社會風俗作爲國家

〔註23〕　（宋）司馬光原著，資治通鑑・文白對照本（卷220）〔M〕，北京：中華書局，2009 年，第 9268、9270 頁。
〔註24〕　同上，第 9270 頁。

軟實力，其對國家與社會之水滴石穿、繩鋸木斷之作用不可估量，其關係到皇權的興衰成敗，關係到國家的長治久安，關係到社會的安定團結，關係到民族的生命持續。關於這一點，司馬光有著非常明確的認識，其在《資治通鑑》中列舉三代、秦漢至於唐、五代的歷史，予以佐證。司馬光認為「昔三代之王，皆習民以禮，故子孫數百年享天之祿」〔註25〕。三代以後，「先王之遺風」漸行流失，然「敦尚名節」之風「未絕於民」。所以，後代即使有作亂者，也難逆於淳厚敦樸的民風習俗，如王莽篡權，不久即復漢。魏晉以後，社會風俗逐漸變壞，入唐以後更甚，此時是「風俗日壞，入於偷薄。叛君不以為恥，犯上不以為非，惟利是從，不顧名節……及其久也，則庶習於聞見。以為事理當然，不為非禮，不為非義」〔註26〕。到了五代十國，風俗頹壞到極點，「陵夷至於五代，天下蕩然，莫知禮義為何物矣。是以世祚不永，遠者十餘年，近者四五年，敗亡相屬，生民塗炭」〔註27〕。司馬光由此論述，良好社會風俗對於國家治亂、社會安定的是何其重要。良好社會風俗的形成，關鍵在於道德教化。教化可以形成一種社會精神力量，影響整個時代的風氣風貌。他說：

> 孔子所以祀於學者，禮有先聖先師故也。自生民以來，未有如孔子者，豈太公得與之抗衡哉！古者有發，則命大司徒教士以車甲，裸股肱，決射御，受成獻馘，莫不在學。所以然者，欲其先禮義而後勇力也。君子有勇而無義為亂，小人有勇而無義為盜；若專訓之以勇力而不使之知禮義，奚所不為矣！〔註28〕

在司馬光看來，不管是對於個人，還是對於國家，教化都極為重要。只有加強對百姓的教化，百姓才能樹立起良好的道德觀念，以禮的準則自覺地約束自己的言行，才不至於發生「盜」、「亂」等非禮的行為，良好的社會風俗也才有可能形成。因此，司馬光明確宣揚：「教化，國家之急務也」，「風俗，天下之大事也」〔註29〕，極力主張興教化，厚風俗以重倫常綱紀。

〔註25〕 （宋）司馬光，上謹習疏〔A〕，司馬文正公傳家集（卷24）〔M〕，上海：商務印書館，民國26年，第347頁。

〔註26〕 同上，第348頁。

〔註27〕 同上。

〔註28〕 （宋）司馬光原著，資治通鑑·文白對照本（卷213）〔M〕，北京：中華書局，2009年，第8964頁。

〔註29〕 （宋）司馬光原著，資治通鑑·文白對照本（卷68）〔M〕，北京：中華書局，2009年，第2736頁。

關於何謂教化，何謂風俗？司馬光說到：「上行下效謂之風，薰蒸漸漬謂之化，淪胥委靡謂之流，眾心安定謂之俗。」〔註 30〕自上而下進行教育感化或自下而上進行傚仿謂之風；潤物細無聲的薰陶，潛移默化的影響謂之化；相沿日久成為社會普遍習慣謂之俗。教化與風俗不是朝成夕就的政績工程，亦不是實實在在的客觀事物，其所產生的影響與作用不易在短時間內被察覺，然而，當能夠明顯察覺到教化與風俗的負面作用時，一般來說，教化與風俗必然已經敗壞到一定程度。司馬光進一步說到：「及夫風化已失，流俗已成，則雖有辨智，弗能諭也，強毅不能制也，重賞不能勸也，嚴刑不能止也。自非聖人得位而臨之，積百年之功，莫之能變也。」〔註 31〕如果等到良風已失，惡俗已成，那麼即使有再高明的智慧也難以辨別，再堅定的決心也難以制服，再厚重的獎勵也難以勸導，再嚴厲的懲罰也難以制止。只有等到聖人降臨，百年努力，才有可能扭轉乾坤，化流為尚。由此可見，對於一國之教化與風俗，必須高度重視，不能掉以輕心，不能馬虎鬆懈。

司馬光「深識長慮」〔註 32〕，主張封建王朝「教立於上，俗成於下」〔註33〕。統治者「以儒術化民」〔註 34〕，以「德教加於百姓」〔註 35〕，自上而下對全體臣民實施仁義、孝慈、忠信、廉讓等儒家道德觀念教育，使得全體臣民能自覺認同並遵守國家所倡導的道德觀念，從而形成一種人人向善的社會風氣。只要加強了對臣民的道德教育，在臣民中樹立起正氣，正人君子就會受到社會的景仰，卑鄙小人就會受到社會的唾棄，明分尚義、誠信忠恕之社會道德風尚就會形成。正所謂「教化既美，習俗乃成，運數莫奪，越千百年，流風不絕」〔註 36〕。即使有企圖篡權之竊國亂臣，也會因「畏名義而自抑」〔註 37〕，

〔註 30〕　（宋）司馬光，上謹習疏〔A〕，司馬文正公傳家集（卷 24）〔M〕，上海：商務印書館，民國 26 年，第 347 頁。

〔註 31〕　同上。

〔註 32〕　（宋）司馬光原著，資治通鑑・文白對照本（卷 68）〔M〕，北京：中華書局，2009 年，第 2736 頁。

〔註 33〕　同上。

〔註 34〕　（宋）司馬光，上謹習疏〔A〕，司馬文正公傳家集（卷 24）〔M〕，上海：商務印書館，民國 26 年，第 350 頁。

〔註 35〕　（宋）司馬光，進《通志》表〔A〕，司馬溫公集編年箋 4〔M〕，成都：巴蜀書社，2009 年，第 467 頁。

〔註 36〕　（宋）司馬光，潛虛〔M〕，上海：商務印書館，中華民國 25 年，第 51 頁。

〔註 37〕　（宋）司馬光原著，資治通鑑・文白對照本（卷 68）〔M〕，北京：中華書局，2009 年，第 2736 頁。

不敢肆無忌憚地篡權奪位。如曹操採取「挾天子以令諸侯」，而不廢帝自立，乃「畏天下之人疾之也」〔註38〕。在實施道德教化的過程中，司馬光尤其重視君主的作用。司馬光認為君主必須重視並實施「修儒術，隆教化，進敦篤，退浮華」〔註39〕，並且發揮榜樣作用，使整個社會形成一種「禮義興行，風俗純美」〔註40〕的良好風俗。反之則必成「後魏之風」〔註41〕。同時，司馬光高度肯定士人君子「修身以化人」的榜樣感化作用，他評論：「君子之所以能自大者、學於道也，學充於內則志氣夷擇矣，浸長於外則人化而順之矣」。君子修養自己的道德思想便可以用自己的道德力量去感化歸順百姓。

司馬光提倡和重視的道德教化，實質上是以封建等級社會的綱常名教、倫理道德，對臣民進行思想統治，歸根結底是為神化君權、崇拜君權、服務君權服務的。其中諸如「君君、臣臣、父父、子子」的等級觀念我們要視為糟粕加以摒棄，但其中禮義廉恥、忠孝仁愛等具有普世意義的道德品德，是我們中華民族寶貴的精神財富，我們要繼承創新，賦予新時代的意義，發揚光大。司馬光在強調教化的社會作用中，誇大了教化對國家命運走向的影響作用，誇大了聖人君王在道德教化中的主導地位，這無疑是錯誤的。但教化、道德教育無疑是樹立社會道德風尚的十分重要的手段，是穩定社會秩序、安定民眾生活的重要保障，並且在道德教化中，榜樣作用同樣是不可忽視的。這些都應該得到肯定。

二、隆禮重法

禮治與法治作為人類社會的基本治理模式，其關係問題，從春秋戰國時起，便成為中國歷代思想家所爭論的焦點。以商秧、韓非等為代表的法家，主張法治而反對禮治；以孔、孟、董仲舒等為代表的儒家學派則主張「德主刑輔」，認為「禮之所去，刑之所取」，甚至「引經決揪」。作為儒家正統思想的繼承者，司馬光繼承了孔子「寬猛相濟」和荀子的「隆禮至法」的思想，把「禮」作為治國之根本大法之時，並沒有忽視法治的治國之用，主張把禮治與法治結合起來，通過「隆禮重法」來建立和鞏固封建統治秩序，維護國家的長治久安。

〔註38〕 （宋）司馬光，上謹習疏〔A〕，司馬文正公傳家集（卷24）〔M〕，上海：商務印書館，民國26年，第349頁。
〔註39〕 同上，第350頁。
〔註40〕 同上。
〔註41〕 同上，第349頁。

　　司馬光把整個國家比作一座大廈，喻「民」爲「國之堂基」，「禮法」爲「國之柱石」。「夫禮與刑，先王所以治群臣萬民，不可斯須偏廢也。」〔註42〕「天下所以化，在於學；百官所以治，在於法。然則學爲化原，法爲治本，茲二者又可忽歟？」〔註43〕禮治與法治必須兼施，並且禮治要達維護強化封建等級制度之目的，就必須輔之以賞善罰惡之「法治」，就必然要求對一切悖禮犯上行爲繩之以法。否則，「禮治」就是一句空話。因此，司馬光說：「若以刑名爲非道，則何以能禁民使自然而止？」〔註44〕「若殺人者不死，傷人者不刑，雖堯舜不能以致治也」〔註45〕。

　　在《稽古錄》中司馬光曾經對春秋戰國時韓國的歷史進行總結，他說：「韓以微弱之國，居天下之衝，首尾腹背莫不受敵，然猶社稷血食幾二百年。」什麼原因呢？因爲「（韓）昭侯奉法之謹，賞不加無功，罰不失有罪」。據此，他發出感歎說：「有國者安可無法哉」？〔註46〕

　　「嚴明刑賞」是司馬光「法治」政策的政治實踐。司馬光說：「政之大本，在於刑賞，刑賞不明，政何以成」〔註47〕。「法者天下之公器，惟善持法者，親疏如一，無所不行，則人莫敢有所恃而犯之也。」〔註48〕刑賞是封建統治的根本手段，若持法之人能夠賞不拘私，法不阿貴，秉公執法，那麼法就會具有威懾力，能使天下人畏服。正所謂「凡中外之臣，有功則賞，有罪則誅，無所阿私，法制不煩而天下大治」〔註49〕。反之，若執法不公，賞罰不明，

〔註42〕（宋）司馬光，策問十首〔A〕，司馬溫公集編年箋5〔M〕，成都：巴蜀書社，2009年，第373頁。

〔註43〕（宋）司馬光，并州學規後序〔A〕，司馬溫公集編年箋5〔M〕，成都：巴蜀書社，2009年，第135頁。

〔註44〕（宋）司馬光，賢良策問一首〔A〕，司馬文正公傳家集（卷75）〔M〕，上海：商務印書館，民國26年，第920頁。

〔註45〕（宋）司馬光，乞不貸故鬥殺箚子〔A〕，司馬溫公集編年箋4〔M〕，成都：巴蜀書社，2009年，第200頁。

〔註46〕（宋）司馬光，（美）王亦令點校，稽古錄（卷11）〔M〕，北京：中國友誼出版公司，1987年，第175頁。

〔註47〕（宋）司馬光原著，資治通鑑・文白對照本（卷79）〔M〕，北京：中華書局，2009年，第3156頁。

〔註48〕（宋）司馬光原著，資治通鑑・文白對照本（卷14）〔M〕，北京：中華書局，2009年，第534頁。

〔註49〕（宋）司馬光原著，資治通鑑・文白對照本（卷57）〔M〕，北京：中華書局，2009年，第2272頁。

就必然出現「有功者以闊義不賞，爲奸者以巧法免誅」〔註50〕的現象，勢必造成「上下勞擾而天下大亂」〔註51〕的混亂局面。由於法律是天下人講理的依據，故而，司馬光特別強調君主應該遵守法令，不要朝令夕改，爲所欲爲。

司馬光主張嚴明刑賞，其初衷是爲了維護封建社會的長治久安和統治階層的根本利益。然而，若眞能付諸施行並達到司馬光所預想的理想狀態，那麼對於維護封建社會秩序，促使人們安居樂業，革除社會犯罪惡行，無疑是具有積極作用的。

司馬光的法治思想，在強調「嚴明刑賞」的同時，也看到了「法貴簡要，令貴必行」的重要性。雖然「王者所以治天下，惟在法令」〔註52〕，那是不是法令越多越好呢？司馬光給出的答案是否定的，其認爲法貴於簡要而失於繁苛。他說：「凡法貴簡要，令貴必行，則官吏易爲檢詳，咸知畏避。」〔註53〕司馬光還認識到，如果法令煩苛而不簡要，再加上水旱等自然災害，勢必引起農民起義。他在《資治通鑑》中記述王莽天鳳四年事時，曾分析說：「法令煩苛，民搖手觸禁，不得耕桑，徭役煩劇，而枯草、蝗蟲相因，獄訟不決。吏用苛暴立威，旁緣莽禁，侵刻小民，富者不能自別，貧者無以自存，於是並起爲盜賊。」〔註54〕

當然，司馬光對禮與法所起穩定社會秩序的作用不是等量齊觀的。至於禮樂與刑名的關係是：「禮樂可以安固萬世，所用者大；刑名可以輸劫一時，所用者小。其自然之道則同，其爲奸正則異矣。」〔註55〕兩者相比，禮居於主導地位，刑居於從屬地位，並且司馬光反對「專任刑罰亦足爲治」〔註56〕的思想，認爲「用秦之法以求治，猶多而望生，春而望獲，之燕而南，適楚

〔註50〕 （宋）司馬光原著，資治通鑑·文白對照本（卷57）〔M〕，北京：中華書局，2009年，第2272頁。

〔註51〕 同上。

〔註52〕 （宋）司馬光，乞不貸故鬥殺箚子〔A〕，司馬溫公集編年箋〔M〕，成都：巴蜀書社，2009年，第200頁。

〔註53〕 （宋）司馬光，乞令六曹刪減條貫箚子〔A〕，司馬溫公集編年箋4〔M〕，成都：巴蜀書社，2009年，第333頁。

〔註54〕 （宋）司馬光原著，資治通鑑·文白對照本（卷38）〔M〕，北京：中華書局，2009年，第1452頁。

〔註55〕 （宋）司馬光注，法言·問道篇〔M〕。

〔註56〕 （宋）司馬光，聞喜縣重修至聖文宣王廟記〔A〕，司馬溫公集編年箋5〔M〕，成都：巴蜀書社，2009年，第191頁。

而北，終不能致」〔註57〕。他認為，以刑名之學為治國之道，則屬於不正之道，其收功也小，但並非是廢棄用法。用法過度而不以禮為主，為政就會趨於不仁。所以，司馬光並不一般的反對用法。相反，他在某些時候還主張「嚴階級之法」，「嚴治盜之法」等等。他反對的只是申韓之法。所以他說：「天下所以化在於學，百官所以治在於法。」可見，司馬光治理國家的主張，是以禮樂為根本措施，以法為次要手段。他所謂的禮，不僅只是有關飲食起居祭祀軍旅的儀式，而主要是封建政治的根本制度和秩序問題；他所謂的樂，也並非只是聲音，而是移風易俗的政治薰陶；他主張嚴明賞罰，但反對法家的重嚴刑峻法而輕思想教化的做法。

司馬光之禮治思想，強調名分綱常、禮樂教化，是一種維護君臣尊卑貴賤和保持社會安定的為政之道。司馬光這一思想的提出，一方面是繼承了儒家傳統政治倫理道德，「有一種崇古的狂熱和一種維護現狀的固執」。但更多是在於其對先秦至隋唐五代的治亂歷史和北宋王朝政治現實的精考諮察、深究熟慮。眾所周知，唐末五代是一個「君不君，臣不臣，父不父，子不子，至於兄弟、夫婦人倫之際，無不大壞，而天理幾乎其滅矣」〔註58〕的時代。北宋王朝緊接其後，必然迫切需要重振倫理道德、綱常名教，以防止當朝再現其混亂局面。可以說，司馬光的禮治思想正是適應了這種現實需要的「史學自覺」意識。

司馬光禮治思想維護了北宋封建社會的統治，延緩了封建社會走向滅亡的步伐，其保守性顯而易見。其幻想依靠「禮」就能實現國泰民安的盛世景象，充滿了道德至上的倫理意味，唯心主義色彩顯而易見。然而，若從「社會的結構層次」的視角去理解，司馬光以禮治國的思想勾劃出了社會的層次結構，規定了每個社會角色所必須遵循的行為規範和所應該履行的道德義務，這有利於社會的各因子處於和諧有序的狀態，進而有利於社會整體的安定與力量的發揮。從這個方面講，司馬光以禮治國思想的先進性同樣顯而易見。

〔註57〕（宋）司馬光注：揚子法言・寡見篇〔M〕。
〔註58〕新五代史・一行傳・序〔M〕。

第二節　君主道德

中國古代封建社會，「普天之下，莫非王土；率土之濱，莫非王臣」，「君要臣死，臣不得不死」，身爲天之驕子的君主，雄居高位，受萬民臣服，享有至高無上的權力，主宰國家的一切。對此，司馬光認爲：「夫萬物，生之者天也，成之者地也，天地能生成之而不能治也。君者所以治人而成天地之功也，非后則天地何以得通乎！」〔註59〕天地生成萬物，卻無法治理萬物；而人君卻能「治人而成天地之功」，使天地得以相通。其又說：「天地能示人法象而不能教也，能生成萬物而不能治也，聖人教而治之，以成天地之能。」〔註60〕這裡聖人即是指聖君。只有聖君才能觀象作器，以教民治民，從而「成天地之能」。顯然，司馬光看來，天地是造物主，而人君則是統治民眾，成就天地之功的人。正所謂：「惟天生民，有欲無主乃亂，必立聰明之君長以司牧之。」〔註61〕「天生烝民，其勢不能自治，必相與戴君以治之。」〔註62〕君主的出現是應「司牧」臣民之需，君主是生民的救星，封建王權是社會秩序的必要保障，君主的天然使命就是對臣民履行「司牧」之職。只有主宰一切的君王才能制止由於生活資料的不足而引起的爭奪，才能保證社會的正常發展。這顯然帶有美化君王的色彩，忽略了君王與民眾之間存在階級對立的實質。

司馬光在另一篇文章中，談得尤爲詳盡：「古之人，食鳥獸之肉，草木之實，而衣其皮，鳥獸日益殫，草木日益稀，人日益眾，物日益寡。視此或不足，視彼或有餘，能相與守死而勿爭乎？爭而不已，相賊傷，相滅亡，人之類蓋可計日而盡也。聖人者愍其然，於是作而治之，擇其賢智而君長之，分其土田而疆域之，聚其父、兄弟、夫婦而安養之，施其禮樂、政令而綱紀之，明其道德、仁義孝慈、忠信、廉讓而教導之。猶有狂愚傲很之民悖戾而不從者，於是鞭樸以威之，鐵鉞以戮之，甲兵以殄之。是以民相與安分而保常，

〔註59〕　（宋）司馬光，張載，溫公易說〔M〕，上海：上海古籍出版社，1989 年，第 20 頁。

〔註60〕　（宋）司馬光，張載，溫公易說，繫辭〔M〕，上海：上海古籍出版社，1989 年，第 89 頁。

〔註61〕　（宋）司馬光，（美）王亦令校，稽古錄點校本（卷 1）〔M〕，北京：中國友誼出版公司，1987 年，第 1 頁。

〔註62〕　（宋）司馬光原著，資治通鑑・文白對照本（卷 69）〔M〕，北京：中華書局，2009 年，第 2756 頁。

養生而送終，繁衍而久長也。」〔註 63〕司馬光看來，君主是人類社會治亂興衰的決定因素，故而其提出了「國之治亂，盡在人君」的觀點。

「國之治亂，盡在人君」。司馬光用一個「盡」字突出了他對君主個人品德與能力對於國家生死存亡、興旺發達至關重要性的重視與強調。君主肩負治理天下，養育萬民的重任，那麼究竟其應該具備何種素質，才能履行好這一職責，完成好此項重任，造就國泰民安之太平盛世呢？司馬光「歷觀古今之行事，竭盡平生之思慮，質諸聖賢之格言」〔註 64〕，提出人君必須首先具備「三德」，曰「仁」、曰「明」、曰「武」，並認定此乃「治亂安危存亡之道」，「不可移易」。〔註65〕人君「三者皆備，則國治強」；「闕一，則衰，闕二，則危，皆無一焉，則亡」〔註 66〕。

一、仁者愛民

「仁」是中國古代一種含義極廣的道德倫理範疇，包含親密、友愛、相互幫助等內涵。樊遲問「仁」，孔子答曰「愛人」〔註67〕。《禮記·經解》曰：「上下相親謂之仁。」《韓非子·解老》曰：「仁者，謂其中心欣然愛人也。」《說文》曰：「仁，親也。」司馬光將道德倫理意義上的「仁」進一步具體化、政治化，提出「仁者，非嫗煦姑息之謂也。興教化、修政治，養百姓，利萬物，然後可以為仁」〔註 68〕。在司馬光看來，人君之仁，不是施小恩小惠，立姑息之政，而在於寬簡臨國，施恩惠於天下，盡誠意於四海，興教化以安社稷，「修政事以利百姓」，除暴去奸，保民養民。故而，一言以蔽之，仁者愛民也。「聖人以道德為麗，仁義為樂」〔註69〕。故而，司馬光在評論歷史之

〔註63〕（宋）司馬光，聞喜縣重修至聖文宣王廟記〔A〕，司馬溫公集編年箋 5〔M〕，成都：巴蜀書社，2009 年，第 190 頁。

〔註64〕（宋）司馬光，進修身治國之要箚子〔A〕，司馬溫公文集 1～4 冊〔M〕，北京：中華書局，1985 年，第 176 頁。

〔註65〕同上。

〔註66〕（宋）司馬光，（美）王亦令點校，稽古錄點校本（卷16）〔M〕，北京：中國友誼出版公司，1987 年，第 650 頁。

〔註67〕論語·顏淵〔M〕。

〔註68〕（宋）司馬光，（美）王亦令點校，稽古錄點校本（卷16）〔M〕，北京：中國友誼出版公司，1987 年，第 650 頁。

〔註69〕（宋）司馬光原著，資治通鑑·文白對照本（卷218）〔M〕，北京：中華書局，2009 年，第 9184 頁。

時，高度讚揚了北周文帝「撫貧困之民」〔註70〕，唐明皇「愛民利物」〔註71〕之政舉，尤其特別讚揚周世宗，其「治律曆，興禮樂，審法令，修政事，收賢才，養百姓，可謂能知治安之本矣」〔註72〕。可惜最後「大功未成，中道而夭」，那也是因爲天意而「非人謀之所及也」。認爲「若周世宗，可謂仁矣，不愛其身而愛民」〔註73〕。同時嚴厲批評了隋煬帝「窮侈極欲」，「政煩賦重」，「遊幸不息，以樂滔憂」之行爲，認爲此種情況下，隋朝滅亡「率是道也，雖禹、湯、文武之子孫，未或不亡」〔註74〕。

司馬光認爲若君主施仁政於天下，「苟民之所欲者與之，所惡者去之，如決水於高原之上，以注川谷，無不行者」〔註75〕，於是「太平之業可致」〔註76〕，萬民之樂可興。「苟或不然」，仁義不施，暴虐百姓，屠戮天下，則「如逆阪走丸，雖竭力以進之，其復走而下，可必也」〔註77〕，則必爲民所棄，社稷隕喪。例如，司馬光認爲，周平王東遷，儘管「日已衰微」，「其土地人民不足以比強國之大夫」，但是「天下猶尊而事之以爲共主，守文武之宗祧，綿綿焉久而不絕」，其根本原因，在於周王室堅持「禮以爲本」、「仁以爲源」的政治原則。因此，諸侯「將有離散之心，則思先王之仁，而不忍去」〔註78〕。此「不忍」，使「微弱」的東周王室作爲天下共主，竟能在列強之中延續數百年。而短命的秦王朝則是以不仁亡國的典型事例。司馬光引賈誼的評論說：「秦以區區之地致萬乘之權，招八州而朝同列，百有餘年，然後以六合爲家，殽、

〔註70〕 （宋）司馬光，（美）王亦令點校，稽古錄點校本（卷14）〔M〕，北京：中國友誼出版公司，1987年，第455頁。

〔註71〕 （宋）司馬光，（美）王亦令點校，稽古錄點校本（卷15）〔M〕，北京：中國友誼出版公司，1987年，第589頁。

〔註72〕 同上，第616頁。

〔註73〕 （宋）司馬光原著，資治通鑑·文白對照本（卷292）〔M〕，北京：中華書局，2009年，第12412頁。

〔註74〕 （宋）司馬光，（美）王亦令點校，稽古錄點校本（卷14）〔M〕，北京：中國友誼出版公司，1987年，第470頁。

〔註75〕 （宋）司馬光，乞去新法之病民傷國者疏〔A〕，司馬溫公集編年箋4〔M〕，成都：巴蜀書社，2009年，第150頁。

〔註76〕 （宋）司馬光原著，資治通鑑·文白對照本（卷233）〔M〕，北京：中華書局，2009年，第9810頁。

〔註77〕 （宋）司馬光，乞去新法之病民傷國者疏〔A〕，司馬溫公集編年箋4〔M〕，成都：巴蜀書社，2009年，第150頁。

〔註78〕 （宋）司馬光，（美）王亦令點校，稽古錄點校本（卷11）〔M〕，北京：中國友誼出版公司，1987年，第169頁。

函為宮，一夫作難而七廟墮，身死人手，為天下笑者，何也？仁誼不施而攻守之勢異也。」〔註 79〕

二、明者安人

「明」字會意，日月齊輝，本義為明亮，清晰明亮。司馬光為其加上政治倫理之意蘊，提出「明者，非巧譎苛察之謂也；知道義，識安危，別賢愚，辨是非，然後可以為明」〔註 80〕。君主之「明」，非善於玩弄手段，非善於苛察嚴審，而在於通曉道德義理，洞察時局安危，辨別賢愚忠奸，區分善惡是非。一言以蔽之，明者安人也。大體來講，司馬光認為人君之明從擇術、察人、治法三個方面表現出來。

擇術之明即為「知道義」。君主能夠通曉治國之道，能夠洞察時局變化，能夠審時度勢。司馬光所推崇的治國之道即為上文所論述過的隆禮重法，懷民以仁的儒家正統思想。相反，司馬光反對讖緯迷信，排斥佛老之學。司馬光通過大量史實說明，君王擇術不明，信奉鬼神，必然會影響其「別賢愚，辨是非」的明辨能力，對國家政治產生嚴重負面影響。東漢光武帝劉秀頒行圖讖於天下，桓譚反對，極言讖緯之非，遭貶遷，「道病卒」；鄭興緘默，上問之，答未學，免於死；賈逵附會，以古文經附和圖讖，博歡心，得高升。司馬光引范曄之評議說：「桓譚以不善讖流亡，鄭興以遜辭僅免；賈逵能傅會文致，最差貴顯。世主以此論學，悲哉！」〔註 81〕六朝時，北魏太武帝信奉道教，「迎致謙之弟子在山中者，以崇奉天師，顯揚新法，宣佈天下」〔註 82〕。司馬光對此感歎說：「君子之於擇術，可不慎哉！」〔註 83〕歷史上以篤信佛教著稱的帝王梁武帝蕭衍，其信佛之前，司馬光評價他為：「勤身約己，

〔註 79〕　（宋）司馬光原著，資治通鑑・文白對照本（卷 9）〔M〕，北京：中華書局，2009 年，第 312 頁。

〔註 80〕　（宋）司馬光，（美）王亦令點校，稽古錄點校本（卷 16）〔M〕，北京：中國友誼出版公司，1987 年，第 650 頁。

〔註 81〕　（宋）司馬光原著，資治通鑑・文白對照本（卷 44）〔M〕，北京：中華書局，2009 年，第 1730 頁。

〔註 82〕　（宋）司馬光原著，資治通鑑・文白對照本（卷 119）〔M〕，北京：中華書局，2009 年，第 4924 頁。

〔註 83〕　（宋）司馬光原著，資治通鑑・文白對照本（卷 119）〔M〕，北京：中華書局，2009 年，第 4924 頁。

好尙文雅，拊循士大夫，亦可謂恭儉寬惠之君矣」〔註84〕，但信佛以後，行為荒誕，政事萎靡，司馬光說他「以萬乘之主，爲桑門之行，屈身傾國以奉浮屠，恩勝於威，紀綱不立，信佞臣之謀」，〔註85〕歎息其「姦佞居前而不見，大謀顚錯而不知，名辱身危，覆邦絕祀，爲千古所閔笑，豈不哀哉」〔註86〕因此，司馬光總結說：「君子之於正道，不可少頃離也，不可跬步失也……詭誕之士，奇邪之術，君子遠之。」〔註87〕與此相反，後周世宗毀佛鑄錢，有人問難，世宗巧答之曰：「夫佛以善道化人，苟志於善，斯奉佛矣。彼銅像豈所謂佛邪！且吾聞佛志在利人，雖頭目猶捨以布施，若朕身可以濟民，亦非所惜也。」司馬光讚歎道：「若周世宗，可謂明矣！不以無益廢有益。」〔註88〕

察人之「明」即爲「別賢愚，辨是非」。君主明察秋毫，洞悉奸詐，分辨是非，任人唯賢，近賢遠佞。「人君明則百官得其人，百官得其人則眾事無不美也」〔註89〕。《資治通鑑》中一個比較典型的昏庸之君便是「少而好儒」卻「優游不斷」的漢元帝。其在位時期，太傅蕭望之功高名重，爲帝所重。宦官弘恭、石顯與蕭望之有宿怨，數進讒言，元帝終爲所惑，令收審蕭望之。望之以爲奇恥，飲鴆自殺。元帝大慟，責罵恭、顯二人，但終未加以處罰，寵信依舊。恭、顯二賊的欺君之形顯露無疑之後，元帝仍不治二人之罪，使其得以「肆其邪心而無復忌憚者也」〔註90〕。對此，司馬光感歎道：「甚矣孝元之爲君，易欺而難寤也！夫恭、顯之譖訴望之，其邪說詭計，誠有所不能辨也。至於始疑望之不肯就獄，恭、顯以爲必無憂，已而果自殺、則恭、顯

〔註84〕（宋）司馬光，（美）王亦令點校，稽古錄點校本（卷14）〔M〕，北京：中國友誼出版公司，1987年，第446頁。

〔註85〕同上。

〔註86〕（宋）司馬光原著，資治通鑑‧文白對照本（卷159）〔M〕，北京：中華書局，2009年，第6594頁。

〔註87〕（宋）司馬光原著，資治通鑑‧文白對照本（卷155）〔M〕，北京：中華書局，2009年，第6416頁。

〔註88〕（宋）司馬光原著，資治通鑑‧文白對照本（卷292）〔M〕，北京：中華書局，2009年，第12412頁。

〔註89〕（宋）司馬光，乞簡省細務不必盡關聖覽上殿箚子〔A〕，司馬溫公集編年箋3〔M〕，成都：巴蜀書社，2009年，第258頁。

〔註90〕（宋）司馬光原著，資治通鑑‧文白對照本（卷28）〔M〕，北京：中華書局，2009年，第1070頁。

之欺亦明矣。在中智之君，孰不感動奮發以底邪臣之罰！孝元則不然。」〔註91〕《資治通鑑》中一個比較典型的英明之君便是漢昭帝。漢昭帝年僅十四歲時，大將軍霍光因反對上官桀、上官安父子為丁外人求官而得罪蓋長公主、上官桀上官安父子，因反對桑弘羊為其弟子求官而得罪桑弘羊。後上官桀等人偽造燕王上書污蔑霍光「專權自恣，疑有非常」，然漢昭帝明察秋毫，英明識破詭計，對污蔑之人下令緊急追捕。司馬光借用李德裕之言，對漢昭帝明察霍光之忠、巧識燕王之詐的英明判斷讚歎道：「人君之德，莫大於至明，明以照奸，則百邪不能蔽也，漢昭帝是也。」〔註92〕

治法之「明」即為「察美惡，辨是非，賞以勸善，罰以懲奸」〔註93〕。君主要善於分辨是非美惡，秉公執法，對好的行為嘉賞鼓勵，對壞的行為嚴懲打擊。上文提到的漢元帝不僅不明於察人，亦不明於治法。《資治通鑑》記載，永光元年（公元前 43 年），城門校尉諸葛豐彈劾光祿勳周堪、光祿大夫張猛。元帝認為諸葛豐曾為司隸校尉時稱讚過此二人，貶謫為城門校尉之後卻彈劾此二人，於是，認定其不正直，是存心報復。故而，將諸葛豐免為庶人，周堪、張猛二人也因此同時被貶。司馬光評論說：「使豐言得實，則豐不當黜；若其誣罔，則堪、猛何辜焉！今兩責而俱棄之，則美惡、是非果何在哉。」〔註94〕

三、武者正人

「武」，從止，從戈，與「文」相對，本意勇猛、猛烈。司馬光繼承「武」之本意，提出「經緯大地之謂文，戡定禍亂之謂武」〔註95〕，此為勇力之武。司馬光認為作為一國之君，必須要具有開拓疆土、征戰沙場的勇力、魄力、武力。在其政治倫理著述中，司馬光對勇武之君給予了高度評價與讚賞。其稱孫

〔註91〕（宋）司馬光原著，資治通鑑・文白對照本（卷28）〔M〕，北京：中華書局，2009 年，第 1070 頁。

〔註92〕（宋）司馬光原著，資治通鑑・文白對照本（卷23）〔M〕，北京：中華書局，2009 年，第 890 頁。

〔註93〕（宋）司馬光原著，資治通鑑・文白對照本（卷28）〔M〕，北京：中華書局，2009 年，第 1086 頁。

〔註94〕同上。

〔註95〕（宋）司馬光原著，資治通鑑・文白對照本（卷213）〔M〕，北京：中華書局，2009 年，第 8964 頁。

策「真英才也」，稱孫權「非明而有勇，能如是乎」〔註96〕，稱姚襄「才氣豪邁，兼資文武」〔註97〕，稱慕容垂「自非智勇過人，能如是乎」〔註98〕，稱宇文邕「可謂知剛知柔，智勇兼備者矣」〔註99〕，稱姚弋仲「以鯁直勇果著名」〔註100〕，等等。與此相反，司馬光嚴厲批評了史上懦弱之君，其稱西漢元帝「牽制文義，優游不斷」〔註101〕，北魏宣武帝「懦弱，不克負荷」〔註102〕，等等。

勇力之武並不是司馬光所理解的君主之武的全部內涵，其進一步提出：「武者，非強亢暴戾之謂也。惟道所在，斷之不疑，奸不能惑，佞不能移，然後可以為武」〔註103〕，此為決斷之武。司馬光認為作為一國之君，必須具備果斷堅決的決斷力。因此，他給予趙武靈王在「國人皆不欲」〔註104〕的情況下，「不顧流俗」推行胡服騎射的政舉以高度的評價。他說：「武靈王不顧流俗，變胡服，習騎射，以制林胡，滅中山，大啓土宇，威加強秦，可謂賢君矣」〔註105〕。趙武靈王「不顧流俗」實行變革，高度體現了君主之決斷之武。換句話說，趙武靈王具有一種內在的表現為勇氣與決斷力的人格力量。

四、三德關係

「仁而不明，猶有良田而不能耕也；明而不武，猶視苗之穢而不能芸也；武而不仁，猶知獲而不知種也。三者皆備則國治強，闕一則衰，闕二則危，

〔註96〕（宋）司馬光，（美）王亦令點校，稽古錄點校本（卷13）〔M〕，北京：中國友誼出版公司，1987年，第331頁。

〔註97〕（宋）司馬光，（美）王亦令點校，稽古錄點校本（卷14）〔M〕，北京：中國友誼出版公司，1987年，第396頁。

〔註98〕同上，第393頁。

〔註99〕同上，第456頁。

〔註100〕同上，第396頁。

〔註101〕（宋）司馬光原著，資治通鑑·文白對照本（卷29）〔M〕，北京：中華書局，2009年，第1136頁。

〔註102〕（宋）司馬光，（美）王亦令點校，稽古錄點校本（卷14）〔M〕，北京：中國友誼出版公司，1987年，第445頁。

〔註103〕（宋）司馬光，（美）王亦令點校，稽古錄點校本（卷16）〔M〕，北京：中國友誼出版公司，1987年，第650頁。

〔註104〕（宋）司馬光原著，資治通鑑·文白對照本（卷3）〔M〕，北京：中華書局，2009年，第98頁。

〔註105〕（宋）司馬光，（美）王亦令點校，稽古錄點校本（卷11）〔M〕，北京：中國友誼出版公司，1987年，第179頁。

皆無一焉則亡。此人君之三德也。」〔註106〕司馬光認為「三德」猶如稼穡，「仁」猶如稼穡所需之良田，是基礎，是前提；「明」猶如稼穡之耕種技巧，是方法，是保障；「武」猶如稼穡之除去雜草，是手段，是重要條件。「三德」互相輔從、相互支撐。君主要成就偉業，「三德」缺一不可。

　　司馬光反對仁而不明，認為仁而不明者，往往蔽於小仁而不識大體，聽信讒言而誤害忠良，主張明以輔仁。永明十一年（公元 493 年），北魏孝文帝於巡視途中遇民有殘疾者，「停車慰勞，給衣食終身」。又於行軍途中遇三名為盜候斬的士兵，「命捨之」。司馬光十分反對這種「嫗煦姑息」的小仁。他評論：「人主之於其國，譬猶一身，視遠如視邇，在境如在庭。舉賢才以任百官，修政事以利百姓，則封域之內無不得其所矣……其為仁也，不亦微乎！」〔註107〕貞元三年（公元 787 年）唐德宗打獵訪民趙光奇家，聞其苦於征斂，命免其徭賦，卻未明理納諫。司馬光認為「甚矣唐德宗之難寤也！」為人君者，當致力於「屏浮飾，廢虛文，謹號令，敦誠信，察真偽，辨忠邪，矜困窮，伸冤滯」的治國大政，不然「四海之廣，兆民之眾，又安得人人自言於天子而戶戶復其徭賦乎」〔註108〕。唐代宗性格寬厚仁慈，卻不能察美惡，辨忠奸，最終誤國。司馬光評論：「以代宗之寬仁，而聽讒臣之言，使光弼不敢入朝，慚憤而死，懷恩招引外寇，幾再亡國，則其明可知矣。」〔註109〕由此可見，人君仁而不明，施小惠而不識大義，信讒言而傷忠良，必將誤國誤民，因而必須以明輔仁。

　　司馬光反對仁而不武、明而不武，認為仁而不武、明而不武者，往往性格柔懦不果敢，難擔大任，主張以武輔仁，以武輔明。司馬光認為：「蓋衰世之君，率多柔懦，凡愚之佐，唯知姑息」，〔註110〕「窮武之雄，斃於不仁；存義之國，喪於儒退」。〔註111〕對於歷史上仁而不武、明而不武的懦弱君主，司

〔註106〕　（宋）司馬光，（美）王亦令點校，稽古錄點校本（卷 16）〔M〕，北京：中國友誼出版公司，1987 年，第 650 頁。
〔註107〕　（宋）司馬光原著，資治通鑑・文白對照本（卷 138）〔M〕，北京：中華書局，2009 年，第 5748 頁。
〔註108〕　（宋）司馬光原著，資治通鑑・文白對照本（卷 233）〔M〕，北京：中華書局，2009 年，第 9810 頁。
〔註109〕　（宋）司馬光原著，（美）王亦令點校，稽古錄點校本（卷 15）〔M〕，北京：中國友誼出版公司，1987 年，第 590 頁。
〔註110〕　（宋）司馬光原著，資治通鑑・文白對照本（卷 53）〔M〕，北京：中華書局，2009 年，第 2115 頁。
〔註111〕　（宋）司馬光原著，資治通鑑・文白對照本（卷 77）〔M〕，北京：中華書局，2009 年，第 3086 頁。

馬光憤其不爭，斥其誤國。東漢章帝，「事從寬厚」、「盡心孝道」、輕繇簡賦、知忠恕、好禮樂，可謂仁明備矣。建初八年（公元 83 年），外戚竇憲侵奪沁水公主園田，並指示左右期瞞章帝。章帝後發覺，雖痛斥竇憲，但終未治其罪。司馬光認為，章帝在已經知道事情真相的情況下卻不能果斷地予以懲治，無疑是公開縱容姦佞之人。他評論：「夫人主之於臣下，患在不知其奸；苟或知之而復赦之，則不若不知之為愈也。何以言之？彼或為奸而上不之知，猶有所畏；既知而不能討，彼知其不足畏也，則放縱而無所顧矣！是故知善而不能用，知惡而不能去，人主之深戒也。」〔註 112〕司馬光還在《稽古錄》中批判唐高宗「沉溺宴安，仁而不武，使天后斫喪唐室，屠害宗枝，毒流縉紳，迹其本原，有自來矣」〔註 113〕；批判唐肅宗「夫以肅宗之孝慈，而制於李輔國，不能養其父，惑於張后，不能庇其子；則其武可知矣」〔註 114〕。

司馬光反對武而不仁，認為武而不仁者，兇狠殘暴，主張以仁御武。他說：「王者之兵志在布陳威德安民而已。〔註 115〕對於歷史上窮兵黷武、恃強逞力、不行仁義之君主，司馬光多加貶斥。如在《稽古錄》中，司馬光批評後趙石虎，「以悍戾之資，濟貪狡之志，賊虐其孤，而剽奪其位，恃其詐力，以凌人暴物，窮奢極欲，不可盈饜，自以為非天崩地陷，則抱子弄孫無復後憂愁。及夫父子相殘，兄弟相攻，屍浮漳濱，家無噍類，積惡不已，捨滅亡何適哉」〔註 116〕。在司馬光的觀念中，沒有仁義駕馭的勇力根本不能稱之為「武」。他說：「君子有勇而無義為亂，小人有勇而無義為盜，若專訓之以勇力而不使之知禮義，奚所不為矣！自孫、吳以降，皆為勇力相勝，狙詐相高，豈足以數於聖賢之門而謂之武哉！」〔註 117〕對於歷史上用武有道、廣施仁義之君主，司馬光多加讚揚。東漢初期，武帝劉秀派馮異平定三輔，令其善待降卒、約束士兵，不得騷擾地方。司馬光認為此乃用武用道，贊之曰：「觀光

〔註 112〕（宋）司馬光原著，資治通鑑‧文白對照本（卷 46）〔M〕，北京：中華書局，2009 年，第 1814 頁。

〔註 113〕（宋）司馬光著，（美）王亦令點校，稽古錄點校本（卷 15）〔M〕，北京：中國友誼出版公司，1987 年，第 589 頁。

〔註 114〕同上，第 590 頁。

〔註 115〕（宋）司馬光原著，資治通鑑‧文白對照本（卷 40）〔M〕，北京：中華書局，2009 年，第 1568 頁。

〔註 116〕（宋）司馬光著，（清）伍耀光輯錄，通鑑論〔M〕，南京：江蘇人民出版社，1962 年，第 147 頁。

〔註 117〕（宋）司馬光原著，資治通鑑‧文白對照本（卷 213）〔M〕，北京：中華書局，2009 年，第 8964 頁。

武之所以取關中，用是道也，豈不美哉！」〔註118〕三國末年，司馬昭率兵征剿諸葛誕，獲勝之後俘獲了大量支持諸葛誕的東吳士卒。有人建議：「淮南仍爲叛逆，吳兵室家在江南，不可縱，宜悉坑之。」司馬昭拒絕此建議，「一無所殺，分佈三河近郡以安處之」。〔註119〕司馬光引習鑿齒之言稱讚司馬昭：「功高而人樂其成，業廣而敵懷其德。武昭既敷，文算又洽。推此道也，天下其孰能當之哉！」〔註120〕由此可見，武力攻伐只是手段，目的是爭取人心，因此武力必須以仁德御之。

司馬光反對武而不明，認爲武而不明者，往往好逞匹夫之勇，「謀之不遠而動之不義」，主張以明輔武。對於歷史上用武輕率、不明大義的君主，司馬光多加貶斥。如其批評南燕慕容超「以聲伎之故，輕犯強敵，又不能用善謀，自取滅亡」〔註121〕；批評南朝宋文帝劉義隆「不量其力，橫挑強胡，使師徒殘於河南，戎馬飲於江津」〔註122〕；批評後晉齊王「捨桑維翰之深謀，信景延廣之狂策，內政不修，而外挑強鄰。使黎民塗野草，胡騎污宮闕，生爲降虜，死爲羈魄，非下幸也」〔註123〕。

第三節　人才倫理

在總結歷史興衰成敗和用人經驗教訓的基礎上，司馬光提出了用人乃是「致治之本」的觀點。司馬光對官員的選撥與任用有一套自己的人才思想和用人智慧，這是其政治倫理思想的閃光點。

一、擇人任之，政之本也

司馬光說：「人君之德三，曰仁，曰明，曰武；致治之道三，曰任官，曰

〔註118〕（宋）司馬光原著，資治通鑑・文白對照本（卷40）〔M〕，北京：中華書局，2009年，第1568頁。

〔註119〕（宋）司馬光原著，資治通鑑・文白對照本（卷77）〔M〕，北京：中華書局，2009年，第3084頁。

〔註120〕同上，第3086頁。

〔註121〕（宋）司馬光著，（美）王亦令點校，稽古錄點校本（卷14）〔M〕，北京：中國友誼出版公司，1987年，第394頁。

〔註122〕同上，第417頁。

〔註123〕（宋）司馬光著，（美）王亦令點校，稽古錄點校本（卷15）〔M〕，北京：中國友誼出版公司，1987年，第610頁。

信賞，日必罰。……仁、明、武，所出於內者也。用人、賞功、罰罪，所施於外者也。」〔註124〕仁、明、武三德是人君內修之德，處於未發之際；任官、信賞、必罰為人君外治之道，處於已發之然，內修之德通過外治之道得以體現。君主要治國平天下，光有內修之德還不夠，必須內外兼修，把內修之德與外治之道結合起來，實現內聖外王的完美結合。顯而易見，任官、信賞、必罰三條致治之道的中心點是用人，此乃「人君之道一」，致治之根本。對此，司馬光如是說：「擇人而任之，此政之本也；賞善而罰惡，此事之大也」〔註125〕；「夫為政之要，在於用人賞善罰惡而已，三者之得，則遠近翕然，向風從化，可以不勞而成，無為而治，三者之失，則流聞四方，莫不解體，綱紀不立，萬事墮頹，治亂之原，安危之機，盡在於是」〔註126〕。

　　司馬光提出「擇人而任之，此政之本也」的觀點並非不假思索，信口開河，而是深思熟慮，有其深刻的理由。司馬光說：「夫以天下至廣也，兆民至眾也，萬機至繁也，而天子兼而有之，必將以一人之耳目智力為之，則所及者寡，所廢者多矣。是以明主擇輔佐以論官師，論官師以正群吏，正群吏以和萬民，則治約而事無曠矣」〔註127〕；「四海之廣，雖聖人不能獨治；萬機之眾，雖聖人不能遍知。是故設官以分其事，量能而授之任。」〔註128〕一國之君，擁有廣闊無垠的土地，成千上萬的百姓，若僅靠一人之智之力，根本無法統治，故必須依靠、聯合廣大臣僚，共同治理。司馬光站在易道本體的高度說：「陽非陰則不成，陰非陽則不生，陰陽之道，表裏相承。……王者，尊之極也；為臣之榮，從王役也，不敢專成下之職也；承事之終，臣之力也。物以陽生，得陰而成；令由君出，得臣而行。故陽而不陰則萬物傷矣，君而不臣則百職曠矣。陰陽同功，君臣同體，天之經也，人之紀也。」〔註129〕在

〔註124〕（宋）司馬光，進修心治國之要箚子狀〔A〕，司馬溫公集編年箋 4〔M〕，成都：巴蜀書社，2009 年，第 139 頁。

〔註125〕（宋）司馬光，陳治要上殿箚子〔A〕，司馬溫公集編年箋 3〔M〕，成都：巴蜀書社，2009 年，第 334 頁。

〔註126〕（宋）司馬光，上皇帝疏〔A〕，司馬文正公傳家集（卷27）〔M〕，上海：商務印書館，民國 26 年，第 379 頁。

〔註127〕（宋）司馬光，知人論〔A〕，司馬溫公集編年箋 5〔M〕，成都：巴蜀書社，2009 年，第 303 頁。

〔註128〕（宋）司馬光，百官表總序〔A〕，司馬文正公傳家集（卷68）〔M〕，上海：商務印書館，民國 26 年，第 841 頁。

〔註129〕（宋）司馬光，張載，溫公易說〔M〕，上海：上海古籍出版社，1989 年，第 9～10 頁。

司馬光看來，陰陽表裏相承，共成萬物爲易道；君爲陽，臣爲陰，君令臣行，共同管理國家爲治道。陰陽不能分，有陽無陰不能成萬物，君臣不能離，有君無臣不能成國家，人君用人是致治之道，亦是易之大道。所以說「人君之事守，莫大於知人也」〔註 130〕。

除了從易道本體的高度論證用人之道的重要性之外，司馬光還從封建歷史經驗的視角例證了君主用人的重要性。在奪取政權的戰爭時期，贏得人才就能贏得鬥爭的勝利。反之，如若嫉賢妒能，排斥人才，必然歸於失敗。司馬光在《資治通鑑》中寫到：「昔周得微子而革商命，秦得由余而霸西戎，吳得伍員而克強楚，漢得陳平而誅項籍，魏得許攸而破袁紹；彼敵國之材臣，來爲己用，進取之良資也。」〔註 131〕司馬光分析漢高祖劉邦「奮布衣，提三尺劍，八年而成帝業」的原因在於「其知人善任使」。其引漢高祖自己的話稱讚說：「鎮國家，撫百姓，不如蕭何；運籌策，決成敗，不如子房；戰必勝，攻必取，不如韓信。三人者皆人傑，吾能用之，所以取天下。」〔註 132〕反之，司馬光分析項羽遭致失敗的原因就是項羽「才高者見疑，功大者被黜」，「欲以一夫之力服億兆之心」〔註 133〕。

在和平守業時期，如果封建君主任賢使能，選用有眞才實學的人輔佐自己，國家就能「大者以霸，其次以安，小者以存」〔註 134〕，呈現「萬事無不舉，兆民無不安」的興旺景象，封建君主則可以「高拱無爲，名配堯舜矣」〔註 135〕。即使君主其它方面昏庸無能，也還可能出現「政清於下」〔註 136〕的政治局面。反之，如若用人不當，封建君主就會有「大禹之勤勞，而不獲

〔註 130〕（宋）司馬光，知人論〔A〕，司馬溫公集編年箋 5〔M〕，成都：巴蜀書社，2009 年，第 304 頁。

〔註 131〕（宋）司馬光原著，資治通鑑・文白對照本（卷 102）〔M〕，北京：中華書局，2009 年，第 4122 頁。

〔註 132〕（宋）司馬光著，（美）王亦令點校，稽古錄點校本（卷 12）〔M〕，北京：中國友誼出版公司，1987 年，第 252 頁。

〔註 133〕同上，第 200 頁。

〔註 134〕（宋）司馬光，知人論〔A〕，司馬溫公集編年箋 5〔M〕，成都：巴蜀書社，2009 年，第 304 頁。

〔註 135〕（宋）司馬光，陳治要上殿劄子〔A〕，司馬溫公集編年箋 3〔M〕，成都：巴蜀書社，2009 年，第 334 頁。

〔註 136〕（宋）司馬光原著，資治通鑑・文白對照本（卷 166）〔M〕，北京：中華書局，2009 年，第 6888 頁。

其功；文王之懿恭，而不見其治也」〔註 137〕，無法治理好國家。司馬光用大量的史實論證了這一點。司馬光認為前秦王苻堅因「舉王猛於布衣，任之以政，勳舊不能離，親戚不敢妒」，「故能吞強燕，舉河西，兼巴、蜀，包漢、沔，俘索頭，屠鬼茲，奄有天下之十分之九」〔註 138〕；「昔齊桓公、衛靈公之行，犬彘之所不為也，然而大則霸諸侯，小則有一國，其故何哉？有管仲、仲叔圉、祝鮀、王孫賈為之輔也。二君者，天下之不肖君也，得賢人而信使之，猶且安其身而收其功，況明哲之君用忠良之臣者乎！」〔註 139〕；漢武帝「窮奢極欲，繁刑重斂，內侈宮室，外事四夷，信惑神怪」，「異於秦始皇者無幾矣」，然能「受忠直之言，惡人欺蔽，好賢不倦，誅賞嚴明，晚而改過，顧拖得人」，故「有亡秦之失而免亡秦之禍」〔註 140〕；後燕慕容德「敵至不能御，民散不能安，君窮不能就」，「智、仁、勇，皆無足稱者」，「然禮賢納諫」，故得以「保全青土」〔註 141〕；北齊文宣帝「淫湎殘暴，甚於桀、紂」，然能「信用賢臣，委之以政」，故能「威加鄰敵，終其天年」〔註 142〕，等等。此外，司馬光還用宋太祖趙匡胤的政治實踐證明這一點。他說：「太祖聰明豁達，知人善任使，擢用英俊，不問資級。察內外官有一材一行可取者，密為籍記之。每一官缺，則披籍選用焉。是以下無遺材，人思自效。」〔註 143〕相反，魏惠王「有一商鞅不能用，而棄之於秦，使還為國害；喪地七百里，竄身大梁，子孫遂微」〔註 144〕。為什麼會如此呢？司馬光說：「彼賢能者，眾民之所服從也，猶草木之有根抵也；得其根抵，則其枝葉安適哉？

〔註 137〕（宋）司馬光，陳治要上殿箚子〔A〕，司馬溫公集編年箋 3〔M〕，成都：巴蜀書社，2009 年，第 334 頁。
〔註 138〕（宋）司馬光，（美）王亦令點校，稽古錄點校本（卷 14）〔M〕，北京：中國友誼出版公司，1987 年，第 386 頁。
〔註 139〕（宋）司馬光，張載，溫公易說〔M〕，上海：上海古籍出版社，1989 年，第 13 頁。
〔註 140〕（宋）司馬光原著，資治通鑑·文白對照本（卷 22）〔M〕，北京：中華書局，2009 年，第 872 頁。
〔註 141〕（宋）司馬光，（美）王亦令點校，稽古錄點校本（卷 14）〔M〕，北京：中國友誼出版公司，1987 年，第 393 頁。
〔註 142〕同上，第 454 頁。
〔註 143〕（宋）司馬光，涑水記聞〔M〕，收於金沛霖主編四庫全書子部精要·下〔M〕，天津：天津古籍出版社：北京：中國世界語出版社，1998 年，第 664 頁。
〔註 144〕（宋）司馬光，（美）王亦令點校，稽古錄點校本（卷 11）〔M〕，北京：中國友誼出版公司，1987 年，第 177 頁。

故聖王所以能兼制兆民，包舉宇內，而無所不聽從者，此也。」〔註 145〕故「百官得其人，則眾事無不美也」〔註 146〕。

二、秉公取賢，量才授官

人才對於君主治理國家是如此重要，但「寰宇至廣，俊彥如林，或以恬退滯淹，或以孤寒遺逸，被褐懷玉，豈能周知？〔註 147〕」國家地廣人眾，賢愚混淆，個人的人生選擇多元各異，如何知人取才呢？若「求之於毀譽，則愛憎競進而善惡渾淆；考之於功狀，則巧詐橫生而真偽相冒」。司馬光認為名譽與考試都不是區分良莠、挑選良才的最佳態度與方法。其認為君王取人「本在於至公至明」，即秉「公」取賢。他說：「為人上者至公至明，則群下之能否焯然形於目中，無所復逃矣。苟為不公不明，則考課之法，適足為曲私欺周之資也。」〔註 148〕秉持公正之心選賢任人，則能真正選拔出賢人能人。反之，若選擇初始就懷有私心，那麼選舉考覈就不過是假公營私的幌子罷了。故而，司馬光特別反對用人唯親。司馬光強調「爵祿者，天下之爵祿，非以厚人君之所喜也」，故「用人者，無親疏、新故之殊，唯賢、不肖為察」〔註 149〕。選賢任能不能根據君主個人的喜惡，其標準只有一條，即品質才能。「其人未必賢也，以親故而取之，固非公也；苟賢矣，以親故而捨之，亦非公也。」〔註 150〕因此，司馬光主張：「不以親疏貴賤異其心，喜怒好惡亂其志」〔註 151〕，「其人果賢能，雖仇必用；其人苟庸愚，雖親必棄」〔註 152〕，「苟有才德高茂、

〔註 145〕　（宋）司馬光，（美）王亦令點校，稽古錄點校本（卷 16）〔M〕，北京：中國友誼出版公司，1987 年，第 649 頁。

〔註 146〕　（宋）司馬光，乞簡省細務不必盡關聖覽上殿箚子〔A〕，司馬溫公集編年箋 3〔M〕，成都：巴蜀書社，2009 年，第 258 頁。

〔註 147〕　（宋）司馬光，乞十科舉士箚子〔A〕，司馬溫公集編年箋 4〔M〕，成都：巴蜀書社，2009 年，第 316 頁。

〔註 148〕　（宋）司馬光原著，資治通鑑・文白對照本（卷 73）〔M〕，北京：中華書局，2009 年，第 2936 頁。

〔註 149〕　（宋）司馬光原著，資治通鑑・文白對照本（卷 225）〔M〕，北京：中華書局，2009 年，第 9484 頁。

〔註 150〕　同上。

〔註 151〕　（宋）司馬光原著，資治通鑑・文白對照本（卷 73）〔M〕，北京：中華書局，2009 年，第 2938 頁。

〔註 152〕　（宋）司馬光，進修身治國之要箚子〔A〕，司馬溫公文集 1～4 冊〔M〕，北京：中華書局，1985 年，第 176 頁。

合於人望者進之，雖宿昔怨讎，勿棄也；有器識庸下、無補於時者退之，雖親昵姻婭，勿取也」〔註153〕。

如何做到秉「公」取賢呢？第一，司馬光主張考察實際工作，選拔有真才實學的人。司馬光說：「欲知治經之士，則視其記覽博洽，講論精通，斯爲善治經矣；欲知治獄之士，則視其曲盡情僞，無所冤抑，斯爲善治獄矣；欲知治財之士，則視其倉庫盈實，百姓富給，斯爲善治財矣；欲知治兵之士，則視其戰勝攻取，敵人畏服，斯爲善治兵矣。至於百官，莫不皆然」〔註154〕。第二，司馬光主張根據對官員日常生活交往的觀察選取人才。司馬光說：「凡察言所以知人，知人所以立政。自古及今，其道一也」〔註155〕；「居視其所親，富視其所與，達視其所舉，窮視其所不爲，貧視其所不取，是亦知人之術也。」〔註156〕第三，司馬光主張施行檢舉等制度來選拔人才。司馬光說：「天下至廣，群臣至眾，人主不能遍知，必資薦舉。若薦舉不得其實，則邪巧並進，官職耗廢。是故設連坐之法以懲之，此百王不易之道也。」〔註157〕第四，司馬光贊成科舉取士，但主張對科舉取士進行改革。改革考試內容，主張廢除詩賦考試，取消帖經、墨義，增加儒家經典和時務的比重；改革考試科目，主張合明經、進士爲一科，取消明法科；改革考試命題，反對出偏題、怪題。司馬光特別反對論門第出身來選用人才。他認爲「夫君子、小人，不在於世祿與側微」〔註158〕。門第出身並不決定個人的品德好壞，才能高低。司馬光還特別反對論資歷和年齡來選用人才。他說：「官人之道，以德賢爲本，而資序爲末」〔註159〕；

〔註153〕（宋）司馬光，二先箚子〔A〕，司馬溫公集編年箋 3〔M〕，成都：巴蜀書社，2009 年，第 308 頁。
〔註154〕（宋）司馬光原著，資治通鑑·文白對照本（卷73）〔M〕，北京：中華書局，2009 年，第 2938 頁。
〔註155〕（宋）司馬光，封事箚子〔A〕，司馬溫公集編年箋 3〔M〕，成都：巴蜀書社，2009 年，第 492 頁。
〔註156〕（宋）司馬光，知人論〔A〕，司馬溫公集編年箋 5〔M〕，成都：巴蜀書社，2009 年，第 305 頁。
〔註157〕（宋）司馬光，舉官箚子〔A〕，司馬溫公集編年箋 3〔M〕，成都：巴蜀書社，2009 年，第 358 頁。
〔註158〕（宋）司馬光原著，資治通鑑·文白對照本（卷 140）〔M〕，北京：中華書局，2009 年，第 5842 頁。
〔註159〕（宋）司馬光，乞簡省舉御史條約上殿箚子〔A〕，司馬文正公傳家集（卷38）〔M〕，上海：商務印書館，民國 26 年，第 497 頁。

「使其人無可取，雖少壯何爲？果有益於時，雖老何傷？」〔註160〕

　　秉公選賢，何謂之賢？由於「世俗莫之能辨」「德」與「才」，「通謂之賢」，從而造成選拔人才出現失誤，所以司馬光認爲首先要搞清楚「德」與「才」的關係。司馬光的德才之辨是其用人思想的精華理論。司馬光說：「聰察強毅之謂才，正直中和之謂德」〔註161〕。「察所謂才者，存諸天；德者，存諸人。智愚勇怯，才也。愚不可強智，怯不可強勇，四者常分而不可移，故曰存諸天。善惡逆順，德也。人苟棄惡而取善，變逆而就順，孰御之哉？故曰存諸人。」〔註162〕司馬光認爲人之智力的聰慧與愚鈍，膽量的勇敢與懦弱屬於「才」的範疇。「才」是先天授予的，因而是不能改變的。「德」則包括人的善良、惡毒、悖逆、順從等思想品德，這是可以靠後天的修煉不斷精進的。「才」與「德」之關係，司馬光認爲：「才者，德之資也；德者，才之帥也」〔註163〕。「才」是「德」的工具，「德」是「才」的統帥，「德」指揮支配「才」。司馬光還把「才」與「德」之關係比喻成人的「指」與「掌」的關係，他說：「德者，掌也；才者，指也，掌亡則指不可用矣。」〔註164〕「才」與「德」之支配與被支配的關係更加形象生動。

　　司馬光在區分了「德」「才」關係之後，根據個人所具有的「德」「才」比重，把人做了四種區分，提出了德才兼備的理想人格。他說：「才德全盡謂之『聖人』，才德兼亡謂之『愚人』，德勝才謂之『君子』，才勝德謂之『小人』」〔註165〕。德才兼備是聖人，德才兼無是愚人，德多於才是君子，才多於德是小人。司馬光竭力推崇德才兼備的理想人格，但是現實生活中，聖人畢竟是極少數，故而司馬光說：「厚於才者，或薄於德；豐於德者，或殺於才。

〔註160〕（宋）司馬光，優老箚子〔A〕，司馬溫公集編年箋3〔M〕，成都：巴蜀書社，2009年，第135頁。
〔註161〕（宋）司馬光原著，資治通鑑·文白對照本（卷1）〔M〕，北京：中華書局，2009年，第14頁。
〔註162〕（宋）司馬光，才德論〔A〕，司馬文正公傳家集（卷64）〔M〕，上海：商務印書館，民國26年，第796頁。
〔註163〕（宋）司馬光原著，資治通鑑·文白對照本（卷1）〔M〕，北京：中華書局，2009年，第14頁。
〔註164〕（宋）司馬光，才德論〔A〕，司馬文正公傳家集（卷64）〔M〕，上海：商務印書館，民國26年，第796頁。
〔註165〕（宋）司馬光原著，資治通鑑·文白對照本（卷1）〔M〕，北京：中華書局，2009年，第14頁。

鈞之不能兩全，寧捨才而取德。」〔註166〕「取士之道，當以德行爲先，其次經術，其次政事，其次藝能。」〔註167〕由此可見，司馬光堅持以德爲先，以德爲綱的取才方針。

司馬光堅決反對選用「小人」，痛恨「小人挾才以爲惡」〔註168〕。他痛斥小人「資性險薄，色屬內荏，毀譽出其愛憎，威福發於喜怒，陵其可陵，侮其可侮」；「飾僞行險，躁於進取」；〔註169〕痛斥小人「巧言令色，希意迎合，快人主之欲，以市其權，使人主溺於荒宴而不自知也」〔註170〕。在司馬光看來，「小人」善於欺世惑眾，作威作福，上謟下驕，陽奉陰違，根據個人的愛憎喜怒爲人處世。司馬光認爲這類人「自古昔以來，國之亂臣，家之敗子，才有餘而德不足，以至於顛覆者多矣」〔註171〕。司馬光進一步指出，小人與君子難以共處。他說：「君子修身治心，則與人共其道；興事立業，則與人共其功；道隆功著，則與人共其名；志得欲從，則與人共其利；是以，道無不明，功無不成，名無不榮，利無不長。小人則不然，專己之道而不能從，善服義以自廣也，專己之功而不能任賢與能以自大也，專己之名而日恐人之勝之也，專己之利而不欲人之有之也。是以道不免於蔽，功不免於梏，名不免於辱，利不免於亡。」〔註172〕所以「君子得位則斥小人，小人得勢則排君子，此自然之理也」，他們不可同朝，「猶冰炭之不可同器而處也」〔註173〕。爲此，在人才的選擇上，司馬光堅決主張「凡取人之術，苟不得聖人、君子而與之，

〔註166〕（宋）司馬光，才德論〔A〕，司馬文正公傳家集（卷64）〔M〕，上海：商務印書館，民國26年，第796頁。

〔註167〕（宋）司馬光，論舉選狀〔A〕，司馬溫公集編年箋3〔M〕，成都：巴蜀書社，2009年，第87頁。

〔註168〕（宋）司馬光原著，資治通鑑・文白對照本（卷1）〔M〕，北京：中華書局，2009年，第14頁。

〔註169〕（宋）司馬光，言張田第二狀〔A〕，司馬文正公傳家集（卷23）〔M〕，上海：商務印書館，民國26年，第333頁。

〔註170〕（宋）司馬光，言高居簡第四箚子〔A〕，司馬文正公傳家集（卷39）〔M〕，上海：商務印書館，民國26年，第509頁。

〔註171〕（宋）司馬光原著，資治通鑑・文白對照本（卷1）〔M〕，北京：中華書局，2009年，第14頁。

〔註172〕（宋）司馬光，張共字大成序〔A〕，司馬文正公傳家集（卷69）〔M〕，上海：商務印書館，民國26年，第856頁。

〔註173〕（宋）司馬光原著，資治通鑑・文白對照本（卷245）〔M〕，北京：中華書局，2009年，第10370頁。

與其得小人，不若得愚人」〔註174〕；對於小人「非但不用而已，乃遠而絕之，隔塞其源，戒之極也」〔註175〕。

司馬光認爲奪取政權的戰爭時期與和平建設時期，取人用人的標準有很大不同。他說：「爲國家者，進取莫若才，守成莫若德。進取不以才，則無功，守成不以德，則不久」〔註176〕。理由是：「有德者必不反其君，故可以託六尺之孤，寄百里之命，爲社稷臣，有才者，不必忠信」〔註177〕。因此，對有才寡德者「以羈策御之而爲德者役也」〔註178〕。據此，司馬光認爲，在奪取政權的戰爭時期，只要能夠斬將帥旗攻城略地的人才，就當重用。因而，招降納叛，網羅豪傑，則是必要的。在天下既定的和平時期，就必須強調用人的道德要求，也就是忠君愛國的要求。故而司馬光高度評價了漢高祖即位後斬丁公之政舉，他說：「夫進取之與守成，其勢不同。當群雄角逐之際，民無定主；來者受之，固其宜也。及貴爲天子，四海之內，無不爲臣；苟不明禮義以示之，使爲臣者，人懷貳心以徼大利，則國家其能久安乎！是故斷以大義，使天下曉然皆知爲臣不忠者無所自容；而懷私結恩者，雖至於活己，猶以義不與也。戮一人而千萬人懼，其慮事豈不深且遠哉！子孫享有天祿四百餘年，宜矣！」〔註179〕

由此可見，司馬光認爲用人首先用德才兼備的聖人，其次用君子，不得已就用愚人，萬萬不可用小人。司馬光提出「德才全盡」的理想人才模式，實際上意在強化封建思想對人們的訓化，要求人們樹立對封建統治的忠誠與信念，從而保證他所代表階級的統治地位代代相傳。顯然，這種強化德育、注重人才的道德素養的主張和措施，對於瀕臨危機的封建機體來說，無疑是一種補缺堵漏。然而，其選才堅持德才兼備的原則，值得提倡。

知人選人固難，用人則更難。司馬光以史爲鑒，列舉了知賢而用和知賢

〔註174〕（宋）司馬光原著，資治通鑑・文白對照本（卷1）〔M〕，北京：中華書局，2009年，第14頁。

〔註175〕（宋）司馬光原著，資治通鑑・文白對照本（卷29）〔M〕，北京：中華書局，2009年，第1110頁。

〔註176〕（宋）司馬光，才德論〔A〕，司馬文正公傳家集（卷64）〔M〕，上海：商務印書館，民國26年，第796頁。

〔註177〕同上，第797頁。

〔註178〕同上。

〔註179〕（宋）司馬光原著，資治通鑑・文白對照本（卷11）〔M〕，北京：中華書局，2009年，第394頁。

不用的情況和後果。他說：「陳平貪污之人也；韓信無恥之士也；樊噲屠者；而酈食其酒徒也。天下之至賤無行者也。然其才皆有過人者。漢祖舉而用之，故蹶秦僕項而卒以兼天下也」〔註180〕；「昔百里奚，虞人也。由余，戎人也。商鞅，魏人也，而用於秦。苗賁皇，申公巫臣，楚人也，而用於晉。伍員，楚人也，而用於吳。韓信、陳平，項羽之人也，而用於漢。是五國者，非無賢人也，主不能知，而驅之以資敵國，此所謂有賢不能知，與無賢同也。」〔註181〕賢而用和知賢不用的結果竟然如此不同，那麼該如何用人呢？司馬光對此有他自己的見解。

　　捨其所短，用其所長。司馬光認為「至愚之難值，亦猶至聖之不世出也」，普通人「非聖人，必有所短；非至愚，必有所長」〔註182〕。對此，他如是說：「人之才性，各有所能，或優於德而嗇於才，或長於此而短於彼。雖皋、夔、稷、契，止能各守一官，況於中人，安可求備？……若指瑕掩善，則朝無可用之人；苟隨器授任，則世無可棄之士」〔註183〕；「且人之行能，曡有長短，若不棄瑕錄用，而以一節廢之，則失人多矣。」〔註184〕金無足赤，人無完人，很少有人十全十美；尺有所短，寸有所長，很少有人十項全能。任何人都各有所長，也各有所短。如果一味責備求全，那麼天下就無賢人可用了，故而司馬光反對責備求全，主張捨其所短，用其所長。他說：「君子其取人也不求備，稱其善，不計其惡；求其工，不責其拙。如此，故人竭其用而悅從之，怨憎不至而功業榮焉。」〔註185〕司馬光在《資治通鑑》中記載子思言苟變於衛侯的事例很好地說明了這個觀點。其中記載「子思言苟變於衛侯曰：『其才可將五百乘』。公曰：『吾知其可將；然變也嘗為吏，賦於民而食人二雞子，

〔註180〕（宋）司馬光，才德論〔A〕，司馬文正公傳家集（卷64）〔M〕，上海：商務印書館，民國26年，第796頁。

〔註181〕（宋）司馬光，功名論〔A〕，司馬文正公傳家集（卷64）〔M〕，上海：商務印書館，民國26年，第787頁。

〔註182〕（宋）司馬光，送李揆之推官序〔A〕，司馬溫公集編年箋注5〔M〕，成都：巴蜀書社，2009年，第120頁。

〔註183〕（宋）司馬光，乞十科舉士箚子〔A〕，司馬溫公集編年箋4〔M〕，成都：巴蜀書社，2009年，第316頁。

〔註184〕（宋）司馬光，論舉選狀〔A〕，司馬溫公集編年箋3〔M〕，成都：巴蜀書社，2009年，第87頁。

〔註185〕（宋）司馬光，送李揆之推官序〔A〕，司馬溫公集編年箋注5〔M〕，成都：巴蜀書社，2009年，第120頁。

故弗用也。』子思曰:『夫聖人之官人,猶匠之用木也,取其所長,棄其所短。故杞梓連抱而有數尺之朽,良工不棄。』」〔註186〕

　　人盡其才,才盡其用。在職務的分配上,司馬光認為應該「度量而授任,量能而施職」〔註187〕。他說:「德行高人謂之賢,智勇出眾謂之能,賢不必能,能不必賢,各隨所長,授以位任。」〔註188〕只有按照每個人的專長來分配職務,才能發揮人才的作用,做到人盡其才,才盡其用。因此,他主張「使有德者掌教化,有文學者待顧問,有政術者為守長,有勇略者為將帥,明於禮者典禮,明於法者主法」〔註189〕。故而,司馬光堅決反對隨意派遣官吏去擔任不熟悉、不擅長的工作。這就是王夫之所說的:「秀者必士,樸者必農,剽而悍者必兵,天與之才,習成其性,不可移也,此之謂天秩,此之謂人官。帝王之所以分理人物,而各安其所者,此而已矣。」〔註190〕

　　此外,由於北宋中期官吏調動頻繁,使用不專,造成行政效率低下,司馬光堅決反對頻繁調動官吏,認為官吏任期過短,不僅不能盡其能,成其功,而且會助長因循苟且之風,出現打擊勤恪官吏、叢惠姦邪之徒的政治局面。他說:「勤恪之臣,悉心致力,以治其職」〔註191〕,但這需要一定的時間作保障。若任職時間太短,「勤恪之臣」在離職之前往往未能取得較好政績。然而,人們往往不察亦不明其「政績未著」的原因,卻「在上者疑之,同列者嫉之,在下者怨之。當是之時,朝廷或以眾言而罰之,則勤恪者無不解體矣」〔註192〕。相反,一些「姦邪」之徒,因其善於「炫奇以嘩眾,養交以市譽」,在短期任職期間卻能「聲聞四達」,故「當是之時,朝廷或以眾言而賞之,則姦邪者無

〔註186〕（宋）司馬光原著,資治通鑑・文白對照本（卷1）〔M〕,北京:中華書局,2009年,第32頁。

〔註187〕（宋）司馬光,御臣〔A〕,司馬溫公集編年箋3〔M〕,成都:巴蜀書社,2009年,第54頁。

〔註188〕（宋）司馬光,進修心治國之要箚子狀〔A〕,司馬溫公集編年箋3〔M〕,成都:巴蜀書社,2009年,第139頁。

〔註189〕（宋）司馬光,御臣〔A〕,司馬溫公集編年箋3〔M〕,成都:巴蜀書社,2009年,第54頁。

〔註190〕（清）王夫之著,伊力主編,資治通鑑之通鑑・文白對照全譯《讀通鑑論》上〔〔M〕,鄭州:中州古籍出版社,1994年,第1069頁。

〔註191〕（宋）司馬光,御臣〔A〕,司馬溫公集編年箋3〔M〕,成都:巴蜀書社,2009年,第54頁。

〔註192〕同上。

不爭進矣」〔註193〕。因此，要人儘其才，才儘其用，還必須任職以專，任期以久。

用人勿疑，任賢不貳。在使用人才中，司馬光特別主張用人必專，疑則勿用，用則勿疑。認為若經多方考察，知其忠誠且有才幹，應當任之不疑。否則，用人而疑，就會使忠直之臣，身危而功不立，形成「姦邪愈熾，忠良愈恐，政治癒亂，國家愈危」〔註194〕的嚴重局面，最終危害國家安危。司馬光列舉了大量的歷史事例，說明用人而疑與用人不疑所導致的兩種不同結果。他指出，齊桓公重用射勾帶的管仲而不疑，「是以能九合諸侯，一正天下，為五霸首也」〔註195〕；漢高祖以楚之亡將陳平為護軍中尉，以行伍之中的韓信為大將，是以能在「五年之中，滅項羽，定天下，創業垂統四百歲而不絕」〔註196〕；三國劉備得諸葛孔明，「待之過於關張」，「是以能起於敗亡之中，保有一方，與魏吳為敵國」〔註197〕；前秦苻堅得王景，「以為丞相，貴戚大臣有害之者，永固輒殺之」，「是以東取燕，西取涼，南取襄陽，北取拓跋，奄有中原，幾平海內」〔註198〕。這些，都是英明之君知人明、用人固，信人不疑的好結果。反之，「樂毅為燕劃齊，下七十餘城。燕王疑之，使騎劫代將，田單詐騎劫而敗之，以致盡失齊地；廉頗為趙將，拒秦，久而不戰，趙王疑之，使趙括代將，白起擊趙括而虜之，阬其卒四十萬；項羽疑范增謀，彊霸諸侯，圍漢王滎陽，幾拔矣，聞漢之反間而疑之，范增怒而去，項羽卒為漢擒」〔註199〕，這些都君主用人而疑，以致失敗。由於看到了二者的區別，所以司馬光在《通鑑》卷118評價劉裕背離君道，猜忌部下，玩弄權術，暗中唆使部下沉田子與王鎮惡火併，從中駕馭，使之兩斃的做法時，談到：「古人有言：『疑則勿任，任則勿疑』。裕既委鎮惡以關中，而復與田子有後言，是鬥之使為亂也。惜乎，百年之寇，千里之土，得之艱難，失之造次，使豐、鄗之都復輸

〔註193〕（宋）司馬光，御臣〔A〕，司馬溫公集編年箋3〔M〕，成都：巴蜀書社，2009年，第54頁。
〔註194〕（宋）司馬光，功名論〔A〕，司馬文正公傳家集（卷64）〔M〕，上海：商務印書館，民國26年，第789頁。
〔註195〕同上。
〔註196〕同上，第790頁。
〔註197〕同上。
〔註198〕同上。
〔註199〕同上，第788頁。

寇手。荀子曰：『兼併易能也，堅凝之難。』信哉！」〔註200〕在《通鑑》卷100 評價前秦苻健臨終亂命時，談到：「顧命大臣，所以輔導嗣子，爲之羽翼也。爲之羽翼而教使剪之，能無斃乎！知其不忠，則勿任而已矣；任以大柄，又從而猜之，鮮有不召亂者也。」〔註201〕如此，「君子難進易退，辭貴就賤，被髮佯狂，逃匿山林」〔註202〕，乃必然之勢。司馬光深刻指出，「用而不能信，與不用同也」〔註203〕，甚爲深刻，頗能發人深思。

綜上所述，司馬光主張「聖人」、「明君」要和良工一樣，不僅善於知人，而且善於用人。在善於知人的基礎上，取其所長，棄其所短；揚其所強，避其所弱；用其所能，忌其所缺；人儘其才，才儘其用；任職以專，任期以久；疑人不用，用人不疑。司馬光這套用人任官思想，是在特定的歷史條件下和時代背景下提出的，是爲了維護已經陷入積貧積弱困境的北宋封建王朝的統治而提出的救世之方，撇開其目的不談，其中的精髓對於我們當今社會仍然具有極其重要的借鑒意義和現實意義。黨的十八會議剛剛勝利閉幕，胡錦濤總書記在會議上所作的工作報告，對建設中國特色社會主義的工作做了全面部署。爲了完成好這些工作，實現中華民族的偉大復興，哪一項工作不需要人才精英呢？中華民族人口眾多，世界排名第一，精英薈萃，關鍵就在於領導者是否會選，選了之後是否會用。因此，作爲選人用人的領導者，如若能繼承和創新司馬光的用人思想，必然大有裨益。

三、度功加賞，審罪刑罰

任官是選拔人才，那麼選出人才，任之以官後，帝王又該如何管理駕御他們呢？司馬光把御臣比喻成馴馬，他說：「夫材智之士，治國者之悍馬也。捨之則不能以興功業，御之不以道，則不獲其利，而桀黠不可制。故明君者，能用材智之士，而以爵祿賞罰御之。是以爵太高則驕，祿太豐則墮，驕墮之臣，雖有智力，君不得而使也。制之急，則不得儘其能；制之緩，則不肯宣其用；不任恩渥，一驅之以威，則愁怨而離心。故明君者，節其爵祿，裁其

〔註200〕（宋）司馬光原著，資治通鑑・文白對照本（卷 118）〔M〕，北京：中華書局，2009 年，第 4852 頁。

〔註201〕（宋）司馬光原著，資治通鑑・文白對照本（卷 100）〔M〕，北京：中華書局，2009 年，第 4010 頁。

〔註202〕（宋）司馬光，功名論〔A〕，司馬文正公傳家集（卷 64）〔M〕，上海：商務印書館，民國 26 年，第 789 頁。

〔註203〕同上。

緩急，恩澤足以結其心，威嚴足以服其志，則士生死貴賤之命，在於君矣，雖慓悍，何憂哉？」〔註204〕由此可見，司馬光把賞罰作爲人君駕馭臣下的重要手段。他曾說：「人君者，察美惡，辨是非，賞以勸善，罰以懲奸，所以爲治也。」〔註205〕用人應明辨善惡，去奸用賢，賞善罰惡，恩威並施。他說：「若能稱職有功，則勸之以爵賞；昏懦敗事，則威之以刑誅。」〔註206〕他還說：「有功則增秩加賞，而勿徙其官；無功則降黜廢棄，而更求能者；有罪則流竄刑誅，而勿加寬待。」〔註207〕

司馬光還認爲君主駕馭臣下應該注意以下幾個問題。第一，君主賞罰必須公正。他說：「政者，正也。爲政之道莫若至公。」〔註208〕君主用人，不該因個人的好惡亂加賞罰，他指出：「爵祿者，天下之爵祿，非以厚人君之所喜也；刑罰者，天下之刑罰，非快人君之所怒也。」〔註209〕信賞必罰就是要做到「賞不私於好惡，刑不遷於喜怒」〔註210〕。「有勵行立功、爲眾所疾者賞之，雖意之所憎，勿廢也；有懷奸犯禁、爲眾所疾者罰之，雖意之所愛，勿赦也。」〔註211〕「賞不厚於所愛，罰不重於所憎，必與一國之人共同好惡。」〔註212〕反之，「所賞者皆諂諛而無功，所罰者皆忠良而無罪。如此，則中外解體，紀綱隳紊，群生失所，天下可憂矣」〔註213〕。第二，賞善罰惡要注意掌握好「度」。

〔註204〕 （宋）司馬光，圉人傳〔A〕，司馬溫公集編年箋 5〔M〕，成都：巴蜀書社，2009 年，第 228～229 頁。

〔註205〕 （宋）司馬光原著，資治通鑑·文白對照本（卷 28）〔M〕，北京：中華書局，2009 年，第 1086 頁。

〔註206〕 （宋）司馬光，西邊箚子〔A〕，司馬溫公集編年箋 3〔M〕，成都：巴蜀書社，2009 年，第 398 頁。

〔註207〕 （宋）司馬光，御臣〔A〕，司馬溫公集編年箋 3〔M〕，成都：巴蜀書社，2009 年，第 54 頁。

〔註208〕 （宋）司馬光，上皇太后疏〔A〕，司馬溫公集編年箋 3〔M〕，成都：巴蜀書社，2009 年，第 229 頁。

〔註209〕 （宋）司馬光，二先箚子〔A〕，司馬溫公集編年箋 3〔M〕，成都：巴蜀書社，2009 年，第 308 頁。

〔註210〕 （宋）司馬光，（美）王亦令點校，稽古錄點校本（卷 16）〔M〕，北京：中國友誼出版公司，1987 年，第 650 頁。

〔註211〕 （宋）司馬光，論舉選狀〔A〕，司馬溫公集編年箋 3〔M〕，成都：巴蜀書社，2009 年，第 87 頁。

〔註212〕 （宋）司馬光，進修心治國之要箚子狀〔A〕，司馬溫公集編年箋 3〔M〕，成都：巴蜀書社，2009 年，第 139 頁。

〔註213〕 （宋）司馬光，二先箚子〔A〕，司馬溫公集編年箋 3〔M〕，成都：巴蜀書社，2009 年，第 308 頁。

司馬光說：「凡御下之道，恩過則驕，驕則不可不戢之以威；威過則怨，怨則不可不施之以恩。」〔註214〕他深刻地分析了一般官僚的心態：「小人之性，恩過則驕，驕而裁之，則怨矣。爵祿賞賜，妄加於人，則其同類皆曰：『我與彼才相若也，功相敵也，彼得之而我獨不得，何哉？』……威嚴太盛，則人無所容；刑罰煩苛，則濫及無辜，則其同類皆曰：『是過也，人誰無之？彼既不免，行將及我。』於是乎窮迫思亂。」〔註215〕可謂入木三分。反之，賞罰無度只會適得其反。司馬光大膽批評了宋仁宗不識賞罰之度，他說：「君臣之功或未足言，而賞之已厚；罪或不可容，而罰之至輕。善則善矣，而小人不識大恩者，或幾乎驕慢矣。」〔註216〕第三，有罪必罰，不得隨意赦免，不能知道當不知道。他說君主駕馭臣下「患在不知其奸，苟或知之而復赦之，則不若不知之為愈也。何以言之？彼或為奸而上不之知，猶有所畏；既知而不能討，彼知其不足畏也，則放縱而無所顧矣！是故知善而不能用，知惡而不能去，人主之深戒也」〔註217〕。《資治通鑑》記載東晉庾亮征討蘇峻之亂而激之反，以至於「國破君危」，卞敦「位列方鎮，兵糧俱足」，在「朝廷顛覆」之時，卻「坐觀勝負」。司馬光評論說：「人臣之罪，孰大於此！既不能明正典刑，又以寵祿報之，晉室無政，亦可知矣。」〔註218〕第四，有功才賞，不隨意賞賜。司馬光說：「蓋官爵者，人主之利器，所以驅策群臣，制馭四海」〔註219〕。如若隨意賞賜，人們輕易就可以得到官爵，那樣，官爵就會為人之所賤，「譬如金玉珠璣，若或道路階庭處處有之，則與瓦礫無異矣」〔註220〕。如果這樣下去，「則國家官爵，賤於泥土，將無以役使群臣」〔註221〕。注意到以上

〔註214〕（宋）司馬光，上皇太后疏〔A〕，司馬溫公集編年箋 3〔M〕，成都：巴蜀書社，2009 年，第 228 頁。

〔註215〕同上。

〔註216〕同上，第 229 頁。

〔註217〕（宋）司馬光原著，資治通鑑·文白對照本（卷 46）〔M〕，北京：中華書局，2009 年，第 1814 頁。

〔註218〕（宋）司馬光原著，資治通鑑·文白對照本（卷 94）〔M〕，北京：中華書局，2009 年，第 3774 頁。

〔註219〕（宋）司馬光，乞罷近臣恩命上殿箚子〔A〕，司馬溫公集編年箋 3〔M〕，成都：巴蜀書社，2009 年，第 342 頁。

〔註220〕（宋）司馬光，兩府遷官第二箚子〔A〕，司馬溫公集編年箋 3〔M〕，成都：巴蜀書社，2009 年，第 342 頁。

〔註221〕（宋）司馬光，乞罷近臣恩命上殿箚子〔A〕，司馬溫公集編年箋 3〔M〕，成都：巴蜀書社，2009 年，第 342 頁。

幾點，恩威並施之下，「爲善者歡，爲惡者懼，上下悅服，朝廷大治，百姓蒙福，社稷永安」。如此帝王之政，「便如順風吹毛，乘高決水，可以不勞而成功矣」〔註222〕。

人才如何考覈？在考覈態度上，司馬光提出要排除私心，「至公至明」。在考覈方式上，司馬光提出必須深入實際，考察眞實情況。「功必覈其眞，然後授其賞；罪必覈其眞，然後授其刑；行必覈其眞，然後貴之；言必覈其眞，然後信之；物必覈其眞，然後用之；事必覈其眞，然後修之」〔註223〕這些都是從工作的效果來考察人才的做法。

司馬光又指出考覈人才中應注意某些弊端。第一，不能單憑眾人的毀譽和過去的功過考評人才。他說：「求之於毀譽，則愛憎競進而善惡渾殽；考之於功狀，則巧詐橫生而眞僞相冒」〔註224〕；「且人之毀譽，或出愛憎，雖復聖賢，不能自免」〔註225〕。他人之評價難免不受到其愛憎之情的影響，過去的功過難免眞僞難辨，這些都容易導致評價錯誤。司馬光提出：「眾曰賢矣，己雖不知其詳，姑用之，待其無功，然後退之，有功則進之。」〔註226〕給所取的人一段見習時間，然後根據其現實表現做出準確公允的評價。第二，司馬光強調考覈人才應注重主要方面，不要糾纏於細枝末節，要著眼於長遠，而不要急於求成，即所謂「其居位也久，其受任也專，其立法也寬，其責成也遠」〔註227〕。反對「校其米鹽之課，責其旦夕之效」〔註228〕。胡寅非常贊同司馬光關於人才考覈的主張，其評價：「司馬訴流窮源，以謂求之毀譽，考之功狀，皆無緣盡其理，本在於至公至明而已，此至當之論也。」〔註229〕

〔註222〕（宋）司馬光，論舉選狀〔A〕，司馬溫公集編年箋3〔M〕，成都：巴蜀書社，2009年，第87頁。

〔註223〕（宋）司馬光原著，資治通鑑・文白對照本（卷29）〔M〕，北京：中華書局，2009年，第1112頁。

〔註224〕（宋）司馬光原著，資治通鑑・文白對照本（卷73）〔M〕，北京：中華書局，2009年，第2936頁。

〔註225〕（宋）司馬光，二先箚子〔A〕，司馬溫公集編年箋3〔M〕，成都：巴蜀書社，2009年，第308頁。

〔註226〕（宋）司馬光原著，資治通鑑・文白對照本（卷225）〔M〕，北京：中華書局，2009年，第9484頁。

〔註227〕（宋）司馬光原著，資治通鑑・文白對照本（卷73）〔M〕，北京：中華書局，2009年，第2938頁。

〔註228〕同上，第2940頁。

〔註229〕（宋）胡寅，讀史管見（卷6）〔M〕，上海：上海古籍出版社，1997年，第205頁。

綜上所述，司馬光的用人之道可以概括爲「凡用人之道，採之欲博，辨之欲精，使之欲適，任之欲專。採之博者：無求備於人也；收起所長，棄其所短；則天下無不可用之人矣。辨之精者：勿使名眩實、僞冒眞也；聽其言，必察其行；授其任，必考其功；則羣臣無所匿其情矣。使之適者：用之不違其才也；仁者使守，明者使治，智者使謀，勇者使斷；則百職無不舉矣。任之專者：勿使邪愚之敗之也；苟知其賢，雖愚者日非之而不顧；苟知其正，雖邪者日毀之而不聽；則大功無不成矣。」〔註230〕就是要廣泛地徵選人才，仔細地進行考查，知人善任，量才使用，使有才能的人各盡其才，且要做到用人不疑。

在北宋王朝缺乏人才，「忠直遠屏，奸諛競進」〔註231〕的政治背景之下，司馬光在繼承孔孟之人存政舉、人亡政息的思想基礎之上，提出了其君主之道莫過於用人的一整套系統的人才論思想。整個人才論思想從人才的重要性，到選人的態度與原則，到選什麼樣的人，到如何用人，如何管理人，如何考覈人，司馬光都進行了細緻詳細的論述。有理有據有例證，從思想體系的角度來說，非常之嚴密，非常之全面。我們必須認識到，由於社會歷史背景的原因，司馬光人才論思想存在有諸多不足之處。人才論思想顯然帶有嚴重的英雄史觀傾向，片面誇大了個人在社會發展與歷史進步方面的作用，卻基本忽視了群眾才是歷史眞正的創造者這一事實。司馬光對人才範圍的理解過於狹隘，拘泥於安邦濟民的王佐之才，對科技人才少有重視。在「聖人」、「君子」缺乏的情況下，司馬光與其取「小人」不如取「愚人」，這不能不說有失偏頗。無數史實證明，愚人在上位，則群小得逞。這些不足之處，都說明了司馬光沒有脫離當時的封建社會的歷史背景，其人才論的提出就是爲了更好地維護封建王朝的統治。這些都是我們要加以摒棄的封建糟粕。如果我們能夠清晰地認識到這些不足，也可以爲我們現在的社會主義建設提供良好的借鑒作用，警示我們不要走入同樣的誤區。

然而，我們對古人思想的研究是爲了更好的還原古人思想的原貌，對其中的精髓加以借鑒吸收，更好地爲社會主義建設服務。司馬光的人才論思想

〔註230〕（宋）司馬光，（美）王亦令點校，稽古錄點校本（卷 16）〔M〕，北京：中國友誼出版公司，1987 年，第 649 頁。

〔註231〕（宋）司馬光，遺表〔A〕，司馬溫公集編年箋 4〔M〕，成都：巴蜀書社，2009 年，第 474 頁。

既有歷代治亂興衰之歷史經驗與教訓爲佐證，又有易道中和的思想理論爲基礎，其中有很多眞知灼見和超乎前人的地方，值得我們好好研究學習。概括起來說，司馬光人才論思想主要有以下幾點特別值得我們學習。第一，司馬光對人才的重視，看到了人的作用，值得肯定與學習；第二，司馬光對人才的選拔，打破了以往的血統論，在今天看來還有其思想的閃光；第三，司馬光選擇人才對道德的重視，對於我們現在的以德治國具有重要的借鑒意義；第四，司馬光對人才的考覈，用實踐來考覈官員，對我們現在官員的考覈有借鑒意義。第五，司馬光注意從社會的實際需求出發，值得我們學習；第六，他所說的「堅凝」，就是修禮平政，服士安民，也就是注意人心向背，這是很有識見之論。第七，疑人勿用，用人勿疑。第八，不以親疏取士，秉公執法。「治國莫先於公」〔註232〕

第四節　官吏道德

北宋王朝建國伊始，宋太祖趙匡胤「以史爲鑒」，總結唐末五代武人專橫跋扈、擁兵自重的歷史經驗教訓，推行「崇文抑武」，「與士大夫共治天下」的治國方略，從而使北宋形成了君主臣輔，君臣一體的政治治理體制。在此大的政治背景下，針對其所在北宋中期官僚中出現的奢靡、奔競等不良風氣，深受儒家正統思想薰陶的司馬光在提出爲君致治之道的同時，對臣子也提出了一套政治道德要求，概括起來爲忠君善諫、愛國利民。

一、忠君善諫

忠君是儒家傳統倫理思想之爲臣之道的核心要義，是中國封建社會君主專制體制下對官員臣僚的必然道德要求。司馬光作爲儒家正統思想家，作爲北宋王朝的衛道士，其所提倡的爲臣之道亦必然以忠君作爲首要的道德價值觀。司馬光說：「君明臣忠，上令下從，俊良在位，佞邪黜遠，禮修樂舉，刑清政平，奸宄消伏，兵革偃戢，諸侯順附，四夷懷服，家給人足」。造就此「太平之象」，〔註233〕除「君明」外，還需要「臣忠」。

〔註232〕（宋）司馬光，二先箴子〔A〕，司馬溫公集編年箋 3〔M〕，成都：巴蜀書社，2009 年，第 307 頁。

〔註233〕（宋）司馬光原著，資治通鑑・文白對照本（卷 244）〔M〕，北京：中華書局，2009 年，第 10344 頁。

忠，《說文解字》云：「忠，敬也，盡心爲忠」。司馬光同樣說：「盡心於人曰忠」〔註234〕。由此可見，「忠」不離「盡心」之意。何爲盡心？其一，司馬光認爲臣子要尊敬君主，明白君臣之分，不可僭越君臣之禮。在《魏武帝初立》一文中，司馬光痛責高歡輕辱君主的行爲，憤恨地說：「甚矣高歡之無道也。其視君如弈棋，廢而置之，在造次爾。立君大事，不祥如此，取悔宜哉！」〔註235〕其二，臣子要順從君主，聽從君主的意見與主張。司馬光說：「父之命，子不敢逆，君之言，臣不敢違。父曰前，子不敢不前，父曰止，子不敢不止。臣之於君亦然。故違君之言，臣不順也。逆父之命，子不孝也。」〔註236〕司馬光繼承儒家正統思想，以孝推忠，從父子關係推出君臣關係，父爲子綱，君爲臣綱，認爲臣子對待君主應該言聽計從。其三，臣子需盡忠職守。「馬牛服役，臣職宜也。」〔註237〕臣子就是君主的僕人，服役於皇家，有時甚至就像牛馬一樣爲主人效勞，這乃是他的職責。其四，臨危救主。在君主遇到危難的時候，臣子應該捨命相救。司馬光在《資治通鑑》中屢次借用歷代名臣之口強調爲臣救主於危難之中的職責所在。例如其借用唐肅宗朝折衝中尉段秀實之口說：「豈有君父告急而臣子晏然不赴者乎」〔註238〕；借用唐肅宗朝副使李藏用之口說：「處人尊位，食人重祿，臨難而逃之，非忠也」〔註239〕；借用唐僖宗朝太子少保孔緯之口說：「布衣親舊有急，猶當赴之。豈有天子蒙塵，爲人臣子，累招而不往者」〔註240〕；借用後漢陰蒂朝裨將李韜之口說：「安有無事食君祿，有急不死鬥者邪！」〔註241〕。其五，忠臣不事二君。司馬光

〔註234〕 （宋）司馬光，四言銘係述〔A〕，司馬溫公集編年箋5〔M〕，成都：巴蜀書社，2009年，第249頁。

〔註235〕 （宋）司馬光，魏孝武初立〔A〕，司馬溫公集編年箋5〔M〕，成都：巴蜀書社，2009年，第409頁。

〔註236〕 （宋）司馬光，士則〔A〕，司馬溫公集編年箋5〔M〕，成都：巴蜀書社，2009年，第447頁。

〔註237〕 （宋）司馬光，潛虛〔M〕，上海：商務印書館，中華民國25年，第16頁。

〔註238〕 （宋）司馬光原著，資治通鑑·文白對照本（卷218）〔M〕，北京：中華書局，2009年，第9178頁。

〔註239〕 （宋）司馬光原著，資治通鑑·文白對照本（卷221）〔M〕，北京：中華書局，2009年，第9310頁。

〔註240〕 （宋）司馬光原著，資治通鑑·文白對照本（卷256）〔M〕，北京：中華書局，2009年，第10944頁。

〔註241〕 （宋）司馬光原著，資治通鑑·文白對照本（卷288）〔M〕，北京：中華書局，2009年，第12256頁。

說：「爲人臣者，策名委質，有死無貳」〔註242〕。身爲君主的臣子，接受了君王的任命，委身於國家，就應該死心塌地，忠貞不貳。又說：「婦之從夫，終身不改；臣之事君，有死無貳；此人道之大倫也。苟或廢之，亂莫大焉！……正女不從二夫，忠臣不事二君。爲女不正，雖復華色之美，織紝之巧，不足賢矣；爲臣不忠，雖復材智之多，治行之優，不足貴矣。何則？大節已虧故也。」〔註243〕「臣之事君」猶如「婦之從夫」，應當「有死無貳」。故而，司馬光不同意揚雄評論蒙恬「忠不足相也」，反而高度讚揚了蒙恬「明於爲人臣之義，雖無罪見誅，能守死不貳，斯亦足稱也」〔註244〕。高度讚賞沈勁爲雪父親因叛逆被殺之恥，立勳守城，不屈而死是「變凶逆之族爲忠義之門」〔註245〕。對於歷史上的不忠之臣司馬光提出了嚴厲的批判。司馬光痛斥五代時歷仕後唐、後晉、後漢、後周四朝宰相的「不倒翁」——馮道，批判其「自古人臣不忠，未有如此比者」〔註246〕。批判謝朏兄弟不預人事，司馬光說：「臣聞『衣人之衣者懷人之憂，食人之食者死人之事』。二謝兄弟，比肩貴近，安享榮祿，危不預知；爲臣如此，可謂忠乎！」〔註247〕司馬人對於這些不忠之臣就應該「斷以大義，使天下曉然皆知爲臣不忠者無所自容」，故而，司馬光非常贊同劉邦斬丁公。認爲「貴爲天子，四海之內，無不爲臣；苟不明禮義以示之，使爲臣者，人懷貳心以徼大利，則國家其能久安乎！」。劉邦斬丁公「戮一人而千萬人懼，其慮事豈不深且遠哉！子孫享有天祿四百餘年，宜矣。」〔註248〕

　　弒君易位被司馬光認爲是重大罪行。司馬光認爲「非有桀、紂之暴，湯、

〔註242〕（宋）司馬光原著，資治通鑑‧文白對照本（卷220）〔M〕，北京：中華書局，2009年，第9254頁。

〔註243〕（宋）司馬光原著，資治通鑑‧文白對照本（卷291）〔M〕，北京：中華書局，2009年，第12388頁。

〔註244〕（宋）司馬光原著，資治通鑑‧文白對照本（卷7）〔M〕，北京：中華書局，2009年，第258頁。

〔註245〕（宋）司馬光原著，資治通鑑‧文白對照本（卷101）〔M〕，北京：中華書局，2009年，第4082頁。

〔註246〕（宋）司馬光，馮道爲四代相〔A〕，司馬溫公集編年箋5〔M〕，成都：巴蜀書社，2009年，第400頁。

〔註247〕（宋）司馬光原著，資治通鑑‧文白對照本（卷139）〔M〕，北京：中華書局，2009年，第5790頁。

〔註248〕（宋）司馬光原著，資治通鑑‧文白對照本（卷11）〔M〕，北京：中華書局，2009年，第394頁。

武之仁，人歸之，天命之，君臣之分當守節伏死而已矣」〔註249〕。故而，司馬光嚴詞指責孟子主張宗卿可以取代拒諫之君一事，他認爲：「人臣之義，諫於君而不聽，去之可也，死之可也，若之何其以貴戚之故，敢易位而處也？孟子之言『適足以爲篡亂之資』！」〔註250〕然而，如若「有桀、紂之暴，湯、武之仁」，即如果統治國家的是昏庸的君主，司馬光認爲臣子還是可以反抗君主，廢掉君主，取而代之，成爲新君。在司馬光看來，「廢昏立明，自古有之，爲社稷大計，非不順也」〔註251〕，這不叫弒君，也非背叛君主。此時，「君臣易位，其道當然，則不得不變也」〔註252〕。西漢霍光受帝託孤，輔佐幼主，卻兩易帝室，顛覆王位。司馬光不僅沒有加以批判，反而高度讚譽：「受襁褓之託，任漢室之寄，匡國家，安社稷，擁昭、立宣，雖周公、阿衡何以加此！」〔註253〕

　　忠君不等於毫無原則地迎合君心，而應該堅持眞理，「直言正論」〔註254〕，「格君心之非」。司馬光主張爲臣要善於進諫。司馬光認爲，「過者，人之所必不免也；惟聖賢爲能知而改之。……爲人君者，固不以無過爲賢，而以改過爲美也。」〔註255〕故而，司馬光認爲作爲忠臣，若發現君主言語有錯，舉止失道，就「當犯顏苦口，指陳得失」，大膽進諫，匡主之行，不然「若險君於惡，豈得爲忠！」〔註256〕。司馬光認爲「夫切直之言，非人臣之利，乃國家之福也」〔註257〕。故而，司馬光在其著作中，對勇於進諫的骨鯁之臣給予

〔註249〕（宋）司馬光原著，資治通鑑・文白對照本（卷1）〔M〕，北京：中華書局，2009年，第2頁。
〔註250〕疑孟・齊宣王問卿〔M〕。
〔註251〕（宋）司馬光原著，資治通鑑・文白對照本（卷262）〔M〕，北京：中華書局，2009年，第11200頁。
〔註252〕（漢）揚雄撰，（宋）司馬光集注，劉韶軍點校，太玄集注〔M〕，北京：中華書局，1998年，第59頁。
〔註253〕（宋）司馬光原著，資治通鑑・文白對照本（卷25）〔M〕，北京：中華書局，2009年，第968頁。
〔註254〕（宋）司馬光原著，資治通鑑・文白對照本（卷24）〔M〕，北京：中華書局，2009年，第932頁。
〔註255〕（宋）司馬光原著，資治通鑑・文白對照本（卷12）〔M〕，北京：中華書局，2009年，第456頁。
〔註256〕（宋）司馬光原著，資治通鑑・文白對照本（卷238）〔M〕，北京：中華書局，2009年，第10068頁。
〔註257〕（宋）司馬光原著，資治通鑑・文白對照本（卷43）〔M〕，北京：中華書局，2009年，第1674頁。

了高度的讚揚，如其高度讚揚了敢於進諫的東漢光武世大司徒韓欲，可惜光武帝不能識之、容之。稱讚「荀文若之進善，不進不休；荀公達之去惡，不去不止」〔註258〕。反之，對溜鬚拍馬、阿諛奉承的佞臣給予了嚴厲的批判。西漢惠帝另築複道朝見太后。叔孫通以「人主無過舉」為由，默許了此事。對此，司馬光評論：「今叔孫通諫孝惠，乃云『人主無過舉』，是教人君以文過遂非也，豈不繆哉！」大臣若只知巧言媚上，替君主文過飾非，就是一個誤國誤君的佞臣。何曾在晉武帝時期為宰相，多次在晉武帝司馬炎舉行的宴會上侍奉，看到晉武帝不談國事，只論家常，回家對兒孫議論，卻未向君主當面勸諫。司馬光批評何曾「身為宰相，知其君之過，不以告而私語其家，非忠臣也」〔註259〕。荀息奉晉獻公之命給太子奚齊做太傅，作為國之重臣目睹晉獻公受小人蠱惑，廢長幼之序立少子里克，及里克殺奚齊，荀息以死踐諾。司馬光在評論說：「夫立嫡以長，正也。獻公溺於嬖寵，廢長立少。荀息為國正卿，君所倚信，不能明白禮義，以格君心之非，而遽以死許之，是則荀息之言，玷於獻公未沒之前，而不可救於已沒之後也」〔註260〕，認為不當褒揚這種以身報主的行為，而應責其不匡正君過，亂從君命，於禮治無益，適可以貶。司馬光是忠君直諫的典範，多次犯顏直諫。就仁宗立嗣之事，司馬光就上奏了《請建儲副或進用宗室第一狀》、《請建儲副或進用宗室第二狀》、《請建儲副或進用宗室第三狀》、《乞建儲上殿箚子》、《乞建儲上殿第二箚子》，一諫再諫，勸說仁宗皇帝以社稷為重。這樣的事例舉不勝舉。

除了有敢於進諫的勇氣與責任心之外，司馬光還主張善諫。其一，進諫者要善於洞察君王心態，掌握進諫的時機與策略。西漢初建時，劉邦常以個人愛憎進行賞罰，群臣多有怨望。劉邦某次遙見群臣耳語，張良乘機佯說諸將謀反，勸劉邦按功封賞，以安眾心。劉邦最終領悟，採納了張良之諫。司馬光評論此事說：「張良為高帝謀臣，委以心腹，宜其知無不言；安有聞諸將謀反，必待高帝目見偶語，然後乃言之邪！蓋以高帝初得天下，數用愛憎行誅賞，或時害至公，群臣往往有觸望自危之心；故良因事納忠以變移帝意，

〔註258〕（宋）司馬光原著，資治通鑑‧文白對照本（卷67）〔M〕，北京：中華書局，2009年，第2682頁。
〔註259〕（宋）司馬光原著，資治通鑑‧文白對照本（卷87）〔M〕，北京：中華書局，2009年，第3470頁。
〔註260〕（宋）司馬光，荀息論〔A〕，司馬溫公集編年箋5〔M〕，成都：巴蜀書社，2009年，第341頁。

使上無阿私之失，下無猜懼之謀，國家無虞，利及後世。若良者，可謂善諫矣。」〔註261〕其二，進諫者要注意維護君王威信。故而，司馬光批評不避左右，直言皇帝過失的少府楊阜，說：「今爲人臣，見人主失道，直詆其非而播揚其惡，可謂直士，爲忠臣也。」〔註262〕相反，對及時銷毀勸諫疏奏草稿的司空陳群讚賞有加，司馬光說：「書數十上，外人不知。君子謂群於是乎長者矣。」〔註263〕其三，進諫內容需切中要害。司馬光說：「忠臣之事君也，責其所難，則其易者不勞而正；補齊所短，則其長者不勸而遂。」〔註264〕臣子向君主進言務必要抓住要害，要針對君主所欠缺的，所不擅長的方面進諫，這才是抓住了主要矛盾。司馬光在評論貢禹答漢元帝問政一事時認爲，元帝最欠缺在於「優游不斷，讒佞用權」〔註265〕，而「恭謹節儉，孝元之素志也」〔註266〕，故而，貢禹的諫言未能切中要害。司馬光說：「使禹之智足不以知，烏得爲賢！知而不言，爲罪愈大矣！」〔註267〕顯然，司馬光認爲進諫內容需切中要害。這是司馬光務實精神的典型體現。

　　北宋時期，君主以史爲鑒，爲維護自身統治，全面加強中央集權。同時，極力強調封建綱常名教的程朱理學地位顯赫，社會綱常等級觀念日益強化。司馬光深受其影響。其對爲臣忠君之道的論述，正是發揮了「君君」、「臣臣」的封建尊卑等級觀念，目的在於維護封建社會的綱常秩序，進而維護封建王朝的統治，帶有濃厚的封建落後色彩。尤其是其以一女不事二夫來比擬一臣不事二主，其封建糟粕思想顯露無疑。然而，我們也要看到，司馬光所提出的忠君並不是一味的愚忠，對於君主不正確的行爲，臣子應該敢於進諫，加以糾正。司馬光強調善諫，封建統治階級的維護自身統治的客觀需要。封建統治者爲了更好地維護封建秩序，不得不在某種程度上發揚開明作風，主張在階級內部講眞話，以加強內部的團結，實現對廣大百姓的統治。然而，在

〔註261〕　（宋）司馬光原著，資治通鑑・文白對照本（卷11）〔M〕，北京：中華書局，
　　　　　　2009年，第404頁。
〔註262〕　（宋）司馬光原著，資治通鑑・文白對照本（卷73）〔M〕，北京：中華書局，
　　　　　　2009年，第2920頁。
〔註263〕　同上。
〔註264〕　（宋）司馬光原著，資治通鑑・文白對照本（卷28）〔M〕，北京：中華書局，
　　　　　　2009年，第1060頁。
〔註265〕　同上。
〔註266〕　同上。
〔註267〕　同上。

嚴格的封建綱常名教體系內，司馬光敢於提倡臣子向君主進諫，並提出惟忠臣方能死諫的信條，儘管其初衷是爲了加強封建統治，儘管其「諫言」內容極其有限，但其引導封建君主臣子向「明君」、「賢臣」方面努力，這有利於提高管理階層的素質，淨化管理隊伍，就這一點說，是有積極意義的。我國現在正在大刀闊斧地進行社會主義建設，我們黨和領導者要避免搞一言堂，要多聽聽下面人的意見，而我們的基層公務員也不要對上阿諛奉承，要堅持真理，善於發表意見。

二、愛國利民

　　司馬光的忠君之道最大的忠不是忠於君主，而是忠於國家，這是大忠。其在《諫院題名記》中，特別提醒臣子凡事應以國家利益爲重，「居是官者，當志其大，捨其細，先其急，後其緩，專利國家而不爲身謀」〔註 268〕。官員在考慮事情之時，必須以國家利益爲根本出發點，片刻都不能考慮個人私利，唯如此才能更好地實現其社會管理、社會控制的職能。故而，司馬光向皇帝推薦了夏倚，推薦理由夏倚「通敏恪勤，勇于忠義，苟利公家，不爲身謀」〔註 269〕的美好品行。司馬光最痛恨損公肥私的奸戾之臣，對中國封建歷史上這樣的臣子提出了嚴厲的批判。如其指斥范唯「以得爲喪，以成爲敗，保身固寵，不顧國謀，損公而益私，僕人而立己，國家喪敗，不與其憂」的醜惡行徑，對此既表痛恨：「甚矣，邪臣之害國也！」也表憂慮：「世之患此，亦已久矣！」〔註 270〕。

　　司馬光的愛民思想非常突出。他認爲出仕爲臣，就必須爲民謀利。司馬光說：「士之讀書者，豈專爲祿利而已哉！求得位而行其道，以利斯民也。國家所以求士者，豈徒用印綬粟帛富寵其人哉？亦欲得其道以利民也。故上之所以求下，下之所以求上，皆非顧其私，主於民而已矣。」〔註 271〕讀書爲官，

〔註 268〕　（宋）司馬光，諫院題名記〔A〕，司馬溫公集編年5〔M〕，成都：巴蜀書社，2009 年，第 196 頁。

〔註 269〕　（宋）司馬光，奏乞復夏倚差遣箚子〔A〕，司馬溫公集編年箋 3〔M〕，成都：巴蜀書社，2009 年，第 203 頁。

〔註 270〕　（宋）司馬光，應侯罷安君兵〔A〕，司馬溫公集編年箋 5〔M〕，成都：巴蜀書社，2009 年，第 398 頁。

〔註 271〕　（宋）司馬光，與薛子立秀才書〔A〕，司馬溫公集編年箋 5〔M〕，成都：巴蜀書社，2009 年，第 491 頁。

不是爲了獲得一己之私利，而是爲了造福天下百姓。「善爲政者」，當「視民如子」〔註272〕。若爲官之士不能體恤百姓，不爲百姓謀福利，朝廷就應將其革職致仕。如在《再論王逵箚子》中司馬光就指出王逵「暴戾凶狡，陵上虐下」〔註273〕，希望朝廷能勒令其致仕，免得因重用一酷吏而使眾受苦。又如在《論張叔詹知蔡州狀》中，司馬光也有相類似的表述。其認爲張叔詹「資性庸下，老而益昏」，不能「惠及於民」，因而請求「朝廷直令致仕，或授以冗散之職，勿使親民」〔註274〕。就司馬光本人來說，他非常關心百姓疾苦，勇於爲民請命。仁宗嘉祐八年（1063年）冬至英宗治平元年（1064年）初，開封府界京東、京西、河北、河東、陝西、西川等路少雪少雨，麥子無收，「農民嗷嗷，大率無食，棄去鄉里，流離道路，雇妻賣子，以接餱糧」，生活苦不堪言，而朝廷卻還下令修建「感慈塔」。司馬光獲悉後，立即上疏反對，懇請英宗「彰愛民之意」〔註275〕，罷修此塔。司馬光的很多詩篇也都是反應百姓疾苦的。其中最著名《道傍田家》寫到：「道傍田家翁嫗俱垂白，敗屋蕭條無壯息。翁攜鎌索嫗攜箕，自向薄田收黍稷。靜夜偷舂避債家，比明門外已如麻。筋疲力弊不入腹，未議縣官租稅足」〔註276〕，深刻而逼眞地描寫了勞動人民的痛苦生活。由此可見，司馬光把百姓的利益放在了非常重要的位置。

　　在家國同構的中國封建社會，司馬光所提倡的愛國，愛的是一家之國，且愛國的表現亦多以忠君的形式出現。司馬光所提倡的愛民並非眞正要爲百姓大眾謀福利，而是爲了安撫民心，更好地維護封建社會的統治。這些與我們當今社會所提倡的愛國精神，全心全意爲人民服務的宗旨都具有完全不同的性質。然而，司馬光堅定地將國家利益放在首要地位，對民眾苦難生活的深表同情，給予了諸多關心，還是值得肯定的。今天，愛國主義依然是我國民族精神的核心。只有眞正熱愛祖國、熱愛人民的人，才能不爲私心所擾、

〔註272〕（宋）司馬光，再論王奎箚子〔A〕，司馬溫公集編年箋3〔M〕，成都：巴蜀書社，2009年，第217頁。

〔註273〕（宋）司馬光，王奎箚子〔A〕，司馬溫公集編年箋3〔M〕，成都：巴蜀書社，2009年，第213頁。

〔註274〕（宋）司馬光，論張叔詹知蔡州狀〔A〕，司馬溫公集編年箋3〔M〕，成都：巴蜀書社，2009年，第92頁。

〔註275〕（宋）司馬光，感慈塔箚子〔A〕，司馬溫公集編年箋3〔M〕，成都：巴蜀書社，2009年，第320頁。

〔註276〕（宋）司馬光，道傍田家〔A〕，司馬溫公集編年箋1〔M〕，成都：巴蜀書社，2009年，第65頁。

不爲名利所累、不爲物欲所惑，恪盡職守，勤奮工作，把自己的聰明才智毫無保留地奉獻給我們偉大的社會主義事業。

三、明哲保身

「功名之際，人臣之所難處」〔註277〕。身在宦海又熟知歷史的司馬光怎不知封建社會統治階級內部相互猜忌，可共患難不可共安樂的殘酷現實，「狡兔死，走狗烹；高鳥盡，良弓藏；敵國破，謀臣亡」〔註278〕，這是封建統治階級內部關係的死結，歷朝歷代如此，根本無法解脫。雖然無法解脫，但問題也不能被規避。司馬光在觸及此問題時，提出的解決辦法是：爲臣下者，尤其是功勳之臣要懂得歸功主上，急流勇退，明哲保身。韓信「與高祖起漢中，定三秦，遂分兵以北，禽魏，取代，僕趙，脅燕，東擊齊而有之，南滅楚該下」，爲建立西漢王朝立下了赫赫戰功，被漢高祖劉邦依爲左膀右臂。司馬光盛讚「漢之所以得天下者，大抵皆信之功也」。然而，韓信認不清形式，居功自傲，「乘時以徼利」，並錯誤地期盼漢高祖懷有「酬功報德」之心，最後落得一個株連三族的下場。司馬光借用太史公的話評論：「假令韓信學道謙讓，不伐己功，不矜其能，則庶幾哉！於漢家勳，可以比周、召、太公之徒，後世血食矣！不務出此，而天下已集，乃謀畔逆；夷滅宗族，不亦宜乎！」〔註279〕相反，同爲漢室三傑之一的張良，敏銳地認識到開國功臣與創業君主之間只可共患亂，不可共富貴，從而「託於神仙，遺棄人間，等功名於外物，置榮利而不顧」。對此，司馬光一語破的：「以子房之明辨達理，足以知神仙之爲虛詭矣；然其欲從赤松子游者，其智可知也。」〔註280〕淮陰誅夷，蕭何繫獄，無非是「履盛滿而不止」。子房激流勇退，得以善終。誠如司馬光所言：「所謂『明哲保身』者，子房有焉。」〔註281〕

司馬光除了建議臣子們在功高蓋主之時，要看淡放下、急流勇退之外，

〔註277〕（宋）司馬光原著，資治通鑑·文白對照本（卷11）〔M〕，北京：中華書局，2009年，第398頁。
〔註278〕同上，第400頁。
〔註279〕（宋）司馬光原著，資治通鑑·文白對照本（卷12）〔M〕，北京：中華書局，2009年，第430頁。
〔註280〕（宋）司馬光原著，資治通鑑·文白對照本（卷11）〔M〕，北京：中華書局，2009年，第398頁。
〔註281〕同上。

還建議賢能智士在天下無道之時，隱逸山林。司馬光說：「古之君子，邦有道則仕，邦無道則隱」〔註282〕，又說：「智士邦有道則見，邦無道則隱，或滅迹山林，或優游下僚。」〔註283〕西漢末年，大司空彭宣見王莽專權，便以「資性淺薄，年齒老眊，數伏疾病，昏亂遺忘」為由上書求退。司馬光引用班固的話稱讚他「見險而止，異乎苟患失之者矣」〔註284〕。東漢桓帝時，太學生以為文學將興，處士復用，爭慕名士范滂，攻擊朝政，結果罹於刑禍。獨申屠蟠預言大禍將起，隱居山林，免於黨禍。司馬光評論：「天下有道，君子揚於王庭以正小人之罪，而莫敢不服。天下無道，君子囊括不言以避小人之禍，而猶不免。黨人生昏亂之世，不在其位，四海橫流，而欲以口舌救之，臧否人物，激濁揚清，撩虺蛇之頭，蹍虎狼之尾，以至身被淫刑，禍及朋友，士類殲滅而國隨以亡，不亦悲乎！夫唯郭泰既明且哲，以保其身，申屠蟠見幾而作，不俟終日，卓乎其不可及已！」〔註285〕正如楊雄所說：「鴻飛冥冥，弋者何篡焉？」〔註286〕

　　司馬光明哲保身的主張是對老子的「功遂身退，天之道也」〔註287〕思想和孔子「以道事君，不可則止」〔註288〕思想的綜合運用，帶有明顯的道德理想主義氣息，體現了其中和論的處事思想。司馬光將「明哲保身」視為維護君臣之禮以上下兩全的不二法門，視為賢能智士亂世求道的人生智慧。司馬光說：「隱非君子之所欲也。人莫己知而道不得行，群邪共處而害將及身，故深藏以避之」〔註289〕。明哲保身、歸隱山林並不是君子的性格偏好，而實在是在「人莫己知」、「群邪共處」之時的無奈選擇。由此可見，「明哲保身」在

〔註282〕（宋）司馬光原著，資治通鑑‧文白對照本（卷51）〔M〕，北京：中華書局，2009年，第2010頁。

〔註283〕（宋）司馬光原著，資治通鑑‧文白對照本（卷291）〔M〕，北京：中華書局，2009年，第12388頁。

〔註284〕（宋）司馬光原著，資治通鑑‧文白對照本（卷35）〔M〕，北京：中華書局，2009年，第1350頁。

〔註285〕（宋）司馬光原著，資治通鑑‧文白對照本（卷56）〔M〕，北京：中華書局，2009年，第2256頁。

〔註286〕（清）王夫之著，伊力主編，資治通鑑之通鑑‧文白對照全譯《讀通鑑論》上〔M〕，鄭州：中州古籍出版社，1994年，第758頁。

〔註287〕老子‧九章〔M〕。

〔註288〕論語‧先進〔M〕。

〔註289〕（宋）司馬光原著，資治通鑑‧文白對照本（卷51）〔M〕，北京：中華書局，2009年，第2010頁。

君危國亡之時是不適用的。在國難當頭，司馬光還是主張「君子有殺身成仁，無求生害仁，豈專以全身遠害爲賢哉！」〔註290〕。自古以來，有道德擔當、以天下爲己任的能人志士在施展抱負，報效國家，尤其是在救國救民於國難當頭之時，總會遇到重重阻力，或者不遇良主，或者爲佞臣所污。他們能夠憑藉用來相抗爭的力量是貧乏而脆弱的，人格尊嚴和道德勇氣是最後防線。在「勢」的重重壓迫之下，能夠不改道德人格，不屈服於世俗權力，仍然堅持自己的政治理想，的確是出類拔萃之人。司馬光本人就是憂國憂民，明哲保身的典範。司馬光堅持自己的政治見解，反對王安石變法，在無法勸說神宗皇帝停止變法舉措時，便毅然辭去樞密副使之職，遠離了京城，到洛陽修書十五載。姑且不論其政見做法的對錯，但是他那一腔愛國熱情，憂國憂民的情懷，是值得我們學習和肯定的。

第五節　民族倫理

　　司馬光生活的北宋時代是我國古代歷史上民族矛盾非常尖銳，民族鬥爭異常激烈的時代。北方的遼、西北的西夏以及湖廣川黔少數民族的進犯與啓釁，時刻威脅著北宋王朝的生存與安全。因此，北宋自太宗以後，民族矛盾尤其是北方「邊患」問題就成爲最高統治集團所最感棘手的問題。到仁宗時，情況愈益嚴重。作爲正統儒家被朝廷委以重任的司馬光，認爲封建王朝的安危盛衰在某種程度上與周邊少數民族政權之向背息息相關，在繼承前人見解的基礎上，根據北宋王朝當時積貧積弱的國情，明確提出了「交鄰以信，華夷兩安」的睦鄰方針，把少數民族政權當做是平等的政權，主張把「篤行信義」、「誠信明瞭」作爲處理民族關係的基本準則，把「服則懷之以德，叛則震之以威」〔註291〕做爲處理民族關係的基本方法，「不避強，不淩弱」〔註292〕，從而達到北宋王朝與其他少數民族政權的睦鄰友好。

〔註290〕　（宋）司馬光原著，資治通鑑・文白對照本（卷56）〔M〕，北京：中華書局，2009年，第12388頁。

〔註291〕　（宋）司馬光，橫山疏〔A〕，司馬溫公集編年箋3〔M〕，成都：巴蜀書社，2009年，第521～513頁。

〔註292〕　（宋）司馬光，備邊箚子〔A〕，王根林點校，司馬光奏議〔M〕，太原：山西人民出版社，1986年，第173頁。

一、靡間華夷，視之如一

司馬光很重視北宋自澶淵之盟後，宋、遼、夏各方進入的一個較爲和平的發展狀態，故而積極主張各民族共生共存、和睦相處，倡揚「靡間華夷，視之如一」〔註293〕。司馬光的這種思想主要體現在三個方面。

其一，司馬光同等看待少數民族，認爲少數民族與華夏民族一樣，是有著相同情感、相同人性的人，應該擁有一樣的人格權、生存權，反對任意屠殺少數民族。在中國古代封建社會的民族交往中，少數民族往往被稱之爲「夷狄」，「盜寇」等，被認爲是野蠻滿民族，難以教化，「中央政權」對其實行「絕遠中國，隔閡山河」〔註294〕的防禦政策。這是大漢族主義對少數民族的歧視。當然也有積極看待民族關係的，唐太宗就是傑出代表，他說：「夷狄亦人耳，其情與中夏不殊。人主患德澤不加，不必猜忌異類。蓋德澤洽，則四夷可使如一家；猜忌多，則骨肉不免爲仇敵。」〔註295〕司馬光在總結分析封建王朝的歷史經驗之時，就繼承與吸收了這種積極的民族觀念，認爲一個民族，無論大小強弱，先進落後，都是由人群組成的實體。它的生存與發展應當得到保護，它的地位和習俗不應當被鄙視。司馬光的這種積極的民族觀，在其評論段熲襲殺漢陽散羌時，得到了充分的體現。司馬光非常反對段熲襲殺漢陽散羌的行爲，他首先說：「夫蠻夷戎狄，氣類雖殊，其就利避害，樂生惡死，亦與人同耳。」〔註296〕少數民族與華夏民族一樣，有著相同的情感，有著相同的人性，與華夏民族並無二致，應該擁有人格權、生存權。接下來，司馬光說：「御之得道則其附順服從，失其道則離叛侵擾，固其宜也。」〔註297〕「夫御之不得其道，雖華夏之民，亦將?起而爲寇。」由此看來，華夏之民與「蠻夷戎狄」並沒有太大的區別。故而，司馬光明確反對視少數民族視爲草木禽獸，對其肆意屠殺。他說：「視之如草木禽獸，不分臧否，不辨來去，悉艾殺之，豈作民父母之意哉！」〔註298〕

〔註293〕（宋）司馬光，撫納西人詔意〔A〕，司馬溫公集編年箋4〔M〕，成都：巴蜀書社，2009年，第288頁。

〔註294〕（宋）司馬光原著，資治通鑑·文白對照本（卷83）〔M〕，北京：中華書局，2009年，第3324頁。

〔註295〕（宋）司馬光原著，資治通鑑·文白對照本（卷197）〔M〕，北京：中華書局，2009年，第8212頁。

〔註296〕（宋）司馬光原著，資治通鑑·文白對照本（卷56）〔M〕，北京：中華書局，2009年，第2246頁。

〔註297〕同上。

〔註298〕同上，第2248頁。

　　其二，司馬光態度鮮明地反對傳統的「正閏觀」，對少數民族所建立的政權給予漢族所建政權基本上同等的地位。所謂「正閏觀」，即「正統觀」，主要是指史學中的正統和非正統，本質上是指族姓統治的合法性。一般說來，在華夏族與其他民族之間，「炎黃子孫」即華夏族的政權是「正統」，非華夏族的政權（也包括那些征服了華夏族的政權）是「閏統」，是僭偽而應予以閏除的。〔註299〕司馬光對正閏觀有著十分清楚的認識，他說：「秦焚書坑儒，漢興，學者始推五德生、勝，以秦爲閏位，在水木之間，霸而不王，於是正閏之論起矣。」〔註300〕對於這種起源於漢代，學者從封建正統觀念或民族偏見出，人爲製造出來的正閏之分，司馬光揭露其本質，指出其流弊說：「及漢室顛覆，三國鼎跱。晉氏失馭，五胡雲擾。宋、魏以降，南、北分治，各有國史，互相排黜，南謂北爲索虜，北謂南爲島夷。朱氏代唐，四方幅裂，朱邪入汴，比之窮、新，運歷年紀，皆棄而不數，此皆私己之偏辭，非大公之通論也。」由此可見，正閏觀完全不從具體事實出發，完全憑主觀意願界定。在斥責正閏觀的同時，司馬光也就肯定了「索虜」或是「島夷」中華民族平等一員的地位。司馬光不僅總體揭露了正閏觀的本質，並且進一步對正閏觀用以確定正統、僭偽的四條標準，也逐一予以了駁斥。他說：「臣愚誠不足以識前代之正閏，竊以爲苟不能使九州合爲一統，皆有天子之名而無其實者也。雖華夏仁暴、大小強弱，或時不同，要皆與古之列國無異，豈得獨尊獎一國謂之正統，而其餘皆爲僭偽哉！若以自上相授者爲正邪，則陳氏何所受？拓跋氏何所受？若以居中夏者爲正邪，則劉、石、慕容、苻、姚、赫連所得之土，皆五帝、三王之舊都也。若以有道德者爲正邪，則蕞爾之國，必有令主，三代之季，豈無僻王！是以正閏之論，自古及今，未有能通其義，確然使人不可移奪者也。」這就說明不管正閏觀者依照哪條標準來界定正閏，都會遇到理論困境，無法自圓其說，這樣，司馬光就從理論上徹底批倒了正閏之說。因此，司馬光在編寫《資治通鑑》之時，擯除一切正閏之說，主張「據其功業之實而言之」，平等對待每個民族政權。司馬光認爲這樣做就可以「無所抑揚，庶幾不誣事實，近於至公。」〔註301〕

〔註299〕周慶智，論中國歷史上「正閏觀」的文化意蘊〔J〕，社會科學戰線，1994 年
　　　　6 月。
〔註300〕（宋）司馬光原著，資治通鑑·文白對照本（卷 69）〔M〕，北京：中華書局，
　　　　2009 年，第 2756 頁。
〔註301〕同上。

其三，司馬光中肯地評價了少數民族政權中的一些傑出人物。因為司馬光摒棄了五德正閏的神秘之說，重人事，重功業，不論華夏夷狄，不計大小強弱，一體對待，所以他能夠比較公正客觀地敘述少數民族人物或民族政權的功過。司馬光讚揚前秦苻堅「舉賢才，修廢職，課農桑，恤困窮，禮百神，立學校，旌節義，繼絕世，秦民大悅」〔註302〕。司馬光稱讚北魏孝文帝是「魏之賢君」，稱讚其「好讀書，手不釋卷，在輿、據鞍，不忘講道。善屬文，多於馬上口占，既成，不更一字。……好賢樂善，情如饑渴，所與遊接，常寄布素之意。……制禮作樂，鬱然可觀，有太平之風焉」〔註303〕。甚至大膽借用南朝人陳慶之的「吾始以為大江以北皆戎狄之鄉，比至洛陽，乃知衣冠人物盡在中原，非江東所及也」〔註304〕的話由衷地加以讚美。

司馬光是中國封建社會的思想家，他有關民族的思想必然打下了封建正統思想的烙印，帶有中國為本、四夷為末的大漢族主義的痕跡，脫離不了夷夏之防的樊籬。例如，在評論漢宣帝接受「匈奴朝賀之禮」之事件中，司馬光引述荀悅之議論，說：「《春秋》之義，王者無外，欲一於天下也。戎狄道里遼遠，人迹介絕，故正朔不及，禮教不加，非尊之也，其勢然也」〔註305〕，就充分體現了他的貴華賤夷思想。又如司馬光在《資治通鑑》全文引用了江統的《徙戎論》，贊同《徙戎論》的觀點，反對「四夷交侵，與中國錯居」〔註306〕的做法，甚至認為「關中土沃物豐，帝王所居，未聞戎、狄宜在此土也」〔註307〕。這也是司馬光貴華賤夷思想的一種體現。然而，司馬光卻沒有因為少數民族「氣類雖殊」而加以歧視。相反，他主張同等看待少數民族，反對任意屠殺少數民族。並且敢於衝破舊的民族觀念和民族偏見，「不論正閏」，對待各民族一視同仁，給予少數民族政權與漢族政權基本同等的地位，對少

〔註302〕 （宋）司馬光原著，資治通鑑・文白對照本（卷100）〔M〕，北京：中華書局，2009年，第4038頁。

〔註303〕 （宋）司馬光原著，資治通鑑・文白對照本（卷140）〔M〕，北京：中華書局，2009年，第5832頁。

〔註304〕 （宋）司馬光原著，資治通鑑・文白對照本（卷153）〔M〕，北京：中華書局，2009年，第6356頁。

〔註305〕 （宋）司馬光原著，資治通鑑・文白對照本（卷27）〔M〕，北京：中華書局，2009年，第1050頁。

〔註306〕 （宋）司馬光原著，資治通鑑・文白對照本（卷83）〔M〕，北京：中華書局，2009年，第3324頁。

〔註307〕 同上，第3322頁。

數民族政權中的一些傑出人物能做出客觀中肯的歷史評價。這種積極的民族觀念在當時是先進的，具有積極作用，我們必須要加以肯定。

二、交鄰以信，華夷兩安

司馬光分析北宋之前「征伐之於懷柔」的歷史，結論為「以舜、禹之明，征三苗，而三苗逆命；商高宗之賢，伐鬼方，三年乃克；漢高祖之雄傑，為冒頓所圍，七日不火食」。分析北宋當朝「征伐之於懷柔」的歷史，結論為「國朝以太宗之英武，北舉河東、南取閩浙，若拾地芥。猛將如雲，謀臣如雨，天下新平，民未忘戰。當是之時，繼遷背誕，太宗以鄭文寶為陝西轉運使，用其計策，假之威權以討之，十有餘年，卒不能克。發關中之民，飛芻挽粟，以饋靈州及清遠軍，為虜所鈔略。及經沙磧，饑渴死者什七八，白骨蔽野，號哭當道。長老至今言之，猶歔欷酸鼻」。故而，司馬光認為，輕率用兵必然困民，且未必能勝。相反，司馬光認為「及真宗即位，會繼遷為羅潘友所殺。真宗因洗滌其罪，另撫其孤，賜之節鉞，使長不毛之地，迄於天聖、明道四十餘年，為不侵不叛之臣。關中戶口滋息，農桑豐富」。於是，司馬光總結到：「由是觀之，征伐之於懷柔，利害易見矣。」〔註308〕

司馬光在「征伐之於懷柔」的利害關係，也就是「力」與「德」的利害關係對比分析中，得出用武力征討四鄰民族政權，遠不如用懷柔的辦法有利的結論。故而司馬光大力提倡懷柔四夷，反對民族之間大動干戈。那麼懷柔政策如何實施呢？司馬光給出的答案是御之以恩信，待之以禮節。其中司馬光尤其重視交鄰以信。

交鄰以信是司馬光民族交往的基本準則，是其以禮治國思想在對外處理民族關係中的運用與體現。他說：「夫信者，人君之大寶也。國保於民，民保於信；非信無以使民，非民無以守國。是故古之王者不欺四海，霸者不欺四鄰，善為國者不欺其民，善為家者不欺其親。不善者反之，欺其鄰國，欺其百姓，甚者欺其兄弟，欺其父子。上不信下，下不信上，上下離心，以至於敗。所利不能藥其所傷，所獲不能補其所亡，豈不哀哉！」〔註309〕一個國家

〔註308〕（宋）司馬光，橫山疏〔A〕，司馬溫公集編年箋3〔M〕，成都：巴蜀書社，2009年，第512～513頁。

〔註309〕（宋）司馬光原著，資治通鑑・文白對照本（卷2）〔M〕，北京：中華書局，2009年，第44頁。

如果信義不敦，就會法令不行，無以使民，甚至形成上下離心，招致失敗。因此，司馬光將「交鄰以信」〔註310〕作為與鄰近各少數民族相處的基本準則。若「王者以大信御四海」〔註311〕，則「百姓懷其德，四鄰親其義」〔註312〕，從而「國家安如磐石，熾如炎火，觸之者碎，犯之者焦。雖有強暴之國，尚何足畏哉！」〔註313〕。

司馬光所謂的信，即「不欺」，即與鄰國或少數民族政權交往過程中，一定以禮相待，要遵守諾言和約定，不輕易悔約，不搞偷襲、顛覆、詐取、誘降等活動。司馬光高度讚賞歷史上恪遵與諸民族政權訂立盟約與諾言的王者賢人。例如周公「讓白雉」（周成王時，周公居攝六年，制禮作樂，天下和平，越裳以三象重譯而獻白雉，成王以歸周公，周公推辭），司馬光對此深表讚許，他引班固之論評論說：「大禹之序西戎，周公之讓白雉，太宗之卻走馬，義兼之矣！」〔註314〕又如其高度讚賞了「齊桓公不背曹沫之盟，晉文公不貪伐原之利，魏文侯不棄虞人之期」〔註315〕。再如其對魏孝文帝關於「人主患不能處心公平，推誠於物，能是二者，則胡、越之人皆可使如兄弟矣」〔註316〕的說法深表讚賞。對於唐文宗太和五年（831年）發生的著名的「牛李之爭」事件，司馬光亦是堅定地站在宰相牛僧孺一邊。對此事件，司馬光評論說：「德裕所言者利也，僧孺所言者義也，匹夫徇利而忘義猶恥之，況天子乎！」〔註317〕相反，司馬光堅決反對背信棄義，恃強棄信，對少數民族使用陰謀詭計的行為。對於這種行為，其不遺餘力地加以鞭撻。對「傅介子誘殺樓蘭王」歷

〔註310〕（宋）司馬光原著，資治通鑑・文白對照本（卷7）〔M〕，北京：中華書局，2009年，第236頁。

〔註311〕（宋）司馬光，論西夏劄子〔A〕，司馬溫公集編年箋4〔M〕，成都：巴蜀書社，2009年，第332頁。

〔註312〕（宋）司馬光原著，資治通鑑・文白對照本（卷7）〔M〕，北京：中華書局，2009年，第236頁。

〔註313〕同上。

〔註314〕（宋）司馬光原著，資治通鑑・文白對照本（卷43）〔M〕，北京：中華書局，2009年，第1700頁。

〔註315〕（宋）司馬光原著，資治通鑑・文白對照本（卷2）〔M〕，北京：中華書局，2009年，第44頁。

〔註316〕（宋）司馬光原著，資治通鑑・文白對照本（卷142）〔M〕，北京：中華書局，2009年，第5906頁。

〔註317〕（宋）司馬光原著，資治通鑑・文白對照本（卷247）〔M〕，北京：中華書局，2009年，第10480頁。

史事件，司馬光評論：「王者之於戎狄，叛則討之，服則舍之。今樓蘭王既服其罪，又從而誅之，後有叛者，不可得而懷矣。必以爲有罪而討之，則宜陳師鞠旅，明致其罰。今乃遣使者誘以金幣而殺之，後有奉使諸國者，復可信乎！且以大漢之強而爲盜賊之謀於蠻夷，不亦可羞哉！論者或美介子以爲奇功，過矣！」〔註318〕對「唐太宗絕薛延陀之婚」歷史事件，司馬光評論：「孔子稱去食、去兵，不可去信。唐太宗審知薛延陀不可妻，則初勿許其婚可也；既許之矣，乃復恃強棄信而絕之，雖滅薛延陀，猶可羞也。王者發言出令，可不慎哉！」〔註319〕司馬光認爲即便這樣做能滅掉薛延陀，也非常不光彩。對「唐玄宗不能以威信服四夷」歷史事件，司馬光評論說：「王者所以服四夷，威信而已。門藝以忠獲罪，自歸天子，天子當察其枉直，賞門藝而罰武藝，爲政之體也。縱不能討，猶當正以門藝之無罪告之。今明皇威不能服武藝，恩不能庇門藝，顧效小人爲欺詐之語以取困於小國，乃罪鴻臚之漏泄，不亦可羞哉！」〔註320〕

從其對以上歷史事件的評論中可知，在司馬光的華夷思想中，信的原則遠遠高於利的原則。基於此，司馬光對北宋王朝處理西夏問題上的反覆無常、畏強欺弱的態度，十分不滿。宋神宗治平四年（1067 年），司馬光上疏《橫山疏》，極力反對宋神宗命令陝西邊臣欲招納諒柞部將輕泥㘈側，欲以橫山之眾攻取諒柞的做法。司馬光認爲這些舉措不僅害多難有功，並且將失信於天下，見輕於夷狄。他說：「夫布衣不守信義，猶見輕於鄉黨，況王者臨御四夷，當叛則威之，服則懷之，使信義之明，皎如日月。若外域幸而臣服，無故擾之；及其背誕，則從而嫗煦之；得其臣服，又從而擾之，其於信義威懷何如哉！」〔註321〕

司馬光倡導以德化夷，反對動武征伐少數民族政權。這一點被後來很多思想家評定爲保守、懦弱、膽小，缺乏民族氣概。尤其是在是否歸還西夏堡砦的爭論之中，司馬光又極力上言：「此邊鄙安危之機，不可不察。靈夏之役，

〔註318〕（宋）司馬光原著，資治通鑑·文白對照本（卷 23）〔M〕，北京：中華書局，2009 年，第 904 頁。

〔註319〕（宋）司馬光原著，資治通鑑·文白對照本（卷 197）〔M〕，北京：中華書局，2009 年，第 8192 頁。

〔註320〕（宋）司馬光原著，資治通鑑·文白對照本（卷 213）〔M〕，北京：中華書局，2009 年，第 8938 頁。

〔註321〕（宋）司馬光，論召陝西邊臣箚子〔A〕，司馬溫公集編年箋 4〔M〕，成都：巴蜀書社，2009 年，第 1 頁。

本由我起，新開數砦，皆是彼田，今既許其內附，豈宜斬而不與？……惜此無用之地，使兵連不解，爲國家之優」〔註322〕，主張歸還蘭州、米脂、葭蘆等堡砦給西夏政權。這更是被後人所詬病，被評定爲投降主義、賣國賊。其實如此評價，對於司馬光來說，是非常不公正、不公平的。

司馬光非常重視歷史上的民族鬥爭和人民抗戰事件，對頑強抵抗他族政權侵略的歷史事件，讚賞有加，往往對這些事件濃筆大書，如實記述。如其記載漢武帝抵抗匈奴入侵、唐太宗抵禦突厥等族入侵等事迹正是如此。相應地，對於委曲求全，甚至賣國求榮的歷史事件，司馬光給予了無情的揭露與鞭撻。如對楚襄王忍父仇，迫於秦國的戰爭威脅，與秦恢復和親，迎婦於秦一事，進行了斥責：「甚哉！……楚之不競也，忍其父而婚其仇！嗚呼，楚之君誠其道，臣誠得其人，秦雖強，烏得陵之哉！」〔註323〕同樣，司馬光大力提倡民族氣節。他在《通鑑》中高度讚揚了蘇武身陷匈奴，不顧生死，不「屈節辱命」的「蘇武節」。此外，司馬光說：「臣聞王者之於戎狄，或懷之以德，或震之以威。」〔註324〕從此觀之，雖然司馬光處理民族關係的主導原則是交鄰以信，懷柔四夷，力求和平，主張慎戰，但是也並沒有完全放棄使用武力。如果夷狄侵犯中國，或發動叛亂，就應該興師征討。司馬光強調這一點，是維護華夏尊嚴的表現。

司馬光的「交鄰以信、華夷兩安」的民族睦鄰友好思想，主張華夷共生共存，和睦相處，彼此誠信相待，其實質就是其「禮」學思想在民族問題上的延伸。這是對儒家「德化」思想，明義守信思想，華夷友好和睦思想的繼承與發展。然而，由於歷史條件的限制，司馬光之民族關係準則存在諸多片面之處，主要體現以下幾個方面。其一，司馬光認識不到「各民族之間的相互關係取決於每一個民族的生產力、分工和內部交往的發展程度」〔註325〕，

〔註322〕（元）脫脫等撰，宋史（卷486）〔M〕，北京：中華書局，2000年，第14015頁。
〔註323〕（宋）司馬光原著，資治通鑑·文白對照本（卷4）〔M〕，北京：中華書局，2009年，第112頁。
〔註324〕（宋）司馬光，橫山疏〔A〕，司馬溫公集編年箋3〔M〕，成都：巴蜀書社，2009年，第512頁。
〔註325〕（德）馬克思，（德）恩格斯著，中共中央馬克思恩格斯列寧斯大林著作編譯局編譯，馬克思恩格斯選集 第1卷〔M〕，北京：人民出版社，1995年，第68頁。

反而認爲民族間戰爭之源僅是「積怨憤之氣，逞兇悖之心」〔註326〕，主張以德化夷，交鄰以信。民族關係格局影響因素很多，其中雙方政治、經濟、軍事等綜合實力起著主導作用，因此，德化無法從根本上解決民族矛盾。其二，司馬光的「德化」政策幾乎是處理民族關係的萬能法寶。他說：「雖禽獸木石，亦將感動，況其人類」，認爲「夷狄被恩蒙德，會鼓舞忭蹈，世世臣服」〔註327〕。司馬光認識不到禮儀和道德約束阻擋不了政治經濟發展的趨勢和潮流，同時，習俗、信仰的不同，也會導致各民族處理民族事務的方式出現較大的差異。因此，把簡單的個體間的情感交流模式套用到政治規律上，單方面地強調寬容和德化，不免有些一廂情願，迂腐可笑。其三，司馬光在民族關係準則的理論運用上，出現過教條主義、形而上學的錯誤。從其對「牛李之爭」的評價，可以窺見一斑。王夫之在《讀通鑑》評論道：「牛、李維州之辨，申牛以詘李者，始於司馬溫公。公之爲此說也，懲熙、豐之執政用兵生事，敝中國而啓邊釁，故崇獎處鐵之說，以戒時君。夫古今異時，強弱異勢，戰守異宜，利害異趣，據一時之可否，定千秋之是非，此立言之大病，而溫公以之矣。」〔註328〕王夫之用史實批駁了司馬光不顧歷史具體條件，而借今論古的形而上學的錯誤對於封建史家司馬光思想觀點中存在的歷史局限性，我們應該在深刻反思的基礎上應該予以理解，而不是苟求。

我們在分析司馬光的華夷思想之時，要堅持歷史唯物主義和辯證唯物主義的態度，在找出其不足之處的同時，更要關注其理論的閃光點。我們在司馬光「交鄰以信，華夷兩安」的民族交往準則中，可以明顯感覺到司馬光對於北宋王朝現實問題和百姓疾苦的關注與關懷。他對北宋王朝積貧積弱的國情有著深刻的認識，對北宋軍隊不堪一擊的戰鬥力有著明確的瞭解。他非常清楚，雖然每年對於少數民族的納貢對北宋王朝來說，是一筆不小的負擔。但是他更明白，如果發動戰爭，北宋王朝所要耗費的人力、物力、財力將會成倍增加。本來就已經生活窘迫的黎民百姓，其生活只會更加困苦。司馬光華夷思想折射出儒家德政主義思想，體現了華夏農耕民族以和爲貴的民族性格特點，代表了傳統華夷觀的主流。司馬光華夷思想較爲全面，很少出現顧

〔註326〕（宋）司馬光，論西夏箚子〔A〕，司馬溫公集編年箋 4〔M〕，成都：巴蜀書社，2009 年，第 235 頁。

〔註327〕同上，第 234 頁。

〔註328〕（清）王夫之著，伊力主編，資治通鑑之通鑑·文白對照全譯《讀通鑑論》上（卷 26）。鄭州：中州古籍出版社，1994 年，第 1248 頁。

此失彼的現象。如他力主「懷柔優於征伐」，但並不反對征伐四夷。故而，我們可以說司馬光「交鄰以信，華夷兩安」的民族關係準則是中國民族關係和國際關係思想史中的寶貴財富。

第四章　司馬光經濟倫理思想

　　北宋王朝是中國封建社會發展的一個輝煌時期。中國最早的商品經濟的出現和資本主義生產方式的萌芽就發生在北宋時期。然而，北宋中期，國家財政開始發生危機，情況不容樂觀。在前文已經詳細談到，困擾北宋王朝的突出問題是冗兵、冗官、冗費問題。北宋冗兵數十萬而不能禦敵，但養兵費卻約占財政支出的十分之八，而且不能禦敵導致北宋每年要付給遼、西夏鉅額歲幣。北宋冗官滿朝，形成「紆朱滿路、襲紫成林，州縣之地不廣於前，而官五倍於舊」〔註1〕的疊床架屋的官僚機構現象。龐大的官俸、政費及王室的奢靡揮霍，導致政府財政支出很大，入不敷出。仁宗時期，入不敷出已經達到三百萬緡以上。到英宗治平二年（1065年），歲入一億一千六百十三萬八千四百五十貫，但該年朝廷財政支出爲一億二千零三十四萬三千一百七十四貫；非常支出有一千一百五十二萬一千二百七十八貫，收支相抵虧短一千五百多萬貫〔註2〕。神宗時期形式更加嚴峻。積弱積貧的時勢，促使憂國憂民的官僚士大夫們紛紛上疏朝廷，陳述他們改革時弊的救世良方。司馬光就是其中最爲積極的一位之一，其站在史學家的角度，以歷史的長遠眼光出發，針對當時朝廷的財政困境，提出了很多「富民保國」的經濟倫理思想。司馬光的經濟倫理思想比較零散，缺乏系統性，夾雜於其政論文、史論文、詩文、筆記等之中。司馬光的《論財利疏》集中體現了他的經濟倫理思想。另外其

〔註1〕　（宋）趙汝愚，宋朝諸臣奏議・下（卷101）〔M〕，上海：上海古籍出版社，1999年，第1084頁。

〔註2〕　（元）脫脫等撰，宋史（卷179）〔M〕，北京：中華書局，2000年，第4353頁。

《荒政箚子》、《勸農箚子》、《蓄積箚子》、《錢糧箚子》、《節用箚子》、《論錢穀宜歸一箚子》等奏疏也包含了其財政經濟方面的主張。

第一節　治財理念

在繼承儒家傳統義利觀的基礎上，司馬光提出了「利以制事，義以制利」的理財原則，其主張理財需兼顧國家與百姓的利益，並把理財的目標定位為「藏富於民」。

一、利以制事，義以制利

關於司馬光思想的研究中，很多學者依據司馬光在反對王安石熙寧變法之時，提出「善理財之人，不過頭會箕斂，以盡民財。如此，則百姓困窮，流離為盜，豈國家之利耶？」〔註3〕就給司馬光扣上頑固守舊，只講道義，不重功利的帽子。司馬光將王安石變法理解為搜刮、聚斂民財之行為固然有失偏頗，但若因為其反對王安石變法就將其劃入只講道義、不重功利的思想家陣營，同樣是不公允，不符合客觀事實的。正如錢穆先生所說：「荊公新法重理財，論史者遂疑溫公論政不重理財，其實非也」〔註4〕。作為一名務實的政治家和明於治亂的歷史學家，司馬光深深懂得功利對於維護封建國家統治的重要性。其《論財利疏》一文，洋洋灑灑五千多字，專談財利，是非常寶貴的古代經濟文獻。司馬光建議把「善治財富、公私俱便」〔註5〕列為十科舉士中的一科，在古代史上是獨一無二的創舉。另外，司馬光屢次上疏進言，強調「食貨為先」〔註6〕乃「生民之大本，為政之首務也」〔註7〕。諸如此類，不勝枚舉。由此可見，司馬光對財政、經濟問題的重視絕對不亞於王安石。

〔註3〕 （宋）司馬光，八月十一日邇英奏對問河北災變〔A〕，司馬溫公集編年箋注3〔M〕，成都：巴蜀書社，2009年，第547頁。

〔註4〕 韓復智著，錢穆先生學術年譜第2冊〔M〕，北京：編譯館，2005年，第1097頁。

〔註5〕 陳文新主編，中國文學編年史　宋遼金卷，上〔M〕，長沙：湖南人民出版社，2006年，第127頁。

〔註6〕 （宋）司馬光，論錢穀宜歸一箚子〔A〕，司馬溫公集編年箋注4〔M〕，成都：巴蜀書社，2009年，第253頁。

〔註7〕 （宋）司馬光，勸農箚子〔A〕，司馬溫公集編年箋注3〔M〕，成都：巴蜀書社 2009年，第111頁。

司馬光在《潛虛・行圖》中解釋「資」時說：「資，用也。何以臨人？曰位。何以聚民？曰財。有位無財，斯民不來。所以洪範八政，食貨爲先，天子四民，農商居半。」〔註 8〕深刻地論述了「財」、「用」對於當今之急務在於「隨材用人，使久於其任；務農通商，以蕃息財物；節省賜予，裁損浮費」〔註 9〕等理財方針。同時，司馬光還認爲「天生萬物，各有所食，苟不得其所食，則不能全其生。人爲萬物之靈，兼蔬穀酒肉而食之，乃其常性也」〔註 10〕。清醒地認識到生活資料即「生生之資，固人所不能無」〔註 11〕，因此，司馬光非常注重農民與工商業的基本生存權，維護百姓的正當利益，主張「以利悅小人」〔註 12〕，承認「彼商賈者，志於利」〔註 13〕是正當的行爲。所以說，司馬光對於「利」於國計民生的重要作用有著非常清醒的認識。在《潛虛・行圖・宜》中，司馬光說：「利以制事」〔註 14〕，在《易說・乾》中說：「利者義之和也，利物足以和義」〔註 15〕。通過這些精闢的語言，司馬光充分肯定了利的作用與重要性。

然而，司馬光在肯定利之作用與重要性的同時，也看到了利所帶來的負面效應。他說：「衣食貨賂，生養之具，爭怨之府」〔註 16〕，又說：「求利所以養生也，而民常以利喪其生」〔註 17〕。物質利益是人類生存的基礎與保障，卻也是挑起人類之間相互爭奪，相互怨恨，乃至相互殘殺的根源。在物質利益困乏的封建王朝，人們爲了生存，對於物質利益的欲望當然是非常強烈的。司馬光沒有認識到落後的社會生產力無法生產出滿足所有人日常生活所需要

〔註 8〕　（宋）司馬光，潛虛〔M〕，上海：商務印書館，中華民國 25 年，第 48 頁。
〔註 9〕　（宋）司馬光，乞施行制國用疏上殿箚子〔A〕，司馬溫公集編年箋注 3〔M〕，成都：巴蜀書社 2009 年，第 193 頁。
〔註 10〕　（宋）司馬光，答李大卿孝基書〔A〕，司馬溫公集編年箋注 5〔M〕，成都：巴蜀書社 2009 年，第 4 頁。
〔註 11〕宋濤主編，中華傳世家訓（上冊）〔M〕，北京：北京燕山出版社 2008 年，第 338 頁。
〔註 12〕　（宋）司馬光，乞聽宰臣等辭免郊賜箚子〔A〕，司馬溫公集編年箋注 3〔M〕，成都：巴蜀書社 2009 年，第 542 頁。
〔註 13〕　（宋）司馬光，論財利疏〔A〕，司馬溫公集編年箋注 3〔M〕，成都：巴蜀書社 2009 年，第 186 頁。
〔註 14〕　（宋）司馬光，潛虛〔M〕，上海：商務印書館，中華民國 25 年，第 34 頁。
〔註 15〕　（宋）司馬光，張載，溫公易說〔M〕，上海：上海古籍出版社：1989 年，第 6 頁。
〔註 16〕　（宋）司馬光，潛虛〔M〕，上海：商務印書館，中華民國 25 年，第 48 頁。
〔註 17〕　（宋）司馬光，道德眞經論〔M〕。

的物質資料是人們相互爭奪的最終根源，但卻也認識到了人性對物質利益的貪婪是造成「民常以利喪其生」這個嚴重社會現象的原因之一。故而，司馬光提出「爭怨之府，當以義治」〔註18〕。司馬光主張「利不苟取」〔註19〕，要求「義以制利」，認爲「利者，義之和也」。只有以「義」爲規範，在「義」的指導下去追求利益，才能最終獲利，否則「事失其宜，人喪其利」〔註20〕。可見，司馬光認爲「義」是人們追求物質利益的根本準繩，亦是人們追求物質利益的有效途徑。

司馬光「利以制事，義以制利」的思想承認並肯定了物質功利的合理性與重要性，並且爲物質利益的追求劃定了界限與尺度，這些對於我們今天處理好物質文明建設和精神文明建設的關係具有一定的借鑒意義。然而，作爲中國封建社會的官僚與思想家，司馬光的思想不可能不打上封建思想的烙印。他所提倡的「義」必然是封建社會所推崇的禮儀道德，他說：「夫民生有欲，喜進務得而不可厭者也。不以禮節之，則貪淫侈溢而無窮也。是故先王作爲禮以治之，使之尊卑有等，長幼有序，內外有別，親屬有序，然後上下各安其分而不覬覦之心，此先王制世御民之方也。」〔註21〕由此可見，司馬光明確主張並維護各階層之間的利益分配，從而維護封建統治的長治久安。這些封建糟粕思想，我們必須加以摒棄。

二、民爲國本，藏富於民

「民本」思想是關於民眾在國家中的地位及其受君主重視程度的思想。其發端於商周時代，勃興於春秋戰國時期，後來逐漸成爲傳統儒家學派的一條政治原則，成爲封建統治階級緩和社會階級矛盾、維護封建統治的一條重要政治舉措。何謂民本？《尚書·夏書·五子之歌》中說：「民惟邦本，本固邦寧。」意思是說：民眾是國家的根本，根本牢固國家才能安寧。後來很多開明的思想家認識到民眾生活穩定、豐衣足食是鞏固封建政權之基礎的道

〔註18〕 （宋）司馬光，潛虛〔M〕，上海：商務印書館，中華民國25年，第48頁。

〔註19〕 （宋）司馬光原著，資治通鑑·文白對照本（卷51）〔M〕，北京：中華書局，2009年，第2012頁。

〔註20〕 （宋）司馬光，張載，溫公易說〔M〕，上海：上海古籍出版社，1989年，第7頁。

〔註21〕 同上，第19頁。

理，故而提出了自己的民本思想。例如孔子說：「寬則得眾」〔註22〕，「因民之所利而利之」〔註23〕；孟子說：「民爲貴，社稷次之，君爲輕」〔註24〕；荀子說：「君者，舟也，庶人者，水也。水則載舟，水者覆舟」〔註25〕等。自幼熟讀經史子集，深受儒家思想薰陶的司馬光，在北宋階級矛盾尖銳、國家統治岌岌可危之際，很自然地就繼承了儒家傳統的民本思想，將其作爲獻給皇帝治民安邦的良策。

司馬光高度重視民眾對維護國家統治的作用。他說：「民者，國之堂基也。」〔註26〕「人君所以安榮者，莫大於得人心。」〔註27〕「自古立功之事，未有專欲違眾而能有濟者也。」〔註28〕顯然，司馬光認爲民乃國家之基石，得民心者得天下。如何才能得民心，進而得到老百姓的擁護呢？通過對司馬光的民本思想進行分析，我們可以得出以下認識。其一，以民爲本在思想上要高度重視黎明百姓的作用，做到愛民如子。司馬光說：「善爲政者，視民如子，見不仁者誅之。」〔註29〕「夫天子所以統治萬國，討其不服，撫其微弱，行其號令，壹其法度，敦明信義，以兼愛兆民者也。」〔註30〕其二，以民爲本在政治上要行仁政，順民心。司馬光說：「夫爲政在順民心。苟民心所欲者與之，所惡者去之，如決水於高原之上，以注川谷，無不行者。苟或不然，如逆阪走丸，雖竭力以進之，其復走而不可必也。」〔註31〕其三，以民爲本在經濟上要養百姓，利百姓，不與民爭利。司馬光說：「夫安國家，利百姓，仁

〔註22〕論語·陽貨〔M〕。

〔註23〕論語·堯曰〔M〕。

〔註24〕孟子·梁惠王上〔M〕。

〔註25〕荀子·哀公〔M〕。

〔註26〕（宋）司馬光，惜時〔A〕，司馬溫公集編年箋注3〔M〕，成都：巴蜀書社，2009年，第76頁。

〔註27〕（宋）司馬光，留呂誨等箚子〔A〕，司馬溫公集編年箋注3〔M〕，成都：巴蜀書社，2009年，第442頁。

〔註28〕（宋）司馬光，與王介甫書〔A〕，司馬溫公集編年箋注4〔M〕，成都：巴蜀書社，2009年，第561頁。

〔註29〕（宋）司馬光，再論王奎箚子〔A〕，司馬溫公集編年箋注3〔M〕，成都：巴蜀書社，2009年，第217頁。

〔註30〕（宋）司馬光原著，資治通鑑·文白對照本（卷295）〔M〕，北京：中華書局，2009年，第12496頁。

〔註31〕（宋）司馬光，乞去新法之病民傷國者疏〔A〕，司馬溫公文集（卷7）〔M〕，北京：中華書局，1985年，第182頁。

之實也。」〔註 32〕總的來說，就是統治者要把老百姓當作人來看待，關心百姓的生活疾苦。

「藏富於民」思想是司馬光民本思想在其經濟倫理思想上的集中體現。司馬光信奉儒家「百姓足，君孰與不足」〔註 33〕的理論，認為民是社稷的財富之源，國家之財，皆出之於民；君之所用，皆民之所供，民富是國富的基礎，百姓富有，君主自然也會富有，故而在社會財產分配之時，非常注重統治王朝與百姓之間的利益分配，主張「藏富於民」。他曾說「古之王者，藏之於民，降而不能，乃藏於倉廩府庫。故上不足則取之於下，下不足則資之於上，此上下所以相保也」〔註 34〕。只有藏富於民，國家才能上下相保。司馬光一針見血地指出了當時北宋所面臨的困境，他說：「今民既困矣，而倉廩府庫又虛，陛下倘不深以為憂，而早為之謀，臣恐國家異日之患，不在於他，在於財力屈竭而已矣。今朝廷不循其本而救其末，特置寬恤民力之官，分命使者，旁聽四出，爭言便宜，以變更舊制，米鹽靡密之事，皆非朝廷當預者。」〔註35〕多次上疏，向皇帝疾呼「阜天下之財以養天下之民」〔註36〕，「於天下錢穀，常留聖心」〔註37〕，「當今之切務，汲汲於富國安民」〔註38〕。

司馬光藏富於民的經濟倫理思想是對傳統儒家「下貧則上貧，下富則上富」〔註39〕思想的繼承，是其經濟倫理總的指導思想，他的其他經濟倫理思想都是在此指導思想的基礎上衍生發展出來的。建立在民為國本理論基礎之上的藏富於民的思想認識到了人民是社會財富的創造者，認識到了人民在社會財富分配中理所具有的獲得權力，對於我們在社會主義建設過程中，如何在人民和國家之間進行利益分配，具有一定的啟示作用。對人民利益的重視，

〔註32〕（宋）司馬光，務實〔A〕，司馬溫公文集（卷 3）〔M〕，北京：中華書局，1985 年，第 52 頁。

〔註33〕論語‧顏淵〔M〕。

〔註34〕（宋）司馬光，論財利疏〔A〕，司馬溫公集編年箋注 3〔M〕，成都：巴蜀書社，2009 年，第 176 頁。

〔註35〕同上。

〔註36〕（宋）司馬光原著，資治通鑑‧文白對照本（卷 233）〔M〕，北京：中華書局，2009 年，第 9812 頁。

〔註37〕（宋）司馬光，錢糧劄子〔A〕，司馬溫公集編年箋注 3〔M〕，成都：巴蜀書社，2009 年，第 395 頁。

〔註38〕（宋）司馬光，永昭陵寺劄子〔A〕，司馬溫公集編年箋注 3〔M〕，成都：巴蜀書社，2009 年，第 300 頁。

〔註39〕方孝博選注，荀子選〔M〕，北京：人民文學出版社，1958 年，第 59 頁。

有利於避免出現國富民窮的局面。然而，司馬光提出藏富於民思想的終極根源並不是真正爲了使人民富裕起來，而是爲了解決北宋王朝當時的財政危機，維護和鞏固北宋王朝的封建統治。故而，其必然不能逃脫階級的局限性，其保富論的提出就是最好的例證。司馬光說：「夫民之所以有貧富者，由其材性愚智不同。……是以富者常假貸貧民以自饒，而貧者常假貸富民以自存。雖苦樂不均，然猶彼此相資，以保其生也。」〔註40〕司馬光以其人性三等，且上智下愚不可移的人性論爲理論基礎，提出貧富的根源在於天生的「才性愚智」等先天品性，並認爲富者與貧者之間「彼此相資」，明確地爲高利貸者塗脂抹粉，突出地反映了其階級局限性。這種封建糟粕思想，我們必須毫不留情地加以批判和摒棄。當然，我們也應該看到司馬光的保富論思想只是其經濟倫理思想的末流，我們在加以批判的同時，不能全盤否定司馬光其他的經濟倫理思想。

第二節　生產倫理

　　生產是創造財富的過程，是理財的基礎。司馬光提出在「養其本原而徐取之」的原則下，「務農通商，以蓄息財務」，鼓勵各業發展以不斷增加社會財富。

一、養本徐取、涵養稅源

　　北宋中期以來，「三冗」現象嚴重，加上統治階級揮霍浪費，且「官中及民間皆不務蓄積」〔註41〕，導致國家倉廩竟無三年之儲，鄉間小民僅小有半年之糧，如若遇上天干水潦等自然災害，則必然公私匱乏，無以相救。針對北宋當時「入者日寡，出者日滋」〔註42〕的財政情況，司馬光提出了「養其本原而徐取之」的經濟倫理思想。他說：「善治財者，養其所自來，而收其所

〔註40〕　（宋）司馬光，乞罷條例司常平使疏〔A〕，司馬溫公集編年箋注4〔M〕，成都：巴蜀書社，2009年，第47頁。

〔註41〕　（宋）司馬光，蓄積箚子〔A〕，司馬溫公集編年箋注3〔M〕，成都：巴蜀書社，2009年，第352頁。

〔註42〕　（宋）司馬光，論財利疏〔A〕，司馬溫公集編年箋注3〔M〕，成都：巴蜀書社，2009年，第176頁。

有餘。故用之不竭，而上下交足也。不善治財者反此。」〔註43〕由此可見，司馬光理財方法的首選是養源開源，即將發展經濟作為增加國家財政收入的基礎與保障，主張不斷擴大物質財富的生產與財源的培養。那麼物質財富的增加與財源的培養又有哪些途徑呢？司馬光認為農工商都是「財之所自來」的部門，他說：「夫農工商賈者，財之所自來也。農盡力，則田善收而穀有餘矣；工盡巧，則器斯堅而用有餘矣；商賈流通，則有無交而貨有餘矣。」〔註44〕為了不斷增加國家財富，財源滾滾而來，養源還必須要求「養之有道」。怎樣才是「養之有道」？司馬光解釋說：「將取之，必予之；將斂之，必散之。」〔註45〕具體說來，包括兩個方面的內容。一方面是積極鼓勵勞動人民發展生產。他說：「令民能力田積穀者，皆不以家資之數」〔註46〕，從而使得百姓「敢營生計，則家給人足」〔註47〕。另一方面減輕勞動人民負擔。北宋中期，「二稅之數，視唐增至七倍。」〔註48〕「又況聚斂之臣，於租稅之外，巧取百端，以邀功賞」〔註49〕，加上徭役繁苛，「民被差役，如遭寇虜」〔註50〕，所以人民「常受飢寒」〔註51〕。故而養源開源就必須輕繇薄賦，反對加稅斂財，反對竭澤而漁。所以司馬光說：「所以養民者，不過輕租稅、薄賦斂、已逮責也」。〔註52〕一言以蔽之，「養之有道」就是保障農、工、商——這些社會物質財富的直接生產者享有最基本的生活條件，獲得最基本的物質生產條資料，能夠

〔註43〕（宋）司馬光，論財利疏〔A〕，司馬溫公集編年箋注3〔M〕，成都：巴蜀書社，2009年，第183頁。

〔註44〕同上。

〔註45〕（宋）司馬光，論財利疏〔A〕，司馬溫公集編年箋注3〔M〕，成都：巴蜀書社，2009年，第185頁。

〔註46〕（宋）司馬光，蓄積箚子〔A〕，司馬溫公集編年箋注3〔M〕，成都：巴蜀書社，2009年，第352頁。

〔註47〕（宋）司馬光，衙前箚子〔A〕，司馬溫公集編年箋注3〔M〕，成都：巴蜀書社，2009年，第510頁。

〔註48〕（元）脫脫等撰，宋史（卷173）〔M〕，北京：中華書局，2000年，第4170頁。

〔註49〕（宋）司馬光，乞省覽農民封事箚子〔A〕，司馬溫公集編年箋注4〔M〕，成都：巴蜀書社，2009年，第204頁。

〔註50〕啓功等主編，唐宋八大家全集 蘇轍集 上〔M〕北京：國際文化出版公司，1997年，第588頁。

〔註51〕（宋）司馬光，奏為不將米折青苗錢狀〔A〕，司馬溫公集編年箋注4〔M〕，成都：巴蜀書社，2009年，第99頁。

〔註52〕（宋）司馬光，與王介甫書〔A〕，司馬溫公集編年箋注4〔M〕，成都：巴蜀書社，2009年，第551頁。

各安其業。在司馬光看來，若「農、工、商賈皆樂其業而安其富，則公家何求而不獲乎？」〔註 53〕。

養源開源使得更多的物質財富被生產出來，但是這些物質財富被生產出來之後，並不是直接歸國家所有，並沒有直接裝入國庫之中，故而要豐盈國庫，補充中央財政，還必須從人民百姓之中將這些物質財富「取」過來。如何「取」呢？司馬光主張「徐取之」。何謂「徐取之」？取「其所有餘」也。司馬光說：「彼有餘而我取之，雖多不病矣」。對此，司馬光有一個形象的比喻：「夫伐薪者，刈其條枚，養其本根，則薪不絕矣。若並根本而伐之，其所得薪豈不多哉？後無繼矣。是非難知之道也。」〔註 54〕取民之財就比如伐木砍柴，砍去樹木枝條，來年還能再生，如若連根拔起，則就是一次性買賣，滿足了當前的需要卻斷了自己的後路。

養本徐取，如此「生財」方能形成「生生之資」〔註 55〕，使得財用不匱。反之，如若只顧眼前利益，殺雞取卵、竭澤而漁，就會「拾麻麥而喪丘山」〔註 56〕，因小而失大。

二、以農爲先、兼重工商

在以自給自足的小農經濟爲經濟基礎的中國封建社會裏，農業經濟對土地存在著天然的依附關係，土地成爲了人們安生立命之本。農民將土地視爲衣食父母，他們安土重遷、眷戀著自己的土地。正是由於農民受到土地天然的束縛，相比與商人與手工業者來說，農民的穩定性更強，更容易被統治。因此，重農抑商，「崇本抑末」一直被中國歷代封建王朝的統治者和政治家們視爲至理「金規」而奉行不悖。

對北宋王朝忠心耿耿的司馬光，爲了維護北宋世代基業，特別強調以農事爲先，極力主張把農業作爲天下之首務。司馬光提出：「食者，生民之本，爲政之首務也」〔註 57〕。「夫農天下之首務也」〔註 58〕、「農者，天下之本」〔註 59〕、

〔註 53〕（宋）司馬光，論財利疏〔A〕，司馬溫公集編年箋注 3〔M〕，成都：巴蜀書社，2009 年，第 184 頁。
〔註 54〕同上，第 185 頁。
〔註 55〕宗豪編，名人家訓經典〔M〕，深圳：海天出版社，2000 年，第 242 頁。
〔註 56〕（宋）司馬光，論財利疏〔A〕，司馬溫公集編年箋注 3〔M〕，成都：巴蜀書社，2009 年，第 183 頁。
〔註 57〕（宋）司馬光，勸農箚子〔A〕，司馬溫公集編年箋注 3〔M〕，成都：巴蜀書社，2009 年，第 111 頁。

「夫農蠶者，天下衣食之源」〔註60〕。充分肯定了農業在國民經濟中的首要地位。這是對儒家學派一貫提倡的「重農」、「重本」思想的繼承。

司馬光認為發展經濟，首先必須發展農業。只要「農盡力，則田善收而穀有餘矣」〔註61〕。如何才能使得「農盡力」呢？司馬光認為欲使農盡力，就要使「稼穡者饒樂，而惰遊者困苦」〔註62〕。由於早年曾長期在地方為官，司馬光對北宋下層百姓的痛苦生活有著較為深刻的認識。他指出：「彼農者苦身勞力，衣粗食糲，官之百賦出焉，百役歸焉。歲豐則賤貿其穀，以應官私之求，歲凶則流離凍餒，先眾人填溝壑。」〔註63〕於是致使農民不願耕種，出現了「農者不過二三，而浮食者常七八矣」〔註64〕的局面，「如此而望浮食之民轉而緣南畝，難矣」〔註65〕。

司馬光認為造成北宋農民生活困苦的原因主要有三個：其一，賦稅嚴苛。司馬光說：「使貧下之民，寒耕熱耘，竭盡心力，所收斛斗，於正稅之外，更以巧法，取之至盡，不問歲奉雖儉，常受飢寒。」〔註66〕「又況聚斂之臣，於租稅之外，巧取百端，以邀功賞」〔註67〕。官府逼稅：「州郡走符檄，縱橫恣鞭箠。閭閻浪愁苦，卒食半糠粃」〔註68〕。農民躲債：「靜夜偷舂避債家，比朋門外已如麻。筋皮力敝不入腹，未議縣官租稅足」〔註69〕。真正是苛政

〔註58〕 （宋）司馬光，論財利疏〔A〕，司馬溫公集編年箋注3〔M〕，成都：巴蜀書社，2009年，第184頁。

〔註59〕 （宋）司馬光，應詔言時政闕失〔A〕，司馬溫公集編年箋注4〔M〕，成都：巴蜀書社，2009年，第110頁。

〔註60〕 （宋）司馬光，乞省覽農民封事箚子〔A〕，司馬溫公集編年箋注3〔M〕，成都：巴蜀書社，2009年，第204頁。

〔註61〕 （宋）司馬光，論財利疏〔A〕，司馬溫公集編年箋注3〔M〕，成都：巴蜀書社，2009年，第183頁。

〔註62〕 同上。

〔註63〕 同上，第184頁。

〔註64〕 同上。

〔註65〕 同上。

〔註66〕 （宋）司馬光，奏為乞不將米折青苗錢狀〔A〕，司馬溫公集編年箋注4〔M〕，成都：巴蜀書社，2009年，第99頁。

〔註67〕 （宋）司馬光，乞省覽農民封事箚子〔A〕，司馬溫公集編年箋注3〔M〕，成都：巴蜀書社，2009年，第204頁。

〔註68〕 （宋）司馬光，送李汝臣同年謫官導江主簿〔A〕，司馬溫公集編年箋注1〔M〕，成都：巴蜀書社，2009年，第66頁。

〔註69〕 （宋）司馬光，道傍田家〔A〕，司馬溫公集編年箋注1〔M〕，成都：巴蜀書社，2009年，第65頁。

猛於虎也！其二，徭役繁重。宋代役法主要分為夫役和差役，前者主要是為國家運輸、營造、修河等役作；歷朝多有徵調，用兵之時，河水溢濫之時尤為深重。後者在原則上是按五等戶攤派，負責運送官物、催促賦稅，奔走驅使等事務。分為衙前、里正、戶長、承符、壯丁等名目。差役情況比較重要，也比較複雜。「民被差役，如遭寇虜。」對宋政府對外用兵，他提出：「邊事之興，生民之苦，由此而始也。」其三，水旱災荒頻繁。司馬光在一本奏章中描述道：「伏見陛下即位以來，災異甚眾。日有黑子，江淮之水或溢或涸，去夏霖雨，涉秋不止。京畿東南十有餘州，廬舍沈於深淵，浮苴樓於木末。老弱流離，捐瘠道路。妻兒之價，賤於犬豕。許、潁之間，親戚相食，積屍成丘……。」〔註70〕悲慘之狀，令人髮指！農民生活困苦，必然導致從事農業的人數減少。沒有足夠的農業生者從事農業生產，以農業為主導經濟的封建經濟必然無法發展，從而導致政府財政的減少乃至枯竭。是所謂「欲倉廩之實，其可得乎？」〔註71〕。

針對上文所討論的問題，憂國憂民的司馬光大聲疾呼：「國家所賴為根本者，莫若農民。農民者衣食之原，國家不可不先存恤也。」〔註72〕於是，他向朝廷建議了一系列鼓勵農民勤勉農事之「養農」主張。

其一，「勸農莫如重穀，積穀莫如平糴」〔註73〕。要充分調動農民從事生產的積極性，最直接的辦法就是提高農產品的價格，使農民能獲得更多的經濟利益。正如司馬光所認為的「農家所有，不過穀、帛與力」，〔註74〕「農民之役，不過出力，稅不過穀帛」〔註75〕，因而，為改變賦稅納錢所導致的「穀賤傷農」〔註76〕和「不事積蓄」的狀況，達到重穀和賑濟之目的，司馬光提

〔註70〕（宋）司馬光，上皇帝疏〔A〕，司馬溫公集編年箋注3〔M〕，成都：巴蜀書社，2009年，第412頁。
〔註71〕（宋）司馬光，論財利疏〔A〕，司馬溫公集編年箋注3〔M〕，成都：巴蜀書社，2009年，第184頁。
〔註72〕（宋）司馬光，三省咨目〔A〕，司馬溫公集編年箋注5〔M〕，成都：巴蜀書社，2009年，第96頁。
〔註73〕（宋）司馬光，勸農劄子〔A〕，司馬溫公集編年箋注3〔M〕，成都：巴蜀書社，2009年，第112頁。
〔註74〕（宋）司馬光，遺表〔A〕，司馬溫公集編年箋注5〔M〕，成都：巴蜀書社，2009年，第475頁。
〔註75〕（宋）司馬光，應詔言朝政闕失狀〔A〕，司馬溫公集編年箋注4〔M〕，成都：巴蜀書社，2009年，第110頁。
〔註76〕（宋）司馬光，乞趁時收糴常平斛斗白劄子〔A〕，司馬溫公集編年箋注4〔M〕，成都：巴蜀書社，2009年，第326頁。

出了「歲豐則官爲平糶，使穀有所歸；歲凶則先案籍賙贍農民，而後及浮食者」〔註77〕的主張。具體來說就是：「必謹視年之上下，故大熟則上糶三而捨一；中熟則糶二，下熟則糶一。使民適足，價平則止。……所以取有餘，補不足也。」〔註78〕由此觀之，平糶法運用了市場價格規律，根據市場上穀物的供需關係調節穀價，以達到「穀賤不傷農，穀貴不傷民，民賴其食，而官收其利」〔註79〕的目的。另外針對北宋頻繁出現的災荒，司馬光主張積極預防，注重積蓄。他說：「謀事於始，而慮患於微，是以用力不勞，而收功甚大。」〔註80〕主張實施常平倉法，「豐稔之處，委轉運司相度穀價賤者，廣謀收糶，價平即止」〔註81〕，以達到「物價常平，公私兩利」〔註82〕的效果。重穀物，興平糶，厚積蓄，重視糧價的保護與提高，有利於保護農民的經濟利益，進而有利於充分調動農民的種糧積極性，最終推動農業的發展。這些雖然都並不是的司馬光所開創，但對於解決當時北宋所面臨的財政問題和災荒問題，的確具有很大的積極意義。並且對於我國現在處理和解決三農問題，尤其是大批農民棄田打工、良田被大量拋荒的問題，具有重大的啓示作用。

其二、「其所以養民者，不過輕租稅、薄賦斂、已逮責也」〔註83〕。對於賦稅，司馬光說：「凡農民租稅之外，宜無有所預」〔註84〕，尤其是「米鹽靡密之事，皆非朝廷所當預者」〔註85〕，主張輕租薄賦，強烈反對朝廷和地方官員巧立名目的各種盤剝。對於徭役，主張「衙前當募人爲之，以優重相補，

〔註77〕（宋）司馬光，論財利疏〔A〕，司馬溫公集編年箋注3〔M〕，成都：巴蜀書社，2009年，第184頁。

〔註78〕（宋）司馬光，蓄積箚子〔A〕，司馬溫公集編年箋注3〔M〕，成都：巴蜀書社，2009年，第352頁。

〔註79〕（宋）司馬光，乞罷條例司常平使疏〔A〕，司馬溫公集編年箋注4〔M〕，成都：巴蜀書社，2009年，第48頁。

〔註80〕（宋）司馬光，北邊箚子〔A〕，司馬溫公集編年箋注3〔M〕，成都：巴蜀書社，2009年，第408頁。

〔註81〕（宋）司馬光，蓄積箚子〔A〕，司馬溫公集編年箋注3〔M〕，成都：巴蜀書社，2009年，第353頁。

〔註82〕（宋）司馬光，乞趁時收糶常平斛斗白箚子〔A〕，司馬溫公集編年箋注4〔M〕，成都年，第巴蜀書社，2009：353頁。

〔註83〕（宋）司馬光，與王介甫書〔A〕，司馬溫公集編年箋注4〔M〕，成都：巴蜀書社，2009年，第551頁。

〔註84〕（宋）司馬光，論財利疏〔A〕，司馬溫公集編年箋注3〔M〕，成都：巴蜀書社，2009年，第184頁。

〔註85〕同上，第176頁。

不足則以坊郭上戶爲之」,「其餘輕役,則以農民爲之」。〔註86〕尤其是對於北宋的募兵法,司馬光頗有微詞,其認爲:「古者兵出民間,民耕桑之所得,皆以衣食其家。故處則富足,出則精銳。今既賦斂農民之粟帛以贍正軍,又籍農民之身以爲兵,是一家獨任二家之事也。如此,民之財力,安得不屈?」〔註87〕所以,其更不贊成荒年招兵,認爲「且畎畝農民,止因一時飢饉,故流移就食,若將來奉稔,則各思復業。今既刺以爲兵,是使終身失業也」〔註88〕。正是因爲這種思想,司馬光反對王安石新法,認爲新法加重了百姓尤其是農民的負擔:「青苗則強散重斂,給陳納新;免疫則刻削窮民,收養浮食;保甲則勞於非業之作;保馬則困於無益之費。」〔註89〕薄賦稅,直接減輕了農民的經濟負擔;輕繇役,使得農民獲得了更多的時間,以免耽誤農時,同時也減輕了農民的身體負擔,有更多的精力投入到農作之中去。這兩項舉措對農業發展都具有重大的推動作用。尤其值得我們注意的是,司馬光創見性地提出以募役代替差役,即用花錢雇人做公役代替雇傭農民做公役,對於生產力來說,是一種解放,我們應該高度肯定這歷史上的一大進步。忽視司馬光的這種創建,把熙寧變法所推行的免役法當成王安石的個人功績,因司馬光後來反對免役法(由於免役法讓農民出錢),就給司馬光扣上守舊與頑固的帽子,既是對司馬光的冤枉,也是對歷史事實的無視。

　　其三、「積穀多者,不籍以爲家資之數」〔註90〕。北宋時期,由於按照家資劃分戶等,又按照戶等進行差役、征稅等。由於穀物算作家資,爲了逃避差役,少納賦稅,北宋時期出現了「今欲多種一桑,多置一牛,蓄二年之糧,藏十匹之帛,鄰里已目爲富室,指抉以爲衙前,況敢益田疇,葺廬舍乎?」〔註91〕的情況,這無疑會成爲農業發展的嚴重阻礙。於是,爲了鼓勵農民敢於從

〔註86〕 (宋)司馬光,論財利疏〔A〕,司馬溫公集編年箋注3〔M〕,成都:巴蜀書社,2009年,第184頁。

〔註87〕 (宋)司馬光,義勇第五劄子〔A〕,司馬溫公集編年箋注3〔M〕,成都:巴蜀書社,2009年,第374頁。

〔註88〕 (宋)司馬光,招軍劄子〔A〕,司馬溫公集編年箋注3〔M〕,成都:巴蜀書社,2009年,第393頁。

〔註89〕 (宋)司馬光,乞省覽農民封事劄子〔A〕,司馬溫公集編年箋注4〔M〕,成都:巴蜀書社,2009年,第204頁。

〔註90〕 (宋)司馬光,論財利疏〔A〕,司馬溫公集編年箋注3〔M〕,成都:巴蜀書社,2009年,第184頁。

〔註91〕 (宋)司馬光,衙前劄子〔A〕,司馬溫公集編年箋注3〔M〕,成都:巴蜀書社,2009年,第510頁。

事農業生產，敢於求富，司馬光提出了「積穀多者，不籍以爲家資之數」的主張，希望百姓「敢營生計，則家給人足」〔註92〕。這充分體現了其「百姓足，君孰與不足？百姓不足，君孰與足？」〔註93〕之藏富於民思想。

北宋時期，隨著生產力水平的逐步提高，我國出現了資本主義生產方式的萌芽，商品經濟出現並逐漸繁榮起來。工商業在增加國家財政，促進國民經濟發展中發揮著越來越重要的作用，故而，商人和商業的社會地位得到一定改善。在此社會背景之下，司馬光一方面仍肯定農業在國民經濟中的主體與主導地位，大力主張以農爲本，以農爲先；另一方面他也承認，「農工商賈者，財之所自來也」〔註94〕，養源開源，「重本」但不能「抑末」。

「工」被司馬光視爲不可或缺的生產部門。他說：「工盡巧，則器斯堅而用有餘矣」〔註95〕。如何才能使得「工盡巧」呢？他說：「堅好使用者獲利，浮僞侈靡者不售」〔註96〕，即發展日用品生產，抑制奢侈品生產，提高產品質量。對於民間手工業品，司馬光主張通過市場選擇，「貴用物而賤浮僞，則百工變而從之」〔註97〕。對於官府手工業品，其主張加強管理，「當擇人而監之。以工致爲上，華靡爲下，物勒工名，謹考其良苦而誅賞之。取其用，不取其數，則器用無不精矣」〔註98〕。由此可見，司馬光在手工業上的著眼點是產品的使用價值和產品質量。這有利於抑制奢侈產品的生產，從而減少財富的浪費。

「商」亦被司馬光視爲不可或缺的生產部門。他說：「商賈流通，則有無交而貨有餘矣。」〔註99〕如何才能實現「商賈流通」呢？司馬光認識到「商賈者，志於利而已矣」，「彼無利則棄業而從他」〔註100〕的本質，於是提出對待商賈，應該採取「將取之，必予之；將斂之，必散之」〔註101〕的策略，主

〔註92〕（宋）司馬光，衙前劄子〔A〕，司馬溫公集編年箋注3〔M〕，成都：巴蜀書社，2009年，第510頁。
〔註93〕論語‧顏淵〔M〕。
〔註94〕（宋）司馬光，論財利疏〔A〕，司馬溫公集編年箋注3〔M〕，成都：巴蜀書社，2009年，第183頁。
〔註95〕同上。
〔註96〕同上。
〔註97〕同上，第185頁。
〔註98〕同上。
〔註99〕同上，第183頁。
〔註100〕同上，第185頁。
〔註101〕同上。

張「公家之利，捨其細而取其大。散諸近而收諸遠，則商賈流通矣」〔註102〕。也就是說，政府不應該全部壟斷商業利益，而應給商人分一杯羹，以利益刺激商人，從而推動商業的繁榮發展。故而，司馬光非常反對王安石推行的均輸、市易等法。他說：「置市易司，強市権取，坐列販賣，增商稅色件及菓果，而商賈始貧困矣」。〔註103〕因此要「除市易，絕稱貸，以惠工商」〔註104〕。同時，司馬光主張開放邊貿市場。他說：「邊民與西人交易爲日積久，習玩爲常，一旦禁之，其事甚難。」〔註105〕司馬光雖然沒有完全擺脫傳統的觀念，依然稱商賈爲「末作之人」〔註106〕，稱商業爲「奇邪之業」〔註107〕，但其對商業作爲國民經濟中一個重要生產部門的認可與重視，與傳統的「抑末」觀念已經有了性質的區別，這在當時是具有進步意義的。另外，司馬光對商人求利之本質認識非常清楚，並以此爲據，提出反政府壟斷，主張政府不要統得過死，用經濟利益刺激商業的發展，其道理是非常明顯的。

司馬光「養其本源以徐取之」的經濟倫理思想，體現了其對社會生產和分工的明確認識。司馬光認識到，農工商賈都是國家經濟系統中的重要生產部門，都可以爲國家提供財政收入，其中農業爲「首務」，其次爲「工」，再次爲「商」。司馬光以農爲本，兼重工商的思想超越了傳統重農輕商的思想，在當時是非常先進的！司馬光「養其本原而徐取之」的經濟倫理思想，對以小農經濟爲主的封建生產力是一種保護，雖然其中例如輕租稅、薄賦斂等舉措並沒得到實現，但其充分體現了司馬光對下層人民的關心與同情，也在一定程度上緩和了階級矛盾，促進了社會的安定和經濟的發展。

〔註102〕（宋）司馬光，論財利疏〔A〕，司馬溫公集編年箋注3〔M〕，成都：巴蜀書社，2009年，第183～184頁。

〔註103〕（宋）司馬光，草弊箚子〔A〕，司馬溫公集編年箋注4〔M〕，成都：巴蜀書社，2009年，第215頁。

〔註104〕（宋）司馬光，遺表〔A〕，司馬溫公集編年箋注4〔M〕，成都：巴蜀書社，2009年，第477頁。

〔註105〕（宋）司馬光，論西夏箚子〔A〕，司馬溫公集編年箋注4〔M〕，成都：巴蜀書社，2009年，第235頁。

〔註106〕（宋）司馬光，勸農箚子〔A〕，司馬溫公集編年箋注3〔M〕，成都：巴蜀書社，2009年，第112頁。

〔註107〕（宋）司馬光，故處士贈尚書都官郎中司馬君行狀〔A〕，司馬溫公集編年箋注5〔M〕，成都：巴蜀書社，2009年，第497頁。

第三節　消費倫理

司馬光認識到「祖宗之積，窮於賜予，困於浮費」〔註108〕的道理，指出「用度太奢，賞賜不節，宗室繁多，官職冗濫，軍旅不精」〔註109〕等「浮冗」現象是造成北宋日益嚴重的財政危機的重要原因。他對這些現象逐一進行了揭露與批判。其一，揭露封建最高統治層奢侈揮霍造成的浮費。痛切地指出：「左右侍御之人，宗戚貴臣之家，第宅園圃，服食器用，往往窮天下之珍怪，極一時之鮮明，惟意所欲，無復分限，以豪華相尚，以儉陋相訾，厭常而好新，月異而歲殊。」〔註110〕皇帝對貴戚大臣，「賞賚之費，動以萬計，耗散府庫，調斂細民」〔註111〕。廣建佛寺道觀，「以費國財」〔註112〕。其二，揭露當時社會奢靡風氣造成的浮費。痛切地指出：「今人見之，皆以為鄙陋而笑之矣。夫天地之產有常，而人類日繁，耕者浸寡，而游手日眾；嗜欲無極，而風俗日奢。」〔註113〕其三，揭露官吏玩忽職守，朋比為奸造成的浮費。痛切地指出：「國家比來政令寬弛，百職墮廢。在上者簡倨而不加省察，在下者侵盜而恣為奸利。是以每有營造貿買，其所費財物十倍於前，而所收功利曾不一二。」〔註114〕其四，揭露冗官造成的浮費。痛切地指出：「國家用磨勘之法，滿歲則遷。日滋月溢，無復限極。是以一官至數百人，則俸祿有增而無損矣。」〔註115〕其五，揭露冗兵造成的浮費。痛切地指出：「近歲養兵，務多不務精。夫兵多而不精，則力用寡而衣糧費，衣糧費則府庫耗。」〔註116〕

司馬光認為，在財政收入未能獲得實質性突破之前，消費必需節制，支

〔註108〕（宋）司馬光，論財利疏〔A〕，司馬溫公集編年箋注3〔M〕，成都：巴蜀書社，2009年，第186頁。

〔註109〕（宋）司馬光，辭免裁減國用箚子〔A〕，司馬溫公集編年箋注3〔M〕，成都：巴蜀書社，2009年，第537頁。

〔註110〕（宋）司馬光，論財利疏〔A〕，司馬溫公集編年箋注3〔M〕，成都：巴蜀書社，2009年，第186頁。

〔註111〕（宋）司馬光，與楊畋論燕飲狀〔A〕，司馬溫公集編年箋注3〔M〕，成都：巴蜀書社，2009年，第103頁。

〔註112〕（宋）司馬光，感恩塔箚子〔A〕，司馬溫公集編年箋注3〔M〕，成都：巴蜀書社，2009年，第320頁。

〔註113〕（宋）司馬光，論財利疏〔A〕，司馬溫公集編年箋注3〔M〕，成都：巴蜀書社，2009年，第189頁。

〔註114〕同上。

〔註115〕同上。

〔註116〕同上。

出必須與收入持平，做到量入爲出。故而，面對以上幾類「浮費」，司馬光感歎：「欲財力之無屈，得乎哉？」〔註117〕。若消費遠遠超過生產，則肯定造成財政貧困。於是，他認爲：「減節用度，則租稅自輕，徭役自少，逋負自寬，科率自止」〔註118〕，提出「多求不如省費」〔註119〕的思想，主張量入爲出，省官節用，通過控制消費來解決北宋的財政困難。

一、節用之道，自貴近始

司馬光對人們「崇上媚上」的心理認識得非常清楚。他說：「宮掖者，風俗之原也；貴近者，眾庶之法也。故宮掖之所尚，則外必爲之；貴近之所好，則下必傚之，自然之勢也。」〔註120〕「時俗者，以在上之人爲心者也。在上好樸素而惡淫侈，則時俗變而從之矣。」〔註121〕以此爲據，加上又考慮到「裁損諸費，不先於貴者、近者，則疏遠之人，安肯甘心而無怨乎」〔註122〕的情況，司馬光提出了「節用之道，必自近始」〔註124〕的主張，認爲「凡宣佈惠澤，則宜以在下爲先；撙節用度，則宜以在上爲始」〔註125〕。

司馬光告誡統治者：「夫府庫者，聚天下之財以爲民也，非以奉一人之私也」〔註126〕，並且「夫宴安怠惰，肇荒淫之基；奇巧珍玩，發奢泰之端」〔註

〔註117〕（宋）司馬光，論財利疏〔A〕，司馬溫公集編年箋注3〔M〕，成都：巴蜀書社，2009年，第189頁。

〔註118〕（宋）司馬光，諫西征疏〔A〕，司馬溫公集編年箋注4〔M〕，成都：巴蜀書社，2009年，第84頁。

〔註119〕（宋）司馬光，招軍箚子〔A〕，司馬溫公集編年箋注3〔M〕，成都：巴蜀書社，2009年，第393頁。

〔註120〕（宋）司馬光，論財利疏〔A〕，司馬溫公集編年箋注3〔M〕，成都：巴蜀書社，2009年，第188頁。

〔註121〕同上，第185頁。

〔註122〕（宋）司馬光，乞聽宰臣等辭免郊賜箚子〔A〕，司馬溫公集編年箋注3〔M〕，成都：巴蜀書社，2009年，第542頁。

〔註124〕（宋）司馬光，節用箚子〔A〕，司馬溫公集編年箋注3〔M〕，成都：巴蜀書社，2009年，第422頁。

〔註125〕（宋）司馬光，乞聽宰臣等辭免郊賜箚子〔A〕，司馬溫公集編年箋注3〔M〕，成都：巴蜀書社，2009年，第542頁。

〔註126〕（宋）司馬光，論財利疏〔A〕，司馬溫公集編年箋注3〔M〕，成都：巴蜀書社，2009年，第187頁。

〔註127〕（宋）司馬光，重微〔A〕，司馬溫公集編年箋注3〔M〕，成都：巴蜀書社，2009年，第82頁。

127〕。指出：「賜予之例，因茲浸廣，府庫之積，日益減耗」〔註128〕。於是，司馬光積極進諫，建議統治者「專用樸素，以率先天下，矯正風俗」〔註129〕。鼓勵皇帝身體力行，奉行節儉，減損皇室家族的各種消費。他具體提出：「上自乘輿服御之物，下至親王、公主婚嫁之具，悉加裁損，務從儉薄，勿信主者以舊例為言。……罷後苑、文思院所造淫巧服玩，止諸處不急之役。」〔註130〕並且司馬光建議宰相任總計使，統理包括內庫在內的一切財政事務，在制度上管理皇帝的支出。另外，司馬光在其獻給北宋皇帝的《資治通鑑》中，對歷朝統治者屬行節約之行為大加讚賞，以鼓勵北宋皇帝學習傚仿；對歷朝統治者奢侈浪費之行為嚴加批判，以提醒北宋皇帝引以為戒。司馬光對消滅北齊統一北方的北周高祖宇文邑下詔撤毀北方所有壯麗殿堂，將「雕斲之物，並賜貧民」之行為讚不絕口。其讚歎道：「周高祖可謂善處勝矣！他人勝則益奢，高祖勝則愈儉」。〔註131〕司馬光對宋文帝有意識讓諸子受飢餓之苦、知節儉處世的做法非常賞識，他評論道：「侈興於有餘，儉生於不足。欲其隱約，莫若貧賤」〔註132〕。然而，對於西漢初年，蕭何修造宏偉壯麗的未央宮一事，司馬光卻是非常反對，他批判：「王者以仁義為麗，道德為威，未聞其以宮室填服天下也。天下未定，當克己節用以趨民之急；而顧以宮室為先，豈可謂之知所務哉！昔禹卑宮室而桀為傾宮，創業垂統之君，躬行節儉以示子孫，其末流猶入於淫靡，況示之以侈乎？乃云『無令後世有以加』，豈不謬哉！至於孝武，卒以宮室罷敝天下，未必不由贊侯啓之也」〔註133〕。可見，其認為統治者應當克己節用，急民所急，而不應當以宮室為先。這種倡導節儉自天子開始的思想得到很多思想家的認同，例如王夫之就說：「天子，化之原也；

〔註128〕（宋）司馬光，辭賜金第二箚子〔A〕，司馬溫公集編年箋注3〔M〕，成都：巴蜀書社，2009年，第502頁。

〔註129〕（宋）司馬光，論財利疏〔A〕，司馬溫公集編年箋注3〔M〕，成都：巴蜀書社，2009年，第189頁。

〔註130〕同上，第423頁。

〔註131〕（宋）司馬光原著，資治通鑑·文白對照本（卷173）〔M〕，北京：中華書局，2009年，第7178頁。

〔註132〕（宋）司馬光原著，資治通鑑·文白對照本（卷124）〔M〕，北京：中華書局，2009年，第5148頁。

〔註133〕（宋）司馬光原著，資治通鑑·文白對照本（卷110）〔M〕，北京：中華書局，2009年，第418頁。

大臣者，物之所效也」；「儉者，先自儉也」〔註134〕。司馬光勸誡北宋皇帝要身先士卒，厲行節儉可謂是語重心長、苦口婆心，其憂國憂民之拳拳之心怎不讓人動容！

二、革除時弊，減損三冗

　　20 世紀以來，許多學者認爲司馬光是守舊派和頑固派，其依據就是，司馬光力主「祖宗之法不可變」。然而，我們只要實事求是地分析司馬光語出此言的具體情境，就會消除這個誤解。《宋史・司馬光傳》記載：「安石得政，行新法，光逆疏其利害。邇英進讀，至曹參代蕭何事，帝曰：『漢常守蕭何之法不變，可乎？』對曰：『宋獨漢也，使三代之君常守禹、湯、文、武之法，雖至今存可也。漢武帝取高帝約束紛更，盜賊半天下；元帝改孝宣之政，漢業遂衰。由此言之，祖宗之法不可變也。』」〔註135〕由此可見，司馬光所言「祖宗之法不可變」之法，指代的是祖宗之善法，即古代聖王使得國家安定、人民富強、風俗淳厚的統治方法。司馬光又說：「故變法者，變以從是也，舊法非則變之，是則不變也」。其認爲對傳統制度需保持繼承與革新相結合的態度，對歷史當下還有利的要保留，反之則應予以淘汰。司馬光的這種穩健改良的治國方法是深受《周易》變易觀與《中庸》中和思想影響的結果。其在《法言集注》中關於革新有一段精彩的論述：「前人所爲，是則因之，否則變之，無常道。《太玄》曰：夫道，有因有循，有革有化。因而循之，與道神之；革而化之，與時宜之。故因而能革，天道乃得；革而能因，天下乃馴。夫物不因不生，不革不成。故知因而不知革，物失其則；知革而不知因，物失其均。革之匪時，物失其基；因之匪理，物喪其紀。因革乎因革，國家之矩範。矩範之動，成敗之效也」〔註136〕。由此看來，司馬光並非對任何改革都持反對態度。相反，對那些損害人民利益，驅民於水火的弊政，司馬光大聲疾呼應予以根除，對於三冗現象更是如此。

　　對於冗官，司馬光認識到這是北宋的痛疾。根據造成冗官現象的不同原

〔註134〕　（清）王夫之著，伊力主編，資治通鑑之通鑑文白對照全譯《讀通鑑論》上〔M〕，鄭州：中州古籍出版社，1994 年，第 538 頁。

〔註135〕　（元）脫脫等撰，宋史（卷 336）〔M〕，北京：中華書局，2000 年，第 10764 頁。

〔註136〕汪榮寶撰，陳仲夫點校，法言義疏〔M〕，北京：中華書局，1987 年，第 125 頁。

因，司馬光提出了不同的革弊措施：其一，司馬光認為朝廷官職易得、賞賜太濫是造成北宋冗官現象的最大原因，其提出：「近來國家官爵易得，恩賞太頻。柱石之臣當戮力同心，共救此弊」〔註137〕，建議統治者「開導聖聰，以懲革斯弊」〔註138〕，「減省諸色奏蔭之數」〔註139〕，減少無故授官的人數。例如，對於朝廷對諸路轉運使、提點刑獄、知州軍等進賀表授官，不問官職高下、親屬遠近，一律推恩至班行、幕職、權知州軍的推恩做法，司馬光就指出：「此蓋國初承五代姑息藩鎮之弊，後來人因循不能革正。」建議統治者其五服外親及不繫親屬者，「並量賜金帛罷去，庶幾少救濫官之失」〔註140〕。即在進表人五服內親屬中，按等第授一官，其他則量賜金帛，以減少無故授官人數。其二，司馬光認為官、職、差遣分離是造成北宋冗官現象的另一原因，其指出：「官爵混淆，品秩紊亂，名實不副，員數濫溢」〔註141〕，故其建議朝廷在舊官九品之外，另外再分別職任差遣，制定十二等級的官員陞遷制度。以現在的人數為定員，有缺則補，不可隨意增加官員名額。總的來說，就是要從各方面減少官員的人數，以減少官員的整體俸祿，同時減少對官員的賞賜，這樣減少國家財政在政治體制上的花費。

對於冗兵，司馬光認識到冗兵愈眾，國力愈貧。北宋政府大量的軍隊，耗費了國家大部分財政收入。對此，司馬光提出：「養兵之術，務精不務多也。」〔註142〕主張整軍裁員，淘汰老弱。兵少而精，則軍服糧餉易為供應，財政負擔輕，政府和百姓財力充足，士兵以一當十，遇敵必能取勝。司馬光認為，古代兵出民間，農民就是軍人，沒有戰事時在家耕種，自食其力，不耗費國家錢財，所以家家富足。

司馬光全盤否定募兵制度，主張恢復三代時期的寓兵於民的制度是不符

〔註137〕 （宋）司馬光，兩府遷官箚子〔A〕，司馬溫公集編年箋注3〔M〕，成都：巴蜀書社，2009年，第318頁。
〔註138〕 （宋）司馬光，乞罷近臣恩命上殿箚子〔A〕，司馬溫公集編年箋注3〔M〕，成都：巴蜀書社，2009年，第324頁。
〔註139〕 （宋）李燾，續資治通鑑長編第11～20冊（卷199）〔M〕，北京：中華書局，1985年，第4822頁。
〔註140〕 （清）畢沅，續資治通鑑（卷61）〔M〕，長沙：嶽麓書社，1992年，第802頁。
〔註141〕 （宋）司馬光，十二等分職任差遣箚子〔A〕，司馬溫公集編年箋注3〔M〕，成都：巴蜀書社，2009年，第93頁。
〔註142〕 （宋）司馬光，揀兵〔A〕，司馬溫公集編年箋注3〔M〕，成都：巴蜀書社，2009年，第56頁。

合社會發展規律的，正如王夫之所分析：「農民方務耕桑、保婦子，乃輟其田廬之計，奔命於原野；斬其醇謹之良，相習於競悍；虔劉之，燴亂之，民之憔悴，亦大可傷矣！」〔註143〕農民善於耕種稼穡，對於作戰打仗，則毫不精通，如若寓兵於民，一則農民苦不堪言，二則軍隊的戰鬥力不堪一擊。其功效遠不如「農出粟以養兵，兵用命以衛農，故分途而各靖」，則「農可安農，兵可安兵」〔註144〕。然而，司馬光主張縮小軍隊規模，減少士兵人數，反對任意征兵擴軍，主張廢除刺義勇和保甲法，卻是在理的。減少軍隊人數不僅可以直接減少軍隊的花費，而且有利於增加從事經濟生產，尤其是農業生產的人數，從側面也能促進國家經濟的增長。

　　對於冗費，司馬光提出：「命有司考求在外凡百浮費之事，皆一切除去」〔註145〕，以實現「減省大費，安慰眾心。」〔註146〕具體說來，有以下幾個方面：其一，減損皇親國戚的消費。具體包括：貴近之人「降服損膳」，從乘輿服御之物，到親王公主婚嫁之具，悉加裁損，務從儉薄，勿信主者以舊例為言；出六宮冗食之人，使之從便；罷後苑文思院所造淫巧服玩。其二，建議皇帝評功論賞，不賞無功之臣，降低賞賜規模。他提出：「群臣非有顯然功效益國利民者，勿復濫加賞賜。」〔註147〕「凡宗室、外戚、後宮、內臣，以至外廷之臣，俸賜給予，皆循祖宗舊規，勿復得援用近歲僥倖之例。其逾越常分，妄有干求者，一皆塞絕，分毫勿許。」其三，「止諸處不急之役」〔註148〕，停止一切不急需的土木工程，罷修感慈塔，嚴格禁止另建宮觀寺廟。其四，裁剪郊費。主張命有司於禮官共同參詳減省南郊祭祀之禮，國有凶荒則殺禮，事天者貴於內誠而賤外物。最後，建議皇帝運用法律武器，嚴加懲治以奢麗相高、以賄賂取媚者。他提出：「內自妃嬪，外及宗戚，下至臣庶之家，敢以奢麗之物誇眩相高，及貢獻賂遺以求悅媚者，亦明治其罪，而焚毀其物於四

〔註143〕（清）王夫之著，伊力主編，資治通鑑之通鑑‧文白對照全譯《讀通鑑論》上（〔M〕，鄭州：中州古籍出版社，1994 年，第 817 頁。

〔註144〕同上，第 818 頁。

〔註145〕（宋）司馬光，節用箚子〔A〕，司馬溫公集編年箋注 3〔M〕，成都：巴蜀書社，2009 年，第 423 頁。

〔註146〕（宋）李燾，續資治通鑑長編 第 11～20 冊〔M〕，北京：中華書局，1985年，第 4995 頁。

〔註147〕（宋）司馬光，節用箚子〔A〕，司馬溫公集編年箋注 3〔M〕，成都：巴蜀書社，2009 年，第 423 頁。

〔註148〕同上。

達之衢。」〔註149〕由此可見，司馬光的省費主張決不是唱高調，擺空城計，而是非常具體的。

三、以身作則，廉潔儉樸

司馬光以身作則，生活節儉，反對揮霍浪費。其「性不喜華靡」〔註150〕，「於物澹然無所好」，〔註151〕「惡衣菲食，以終其身」〔註152〕，日常生活中「食不敢常有肉，衣不敢純衣帛」〔註153〕，生活水準與當時北宋社會奢靡之風氣，以及自身之官位都大不相符。其在西京洛陽修書之時，身居陋室，冬冷夏熱。爲了更好地修書，司馬光想出挖地窖的辦法，砌成一間「地下室」，冬暖夏涼。相比司馬光鑽到地下室勤讀苦寫，當時洛陽的另一位大官王拱辰的生活就要奢華很多，其是住在西京名園的豪華高樓裏避暑的。因此，洛陽傳有一諺語：「王家鑽天，司馬入地」〔註154〕，生動地反映了司馬光節儉樸素的生活。

司馬光廉潔奉公，從不收取非分之財。宋仁宗死後，大賜遺留物「直百餘萬」〔註155〕，司馬光連上兩道箚子請求辭賜，「誠不忍受賜物，因公家之禍，爲私室之利」〔註156〕，要求「進奉金帛錢物，以助山陵之費」〔註157〕，認爲這樣「既可以少紓民力，又不至有傷國體」〔註158〕。被朝廷以「舊無此例」予以否定。英宗繼位之後，宣稱先帝之命不可違，司馬光被迫接受賜遺之財。

〔註149〕 （宋）司馬光，論財利疏〔A〕，司馬溫公集編年箋注3〔M〕，成都：巴蜀書社，2009年，第189頁。

〔註150〕 （元）脫脫等撰，宋史（卷336）〔M〕，北京：中華書局，2000年，第10757頁。

〔註151〕 同上，第10769頁。

〔註152〕 （宋）蘇軾，司馬溫公行狀〔A〕，司馬溫公集編年箋注6〔M〕，成都：巴蜀書社，2009年，第491頁。

〔註153〕 （宋）司馬光，答劉蒙書〔A〕，司馬溫公集編年箋注4〔M〕，成都：巴蜀書社，2009年，第538頁。

〔註154〕 （宋）司馬光著，張曉寅改寫，資治通鑑故事〔M〕，上海：上海人民美術出版社，2007年，第441頁。

〔註155〕 （元）脫脫等撰，宋史（卷336）〔M〕，北京：中華書局，2000年，第10761頁。

〔註156〕 （宋）李燾，續資治通鑑長編 第11～20冊（卷198）〔M〕，北京：中華書局，1985年，第4798頁。

〔註157〕 同上。

〔註158〕 同上。

但他並沒有把這筆巨大的賞賜用在自己及家人身上，而是一部分交給諫院充作公使錢，一部分用來接濟窮困親友。後來，司馬光擔任英宗山陵儀仗使，朝廷賜他箔金五十兩並銀合三十兩，其堅決不受，並進一步說明：「府庫之物，乃天下萬民之物也，自非有功於民者，皆不宜得之」〔註159〕，自己辭賜「非自以飾小廉也，乃欲助陛下成治道也」〔註160〕。用自己的行動，以求制止朝廷濫賞之風。更爲甚者，元祐元年，司馬光任門下侍郎時，因病百餘日，便上章要求朝廷停止給自己發放俸祿，理由爲：「表率百僚，豈敢廢格不行？」〔註161〕

司馬光將儉樸持家作爲家教傳統，言傳身教給兒子司馬康。其專作《訓儉示康》一文，教導兒子司馬康：「夫儉則寡欲，君子寡欲則不役於物，可以直道而行；小人寡欲則能謹身節用，遠罪豐家。故曰：『儉，德之共也。』侈則多欲，君子多欲則貪慕富貴，枉道速禍；小人多欲則多求妄用，敗家喪身，是以居官必賄，居鄉必盜。故曰：『侈，惡之大也。』」〔註162〕他還告誡兒子司馬康：「汝非徒身當服行，當以訓汝子孫，使知前輩之風俗云。」要求兒子不僅自己要節儉，而且要將節儉作爲家訓世代相傳。

公元 1086 年 10 月，宰相司馬光辭世之時，「床簀蕭然，惟枕間有役書一卷，」宋人爲之作挽詞云：「漏殘餘一榻，曾不爲黃金」〔註163〕。太皇太后弔唁之時，慨歎其生活節儉之餘贈送 2000 兩喪葬銀，被其子司馬康全部退回。司馬光在當時社會風俗侈靡腐敗的條件下，能夠堅持節儉，「獨臣有此愚見，他人皆不以爲然」〔註164〕是非常可貴的。

司馬光提出「減損浮冗而省用之」，主張抑賜賚、去奇巧、反奢麗、正風俗，「登用廉良，誅退貪殘，保祐公直，消除奸蠹，澄清庶官，選練戰士，不

〔註159〕（宋）司馬光，辭賜金第二箚子〔A〕，司馬溫公集編年箋注3〔M〕，成都：巴蜀書社，2009 年，第 502 頁。

〔註160〕同上。

〔註161〕（宋）司馬光，辭接續支俸箚子〔A〕，司馬溫公集編年箋注4〔M〕，成都：巴蜀書社，2009 年，第 290 頁。

〔註162〕王長華編，中國古代文學作品選・下〔M〕，北京：科學出版社，2010 年，第 29 頁。

〔註163〕尚恒元等，司馬光軼事類編〔M〕，太原：山西人民出版社，1992 年，第 76 頁。

〔註164〕（宋）司馬光，八月十一日邇英奏對問河北災變〔A〕，司馬溫公集編年箋注3〔M〕，成都：巴蜀書社，2009 年，第 546 頁。

祿無功，不食無用」〔註165〕。認爲「如此行之，久而不懈」，則「御府之財將朽蠹而無所容貯，太倉之粟將彌漫而不可蓋藏，農夫棄糧與畎畝，商賈讓財於道路矣」〔註166〕。司馬光之精簡機構，裁減冗員，節約開支的「節流」思想雖然並不是什麼新創舉，但對於當時北宋王朝來說，卻切中時弊。當時，北宋財源接近枯竭，發展生產、節省冗費才是解決財政危機之有效途徑。司馬光提出國家裁減費用自貴官近臣始，並以身作則，多次上疏皇上要求減少或免去對他的賞賜，這於節省國家財政，扭轉朝廷奢靡風氣，減輕百姓負擔，起了積極的作用。

　　司馬光節約的消費觀對於我國社會主義建設具有很好的現實指導和榜樣作用。我國當代政府運行的行政成本非常高，其中的重要原因就是不必要的三公消費和大量的政績工程。一些公務員在執政過程中，利用職權之便，用公款吃大餐、用豪車，還經常出國出境旅遊，造成了大量的財政浪費，大大提高了政府的運行成本。大量的政績工程，重複性建設同樣造成了大量的財政浪費。如果我們的政府和公務員都具有司馬光的眼光、司馬光的品德，能夠向司馬光學習，從自我做起，厲行節約，廉潔奉公，那麼不必要的浪費必然會減少很多。此外，隨著生產力的飛速提高，物質財富被大量生產出來，人們的日常生活水平得到了前所未有的提高。在這種情況下，有一部分人內心貪婪、奢侈、揮霍的欲望開始滋長，社會上的奢靡攀比之風悄然開始。據世界奢侈品協會 2012 年 1 月 11 日最新公佈的中國十年官方報告顯示，截止 2011 年 12 月底，中國奢侈品市場年消費總額已經達到 126 億美元（不包括私人飛機、遊艇與豪華車），佔據全球份額的 28%，中國已經成爲全球佔有率最大的奢侈品消費國家。〔註167〕在此社會風氣之下，大量的物質財富浪費，必然造成大量資源、能源的浪費，這不僅會污染我國的自然環境，不利於我國經濟的可持續發展，而且還會侵蝕人的內心環境，污染我國的社會人文環境，給人們的世界觀、人生觀和價值觀帶來負面影響。在物質消費面前，金錢就是上帝。唯物質主義、拜金主義、極端利己主義等不良價值觀將會逐步影響到我國社會主義核心價值觀。長此以往，中華民族勤儉節約、吃苦奮進的優

〔註165〕（宋）司馬光，論財利疏〔A〕，司馬溫公集編年箋注 3〔M〕，成都：巴蜀書社，2009 年，第 190 頁。

〔註166〕同上。

〔註167〕http://finance.chinanews.com/cj/2012/01-16/3606425.shtml

良美德將可能泯滅。故而，我們非常有必要學習司馬光，大聲疾呼並身體力行省費節約！

第四節 理財倫理

對於北宋財政危機問題，司馬光敏銳地認識到「非獨天災，亦由吏治顛錯之所致」〔註168〕。相比於財政支出龐大，財政管理不善是導致北宋財政危機更為深層次的原因。司馬光對症下藥，從改革中央財政管理體制、選任良吏理財兩方面入手，提出了「財有專主」、量才久任的財政管理思想，希望能很好地解決北宋財政危機。

一、財有專主、利權歸一

在財政管理體制方面，司馬光主張「財有專主」，「利權歸一」，建議建立集中管理的財政管理體制，由一個專門的權力機構總管財政，對全國的財政收入與支出進行統一的核算。

宰相總管財政制。北宋中前期，中央財政管理體制非常混亂。「局分相違，簿書交錯，綱條失序、言論盈庭。」〔註169〕仁宗時期，「內藏庫專以內臣章之，不領於三司。其出納之多少，積蓄之虛實，簿書之是非，有司莫得而知也」〔註170〕。內藏庫就是皇帝的小金庫，皇帝親自掌握，宦官直接管理。皇帝將部分賦稅藏入內藏庫，主掌財政的三司使卻無法過問，皇帝和後宮便可以自由支配、揮霍財政收入。鑒於此，司馬光直諫宋仁宗：「夫府庫者，聚天下之財以為民也，非以奉一人之私也。祖宗所為置內藏著，以備饑饉兵革非常之費，非以供陛下奉養之具也。」〔註171〕建議「復置總計使之官，使宰相領之。凡天下金帛錢穀，隸於三司及不隸於三司，如內藏庫、奉宸庫之類，總計使皆統之」〔註172〕。由宰相擔任總計使，總管包括皇帝內庫在內的國家財政。如

〔註168〕（宋）司馬光，蓄積箚子〔A〕，司馬溫公集編年箋注 3〔M〕，成都：巴蜀書社，2009 年，第 353 頁。

〔註169〕永瑢等奉敕修纂，歷代職官表 一至二十冊〔M〕，北京：中華書局，1985 年，第 179 頁。

〔註170〕（宋）司馬光，論財利疏〔A〕，司馬溫公集編年箋注 3〔M〕，成都：巴蜀書社，2009 年，第 188 頁。

〔註171〕同上。

〔註172〕同上，第 190 頁。

何管理呢？司馬光主張量入爲出的財政原則，力求做到收支平衡，並略有結餘。他說：「歲終則上其出入之數於總計使，總計使量入爲出。」〔註173〕各部門年終之時，將天下錢穀收支情況上報總計使，總計使根據各部門所上報的情況進行核查，「量入爲出」，「使歲餘三分之一以爲儲蓄，備禦不虞」〔註174〕。另外，司馬光主張「凡三司使、副使、判官、轉運使，及掌內藏、奉宸等庫之官，皆委總計使察其能否，考其功狀，以奏而誅賞之」〔註175〕。顯而易見，司馬光是想通過宰相對三司使等管財之官擁有的考覈權，保證宰相對財政的高度控制權，從而保障財政的集中管理。爲了避免財政過於集中帶來的負面影響，在統一管理的前提下，司馬光建議實行事分鉅細、分級管理的財政制度，「小事則官長專達，大事則謀於總計使而後行」〔註176〕，以改變「百司細事，如三司鞭一胥吏，開封府補一廂鎮之類，往往皆須奏聞」〔註177〕的做法。

司馬光主張財權集中，建議設置總計使，總理全國財政，量入爲出，分級管理，有利於改善北宋財政權零散，無法統籌財政支出，無法支應由災荒、兵事等引起的緊急情況等種種弊病，對於有效緩解當時的財政問題具有積極作用。

戶部集中財權制。神宗元豐改革官僚體制，「備置尚書省六曹，二十四司及九寺三監，各令有職事」〔註178〕。三省六部九寺五監的官僚體制實施之後，戶部變成最高財政機構，然事實上戶部尚書只統領左曹。由於戶部尚書與右曹戶部侍郎不存在隸屬關係，因此其無法統籌調配右曹分管的財政收入。中央財政被一分爲二。又由於與尚書省其他各部是平行機構，且同多數寺、監沒有嚴格的從屬關係，戶部便無權干涉其財政，失去了對其支用財賦的管理和監督。於是出現了「戶部不得總天下財賦」〔註179〕，「應支用錢物五曹與寺

〔註173〕（宋）司馬光，論財利疏〔A〕，司馬溫公集編年箋注3〔M〕，成都：巴蜀書社，2009年，第190頁。
〔註174〕同上。
〔註175〕同上。
〔註176〕同上。
〔註177〕（清）畢沅，續資治通鑑（卷61）〔M〕，長沙：嶽麓書社，1992年，第804頁。
〔註178〕（宋）司馬光，論錢穀宜歸一箚子〔A〕，司馬溫公集編年箋注4〔M〕，成都：巴蜀書社，2009年，第253頁。
〔註179〕同上。

監皆得自專」〔註180〕的狀況。由此可見，改制之後，戶部的理財權限大大萎縮，無法有力、有效行使其於國家財力的籌劃、調配與監控功能。司馬光大聲疾呼：「利權不一，雖使天下財如江海，亦恐有時而竭，況民力及山澤所出有限劑乎？」〔註181〕鑒於此，司馬光提出了以下財政體制改良主張：其一，主張「乞且令尚書兼領左、右曹，侍郎則分職而治。其右曹所掌錢物，尚書非奏請得旨，不得擅支」〔註182〕。使戶部尚書兼領左右二曹，以擴大其的權力範圍。右曹掌握的各處朝廷封椿財賦帳籍需按時申送戶部，以便戶部尚書有效控制財政收支平衡。其二，「諸州錢穀金帛隸提舉常平倉司者，每月亦須具賬，申戶部六曹及寺、監。欲支用錢物，皆須先關戶部，符下支撥。不得一面奏乞直支應掌錢物，諸司不見戶部符，不得應副。」〔註183〕地方諸州錢穀金帛會計賬籍，每月必須申報戶部審核。尚書省各部及各寺監凡錢物支用，一律採用申報審批制。這種事前審批核准、事後審核監督的財物支出制度，有利於戶部有效掌控錢物支出權，達到減省財政開支，降低管理成本，提高財政的利用率之目的。其三，「其舊日三司所管錢穀財用，事有散在五曹及諸寺、監者，並乞收歸戶部」〔註184〕。之前三司管理兵、禮等其他五部，以及諸寺各監的財政事務的權力都收歸戶部，由戶部統一管理，進一步充實戶部的財政管理權。其四，「乞減戶部冗末事務，付閒曹比司兼領，而通隸戶部」〔註185〕，減去戶部財政管理之外其他工作任務，爲戶部財政管理騰出更多的時間與精力。司馬光認爲「如此，則利權歸一。若更選用得人，則天下之財，庶幾可理矣」〔註186〕。

司馬光所指出的改制後三司變爲戶部所產生的弊端是客觀和切中要害的，其措施也比較具體且可操作性，有利於改變當時財政混亂、管理不善、事權分化的狀況，對解決當時政府的財政危機具有積極作用。

綜上所述，我們可以清晰地看出，司馬光的財有專主、利權歸一的思想

〔註180〕方寶璋，宋代經濟管理思想與當代經濟管理〔M〕，北京：中國言實出版社，2008 年，第 92 頁。

〔註181〕（宋）司馬光，論錢穀宜歸一箚子〔A〕，司馬溫公集編年箋注 4〔M〕，成都：巴蜀書社，2009 年，第 254 頁。

〔註182〕同上。

〔註183〕同上。

〔註184〕同上。

〔註185〕同上。

〔註186〕同上。

主要圍繞兩個方面：一是宰相集中財政制；二是戶部集中財權制。不難看出，不管是宰相集中財政制，還是戶部集中財權制，都是從運行機制層面入手，通過財權的集中實現對全國錢物的有效統籌調配，以達到收支平衡，防範財政不法行為，從而解決財政困難。毋庸置疑，這種財權集中思想對於改善北宋當時因三冗、戰爭等因素造成的中央財政危機，具有一定的積極意義。

二、選用得人，久於其任

在上文論述到，司馬光認為在建立財有專主、利權歸一的財政管理體制的前提下，「若更選用得人，則天下之財庶幾可理矣」。由此可見，其認為「選用得人」是財政管理工作成敗的關鍵。司馬光說：「苟得其人，則無患法之不善。不得其人，雖有善法，失先後之施矣。」〔註187〕如常平倉問題，他就認為「所以隳廢者，由官吏不得人，非法之失也」〔註188〕。對於北宋整個國家的財政匱乏問題，司馬光同樣認為，與朝廷所任理財官吏玩忽職守，偷安苟且，不懂理財有著莫大的關聯。北宋最高統治者為了鞏固自己的統治，實行重文輕武的任官政策。北宋朝廷主管錢穀的「三司使、副使、判官，大率多用文辭之士為之，以為進用之資途，不復問其習與不習於錢穀也」〔註189〕。從而造成「今日之廣大安寧，財用宜有餘而不足」〔註190〕的慘局。對此，司馬光一針見血地指出：「財用之所以匱之者，由朝廷不擇專曉錢穀之人為之故也」〔註191〕。因此，他極力主張挑選懂財務的專門人才管理財政。

什麼樣的人是司馬光理想中的「專曉錢穀」之才呢？司馬光說：「欲知治財之士，則視其倉庫盈實，百姓富給，斯為善治財矣。」〔註192〕由此可見，「能使倉庫充實，又不殘民害物」〔註193〕是司馬光選擇理財官吏的兩條基本準則。

〔註187〕宋朝事實類苑〔M〕，上海：上海古籍出版社，1981 年，第 182 頁。

〔註188〕（宋）司馬光，乞罷條例司常平使疏〔A〕，司馬溫公集編年箋注 4〔M〕，成都：巴蜀書社，2009 年，第 48 頁。

〔註189〕（宋）司馬光，論財利疏〔A〕，司馬溫公集編年箋注 3〔M〕，成都：巴蜀書社，2009 年，第 182 頁。

〔註190〕同上，第 186 頁。

〔註191〕同上，第 177 頁。

〔註192〕（宋）司馬光原著，資治通鑑‧文白對照本（卷73）〔M〕，北京：中華書局，2009 年，第 2938 頁。

〔註193〕（宋）司馬光，錢糧劄子〔A〕，司馬溫公集編年箋注 3〔M〕，成都：巴蜀書社，2009 年，第 395 頁。

這兩條基本準則既考慮到國家財政需要，又要求不苛剝殘害百姓，充分體現了司馬光的民本思想。相比於那些斂民財以充國庫的理財方法，顯然進步很多。司馬光建議「隨材用人」，使懂錢穀者治理國家的財務，並進一步主張「精選朝士之曉練錢穀者，不問其始所以進，或進士、或諸科、或門蔭」〔註 194〕。選任理財官吏之時，不論其出身門第等外在因素，只考慮其是否善於理財。故而，選任理財官吏的渠道是多元的。可以是熟知錢穀者「上書自言」〔註 195〕；可以由皇帝親自選拔「精選曉知錢穀，憂公忘私之人」〔註 196〕為三司官吏與諸路轉運使；可以發動各級官員逐級薦舉；亦可以通過科舉選取理財之士。司馬光建議朝廷專設「公正聰明，可備監司科」，「善治財賦，公私俱便科」。在封建社會，把「善治財賦」公然列為一觀，作為一種定制，算得上是創舉一件。

對於理財官員的任用，司馬光認為「官久於其業而後明，功久於其事而後成」〔註 197〕，主張「隨材用人而久任之」〔註 198〕。宋朝實行磨勘制，官員三年或四年一次大考覈，稍有功績，即可提前考覈改職任。對於這種官吏頻頻遷調現象，司馬光描述為：「居官者出入遷徙，有如郵舍，或未能盡識吏人之面，知職業之所主，已捨去矣。」〔註 199〕財政官吏當然也不會例外。理財之職專業要求很強，故而，理財者除了需要具有專業知識之外，還需具有一定時間的理財經驗。對此，司馬光認識到：「凡百官，莫不欲久於其任，而食貨為甚。何則？二十七年耕，然後有九年之食。今居官不滿三歲，安得有二十七年之效乎？」〔註 200〕於是，他得出了這樣的推論：「國家選賢擇能以治財，其用智顧不如白圭、猗頓邪？患在國家任之不久，責近效而遺遠謀故也。」〔註

〔註 194〕（宋）司馬光，論財利疏〔A〕，司馬溫公集編年箋注 3〔M〕，成都：巴蜀書社，2009 年，第 183 頁。

〔註 195〕（宋）司馬光，錢糧箚子〔A〕，司馬溫公集編年箋注 3〔M〕，成都：巴蜀書社，2009 年，第 395 頁。

〔註 196〕（宋）司馬光，上體要疏〔A〕，司馬溫公集編年箋注 4〔M〕，成都：巴蜀書社，2009 年，第 8 頁。

〔註 197〕（宋）司馬光，論財利疏〔A〕，司馬溫公集編年箋注 3〔M〕，成都：巴蜀書社，2009 年，第 177 頁。

〔註 198〕同上，第 176 頁。

〔註 199〕同上，第 182 頁。

〔註 200〕同上，第 183 頁。

〔註 201〕同上，第 185 頁。

201）因此，司馬光主張「隨材用人而久任之」〔註202〕，強調官吏「久於其任」的重要性。司馬光進一步提出，「先使之治錢穀小事。有功則使之權發遣三司判官事。及三年而察之，實效顯著者，然後得權三司判官事。又三年更有實效，然後得爲正三司判官。其無實效者，皆退歸常調，勿復收用」〔註203〕。主張理財官吏從基層做起，根據理財的實際功效，逐級陞遷。凡「官滿之日，倉庫之實比於始至增羨多者賞之；其無水旱之災、益兵之費，而蓄積耗減者黜之」〔註204〕。對那些久於其任，政績卓著，能使「用度豐衍，公私富實」〔註205〕的三司使，可以提高品級，增加俸祿以示褒獎，但「勿改其職」〔註206〕，使他們各得其所，各盡其能，各盡其用。

司馬光選用得人，久於其任的財政管理思想很有見地。北宋時期，財經活動日趨複雜，促使對理財官員在專業知識和實踐經驗方面的要求不斷提高。財經管理要實現規範化、科學化，任用專業人才是關鍵。防止財經工作上的「短期行爲」，實行理財官員久任制是有效途徑。司馬光的這些見解可謂深刻精闢，至今仍有重要的參考價值。

通過上文的分析論述，我們發現，雖然司馬光經濟倫理思想的論述比較零散，但卻不乏體系。其理論基礎是以義理財的義利觀，理論宗旨是藏富於民，理論核心內容包含：「養其本原而徐取之」、「減損浮冗而省用之」、「隨材用人而久任之」三個方面，涉及生產、分配、消費、管理等經濟環節。概而論之，即「安民勿擾，使之自富，處之有節，用之有道」〔註207〕。司馬光對此經濟倫理思想的論述是面面俱到，層層剖析，有理有據，可謂是曉之以情，動之以理，飽含著其忠於北宋封建王朝的殷殷之情，維護北宋王朝統治的拳拳之心。

司馬光經濟倫理思想中的很多主張並非其首創，而是對傳統儒家德性經濟倫理思想的繼承與發展。以義理財的義利觀，既將道德精神作爲終極價值信仰，同時也認識到並肯定追求物質利益的正當性與和合理性。重農但不抑

〔註202〕（宋）司馬光，論財利疏〔A〕，司馬溫公集編年箋注3〔M〕，成都：巴蜀書社，2009年，第176頁。
〔註203〕同上，第183頁。
〔註204〕同上，第112頁。
〔註205〕同上，第183頁。
〔註206〕同上，第183頁。
〔註207〕（宋）司馬光，上體要疏〔A〕，司馬溫公集編年箋注4〔M〕，成都：巴蜀書社，2009年，第8頁。

工商的本末論，把「農工商賈」都看作是財富的源泉，既重視農業生產與農民生活，同時也鼓勵工商業的發展，不否認生產對於增殖財富的意義，也承認流通的重要性。撇開其維護與強固封建統治的主觀動機不說，司馬光提出這套經濟倫理思想，對於當時的北宋王朝來說，可謂是切中時弊，雖然一些主張（例如力行節約）沒有得到採納與實施，但在一定時期內保持北宋社會的穩定性，促進北宋社會經濟發展，緩和財政危機，還是具有一定的積極意義，是難能可貴的。

　　司馬光的經濟倫理思想不僅對於當時的北宋社會具有積極意義，對於我們當今社會來說，同樣具有啓示作用，是我們寶貴的經濟思想財富。在進行社會主義建設之時，很多人都存在一定的誤區。在很長一段時間裏，我們對國強才能民富的觀念堅信不疑，強調大河無水小河干，大河有水小河滿，重點放在大河上，而忽視了大河與小河之間的辯證統一關係。在這種觀念的指導下，人民的個人利益、小家庭利益往往沒有得到應有的尊重與重視，從而在一定程度上造成了國強民窮的局面。如果我們能夠好好地學習藏富於民的思想，轉換觀念，樹立民富國強的觀念，我國人民的生活水平就會更上一個臺階。另外，三農問題、社會消費等困擾著我國發展的問題，也都可以從司馬光的經濟倫理思想中得到啓示。

第五章　司馬光家庭倫理思想

　　中國古代社會是建立在宗法制度之上的家天下社會。其特點是宗族組織和國家組織合而爲一，宗法等級和政治等級完全一致。宗法制導致中國社會呈現出「家天下」的政治架構模式。家庭是小社會，社會是大家庭。君爲「國父」，父爲「家君」，君父同倫，家國同構。「國之本在家」〔註1〕。家庭不僅是教育和撫養子女的場所，亦是國之根本，是國家的基本組織，承載著治國平天下的社會職能。中國古語有「欲治其國，必先齊其家」〔註2〕，「求忠臣於孝子之門」〔註3〕，「所謂治國必先齊其家者，其家不可教而教人者，無之」〔註4〕等說法。治家若得和睦融洽，就能將個體的道德意識、道德情感、道德行爲延伸到家族、宗族，最終擴展到國家天下，從而實現治國平天下的政治理想。在「家國同構」的社會模式下，宗法家庭倫理化爲國家的基本道德規範，在我國兩千餘年的封建社會中，調節和穩定著人際關係，維護和鞏固著社會秩序。由此可見，「齊家」內有理家之功，外有安邦之效。黑格爾在其《歷史哲學》中提出「『家庭』的原則是中國的原則」，「中國純粹建築在這一種道德的結合上，國家的特性便是客觀的『家庭孝敬』」〔註5〕。惟其如此，在中國古代社會，不管是皇宮貴族，還是黎民百姓，都十分重視家庭德道教育，歷代思想家們更是尤爲重視家庭倫理研究，司馬光當然也不例外。

〔註1〕孟子・離婁上〔M〕。
〔註2〕禮記・雜記〔M〕。
〔註3〕（元）陶宗儀著，文灝點校，南村輟耕錄〔M〕，北京：文化藝術出版社，1998年，第190頁。
〔註4〕大學〔M〕。
〔註5〕（德）黑格爾著，王造時譯，歷史哲學〔M〕，北京：商務印書館，1963年，第165頁。

　　司馬光在繼承前人家庭倫理思想的基礎上，在北宋新儒學蓬勃發展的學術背景下，進一步闡發了傳統儒家家庭倫理思想，建立了一個更加全面、更加詳細、更加系統的家庭倫理思想體系。這成爲其整個倫理思想體系中不可忽視的重要組成部分，對後世產生了重要而深遠的影響。司馬光家庭倫理思想集中體現在其《家範》、《書儀》〔註6〕、《故孝經指解》三部專著以及《訓儉示康》等論文之中。《家範》是一部鴻篇巨製的家訓著作，全書分爲上下兩冊，共10卷，19篇。卷首引錄《周易》、《大學》、《孝經》等儒家典籍的有關論述，總論治家綱領，然後分論祖、父、母、子、女、孫、伯叔父、侄、兄、弟、姑姐妹、夫、妻、舅甥、舅姑、婦、妾、乳母等家庭角色的倫理義務與行爲規範。《家範》之中輯錄了很多儒家經典中的治家修身格言和歷史人物的典型事例，有理有據，以情動人，同時又不乏司馬光自己的分析和議論。清初朱軾在《溫公家範序》中評價《家範》說：「《家範》所載皆謹言慎行，日用切要之事，公一生得力於是，其有裨於世道人心非淺焉。」〔註7〕《四庫全書》編纂者也認爲《溫公家範》：「皆集探史傳事可爲法則者，亦間有光所論，其節目備具，切於日用，簡而不煩，實足爲儒者治行之要。」〔註8〕《書儀》是一部關於家禮的重要著作，共10卷，第一卷介紹各種公共文書格式範例，第二卷介紹「冠儀」，第三、四卷介紹「昏儀」，其餘六卷介紹「喪儀」。《書儀》對人們日常生活中的各種禮制儀節做了詳細的規範，爲人們提供了一套可以遵行的行動指南，充分體現了司馬光以禮治家的思想內核。據宋版《書儀・序》記載，《書儀》成書之後，「元豐中薦紳家爭相傳寫，往往皆珍秘之」〔註9〕。北宋末年，陸九淵之父陸賀即「採司馬氏冠昏喪祭行於家」。理學大師朱熹亦非常推崇《書儀》，其《家禮》就是以司馬光的《書儀》爲基礎而撰寫的。《古文孝經指解》是司馬光對《古文孝經》的重新解讀，其從義理上對儒家家庭倫理進行了重新的梳理和開掘。《訓儉示康》是司馬光專門就節儉問題訓示兒子司馬康的家書。這封家書充滿了節儉持家的眞知灼見，成爲膾炙

〔註6〕司馬光《書儀》卷四《婚儀下》有「居家雜儀」條，後人將此部分內容單獨分出，稱《涑水家儀》或《司馬氏家儀》。

〔註7〕（宋）司馬光，溫公家範（序）〔M〕，天津：天津古籍出版社，1995年，第220頁。

〔註8〕董根洪，司馬光哲學思想述評〔M〕，太原：山西人民出版社，1993年，第300頁。

〔註9〕《文史知識》編輯部編，古代禮制風俗漫談 二集〔M〕，北京：中華書局，1986年，第267頁。

人口的家教箴言，影響深遠。由此觀之，我們可以說，司馬光的家庭倫理思想著作就是規範北宋時期人們日常生活的行爲手冊，是北宋家族組織建設的白皮書。

第一節　治家理念

司馬光非常重視齊家對於治國的重要性。在此認識的基礎上，其提出了以禮治家、勤儉持家的治家理念。

一、齊家治國，以禮治家

司馬光繼承了儒家齊家以治國的傳統思想，將家庭倫理道德視爲治國安邦的必要前提與可靠基礎。其認爲「家者，治之至小者也，然有嚴君之道焉。嚴，恭也」〔註10〕；「臣之事君，猶子事父」〔註11〕，故而「知事親則知事君矣」〔註12〕。正所謂：「親其親以及人之親，長其長以及人之長，上下交相愛而天下和矣」〔註13〕。顯然，司馬光將家庭與國家視爲類比關係，認爲治家之道與治國之道存在本質上的一致性，能夠相通相融。故而其認爲只要將個體道德和家庭道德不斷放大，延伸到外部社會領域，就能實現國泰民安的盛世景象。因此，司馬光的《家範》一書在開始就大量引用《周易》、《大學》、《詩經》中的格言，指出：「正家而天下定矣」〔註14〕；「其爲父子，兄弟足法，而後民法之也。此謂治國在齊其家」〔註15〕，著力闡述和強調「治天下之道，未有不自孝慈始者」〔註16〕的道理。

治家既然如此重要，那麼該如何治家呢？司馬光在論述了齊家方能治國

〔註10〕 袁永鋒，馬衛東編譯，司馬光講周易 白話溫公易説〔M〕，長春：長春出版社，2010 年，第 54 頁。

〔註11〕 （宋）司馬光，論張堯佐除宣徽使狀〔A〕，司馬溫公集編年箋注 3〔M〕，成都：巴蜀書社，2009 年，第 17 頁。

〔註12〕 袁永鋒，馬衛東編譯，司馬光講周易 白話溫公易説〔M〕，長春：長春出版社，2010 年，第 54 頁。

〔註13〕 同上，第 55 頁。

〔註14〕 （宋）司馬光，溫公家範（卷 1）〔M〕，天津：天津古籍出版社，1995 年，第 1 頁。

〔註15〕 同上，第 4 頁。

〔註16〕 （宋）司馬光，上兩宮疏〔A〕，司馬溫公集編年箋注 3〔M〕，成都：巴蜀書社，2009 年，第 253 頁。

之後，立馬提出「治家莫如禮」的思想，將「禮」作為家庭倫理道德的總綱領和根本原則。以禮治家，就是「以義方訓其子，以禮法齊其家」〔註17〕，要求家庭成員「謹守禮法」〔註18〕。具體說來，就是遵循陽主陰次、陽尊陰卑，講究「男女之別」〔註19〕；嚴守綱常五倫，家人相處做到「為父母者，慈嚴、養教並重；為子女者，孝而不失規勸；為兄者，富弟並友好待之；為弟者，恭敬而順從；為夫者，相敬而不悖禮；為妻者，謙順且守節；為姑者，慈愛無別；為婦者，屈從不苟言」〔註20〕。若家庭成員都能自覺遵守禮制，各安其份，各盡其責，則「父子篤，兄弟睦，夫婦和，家之肥也」〔註21〕，整個家庭尊卑有等，長幼有倫，親疏有序，「安若泰山，壽如箕翼，他人安得而侮之哉！」〔註22〕。

　　如何做到以禮治家？首要任務的是使家庭成員知禮懂禮。在《居家雜儀》中，司馬光對家禮做了非常詳盡繁瑣的規定，從侍奉父母，到飲食起居，到對僕人的管理等，可以說是不厭其詳。知禮懂禮對於以禮治家固然重要，但家長以身作則、率先垂範則更為根本。其《居家雜儀》開篇便講：「凡為家長，必謹守禮法，以御群子弟及家眾。」〔註23〕在其《家範》卷二、卷三之中，司馬光更是輯錄了大量的名人以「禮」教家、治家的典型事例以作說明。再者，司馬光主張禮法結合，對於「越禮」行為輕則笞之，重則杖責甚至驅逐出家族。如其在《居家雜儀》就提出：「凡子婦未敬未孝，不可遽有憎疾，姑教之。若不可教，然後怒之；若不可怒，然後笞之；屢笞而終不改，子放婦出。」〔註24〕

〔註17〕（宋）司馬光，溫公家範（卷 2）〔M〕，天津：天津古籍出版社，1995 年，第 25 頁。

〔註18〕（宋）司馬光，居家雜儀〔A〕，司馬氏書儀〔M〕，北京：中華書局，1985 年，第 41 頁。

〔註19〕（宋）司馬光，溫公家範（卷 1）〔M〕，天津：天津古籍出版社，1995 年，第 8 頁。

〔註20〕金元浦主編，程光煒，王麗麗選評，新編繪圖本華夏千家訓〔M〕，太原：山西人民出版社，1998 年，第 155 頁。

〔註21〕陳修武，人性的批判——荀子〔M〕，海南：三環出版社，1992 年，第 137 頁。

〔註22〕（宋）司馬光，溫公家範（卷 1）〔M〕，天津：天津古籍出版社，1995 年，第 19 頁。

〔註23〕（宋）司馬光，居家雜儀〔A〕，司馬氏書儀〔M〕，北京：中華書局，1985 年，第 41 頁。

〔註24〕同上，第 42 頁。

通過以上分析，我們不難看出，司馬光以禮治家之「禮」就是封建社會的綱常禮教。其對父母、子女、兄弟、夫妻、姑婦等家庭成員提出的符合禮儀的道德要求，構成了封建社會家庭及其成員間的倫理關係和道德義務的基本內容，十分契合封建社會的政治需要，是維護封建社會穩定的一股卓有成效的軟實力。既然是封建社會的綱常禮教，其中就不可避免地包含了男尊女卑、家長專制、愚孝愚貞等吃人的封建糟粕思想，對於這些，我們要毫不猶豫地加以摒棄。然而，如果清理掉這些封建思想的烙印，我們會發現司馬光謹守禮法的治家思想，對於培養小孩養成講文明、懂禮貌的行為習慣是具有很大的借鑒作用。例如：其中要求子女對父母和色柔聲，外出向父母稟告就都有利於培養孩子養成尊敬長輩的習慣。此外，司馬光將家庭倫理教育融入到國家治理之中，賦予了其安邦治國的社會功能，這份對家庭倫理教育的重視，對於我們今天的社會管理者和教育事業者都具有極大的啟示作用。

二、以廉以儉，勤儉持家

克勤克儉、勤儉持家是中華民族的優秀文化傳統和家庭倫理精粹。中國歷代賢德之士，都曾把勤儉作為齊家的重要內容。先秦時期，《墨子·辭過》曰：「儉節則昌，淫佚則亡。」〔註 25〕《荀子·天論》曰：「強本而節用，則天不能貧。」〔註 26〕由此可見，墨子與荀子都將「節儉」視為個人與國家成敗興亡的法寶；桓範在其《政要論·節欲》中，對此進一步總結到：「歷觀有國有家，其得之也，莫不由於儉約，其失之也，莫不由於奢侈。儉者節欲，奢者放情，放情者危，節欲者安。」〔註 27〕諸葛亮在《誡子書》中提出：「夫君子之行，靜以修身，儉以養德，非淡泊無以明志，非寧靜無以致遠。」〔註 28〕其將「勤儉」視為培養優良道德品質的不二法門。深受傳統思想薰陶又熟知歷史的司馬光對勤儉持家有其獨到的感受和體悟，其《居家雜儀》開篇就

〔註 25〕譚家健，孫中原注譯，墨子今注今譯〔M〕，北京：商務印書館，2009 年，第 28 頁。

〔註 26〕（戰國）荀況著，北京大學《荀子》注釋組注釋，荀子新注〔M〕，北京：中華書局，1979 年，第 269 頁。

〔註 27〕轉引自：王澤應，現代新儒家倫理思想研究〔M〕，長沙：湖南師範大學出版社，1997 年，第 207 頁。

〔註 28〕（蜀）諸葛亮著，段熙仲，聞旭初編校，諸葛亮集〔M〕，北京：中華書局，1960 年，第 28 頁。

規定做家長要「制財用之節，量入以爲出。稱家之有無，以給上下之衣食，及吉凶之費，皆有品節，而莫不均一。裁省冗費，禁止奢華，常須稍存贏餘，以備不虞」〔註29〕。此外，司馬光還專門撰寫家訓《訓儉示康》，對其子司馬康進行節儉教育。這構成了其家庭倫理思想的一個重要內容。

（一）儉樸家風，世代相傳

勤儉節約是中華民族的傳統美德。勤，指勞作不息、不懈進取；儉，指用度節儉、欲望淡泊。勤則家豐，儉則長久。勤儉節約是司馬光家族的世代家風，貫穿於司馬光家訓始終。在《訓儉示康》一文中，司馬光開宗明義，「吾本寒家，世以清白相承」〔註30〕，教育兒子繼承家族清白家風。在家訓中，司馬光談到其父親用普通酒水和菜肴招待賓朋。談到自己「不喜奢華」，「衣取蔽寒，食取果腹」，「獨以儉素爲美，人皆嗤吾固陋，吾不以爲病。」諄諄教導之情，油然而生。希望子孫繼承其衣鉢，將勤儉家風世代流傳。

（二）以儉為美，以侈為惡

司馬光將勤儉視爲成才興家之美德，將奢侈看作墮落亡族之惡習。其何出此言呢？司馬光說：「夫儉則寡欲。君子寡欲，則不役於物，可以直道而行；小人寡欲，則能謹身節用，遠罪豐家。」〔註31〕生活節儉則清心寡欲。君子寡欲，則不爲外物支配，正道而行；普通百姓寡欲，則可持身謹慎，家境豐裕。相反，「侈則多欲。君子多欲則貪慕富貴，枉道速禍；小人多欲則多求妄用，敗家喪身；是以居官必賄，居鄉必盜」〔註32〕。生活奢侈則會私欲膨脹。君子私欲膨脹則貪圖富貴，貪圖富貴勢必鋌而走險，導致身敗名裂；普通百姓私欲膨脹，則會鋪張浪費，鋪張浪費勢必四處鑽營，不走正道。對於個人來說，奢侈揮霍容易導致其好吃懶做，身敗名裂；對於一個家庭來說，奢侈會使其金玉其外，敗絮其中，最後導致家破人亡，妻離子散。勤儉則家興，奢侈則族亡。由此可見，「儉」和「奢」絕不是生活小節問題，而是關係到個人禍福、家族興敗的原則問題。

〔註29〕 （宋）司馬光，居家雜儀〔A〕，司馬氏書儀〔M〕，北京：中華書局，1985年，第 41 頁。

〔註30〕 （宋）司馬光，訓儉示康〔A〕，司馬文正公傳家集（卷67）〔M〕，上海：商務印書館，民國 26 年，第 839 頁。

〔註31〕 同上，第 840 頁。

〔註32〕 同上。

　　封建社會中，奢侈揮霍往往是權貴家族的通病。司馬光熟讀經史，常常為奢侈亡國、歷代世大家族的衰落和豪門權貴的破敗心驚不已。他列舉了歷史上很多正反兩方面的事例對兒子進行教育。正面事例有：崇節抑靡的宰相張文節，「自奉養如為河陽掌書記時」，親友不解而勸之：「公今受俸祿不少，而自奉若此。公雖自信清約，外人頗有公孫布被之議。」他卻說：「吾今日之祿，雖舉家錦衣玉食，何患不能？顧人之常情，由儉入奢則易，由奢入儉則難。……家人習奢已久，不能頓儉，必至失所。」〔註 33〕已經習慣了奢侈生活的家族一旦地位和收入發生變化，必然會不適應。「由儉入奢則易，由奢入儉則難」更是成為千古警句。此外，司馬光還列舉了家中「廳事前僅容旋馬」的宰相李文靖，「鬻以糊口」的考父，「妾不衣綢，馬食不粟」的魯國宰相季文子等的事例。反面事例有：「日食萬錢，至孫，以驕溢傾家」的晉朝太尉何曾；「以奢靡誇人，卒以此死東市」的石崇，「豪侈冠一時」而子孫「多窮困」的宰相寇準等。通過這些歷史案例，司馬光向子孫說明一個道理：儉則立名，侈則自敗。恪守勤儉則家族興旺繁盛，奢侈揮霍則家族不得善終。

　　司馬光勤儉持家倫理思想的提出不僅是對中華民族優良傳統的繼承，更是對其生活時代奢侈之風的回應。北宋中期，整個社會上至皇宮貴族下到黎明百姓，逐漸形成了講排場、比闊氣的侈靡之風。正如司馬光所述：「近歲風俗尤為侈靡，走卒類士服，農夫躡絲履。……近日士大夫家，酒非內法，果肴非遠方珍異，食非多品，器皿非滿案，不敢會賓友。常數日營聚，然後敢發書。苟或不然，人爭非之，以為鄙吝。故不隨俗靡者鮮矣。」〔註 34〕對這種奢靡的不良風氣，司馬光表現出極大的憤慨和憂慮：「嗟乎！風俗頹敝如是，居位者雖不能禁，忍助之乎？」〔註 35〕把齊家作為治國之前提的司馬光，必然會考慮以勤儉持家為始點，希圖扭轉當時社會的奢靡之風。

　　司馬光勤儉持家的家庭倫理思想，不僅契合了其所生活的封建社會的需求，對於當今社會同樣具有極大的借鑑用作。勤儉不僅僅是一種生活態度和生活方式，更是一種價值取向和精神狀態。保持勤儉作風能夠使人遠離奢侈貪欲的誘惑，能夠激勵人們奮發圖強、銳意進取。奢侈與腐敗則是攣生兄弟，

〔註 33〕（宋）司馬光，訓儉示康〔A〕，司馬文正公傳家集（卷 67）〔M〕，上海：商務印書館，民國 26 年，第 840 頁。
〔註 34〕同上，第 839 頁。
〔註 35〕同上。

許多腐敗分子走上腐化墮落、違法犯罪的道路，正是始於對奢侈生活的追求。我們可以毫不誇張地說，勤儉爲持家的要訣、治國的法寶。我國領導人多次強調，一定要繼續發揚艱苦奮鬥、勤儉建國的優良傳統，提倡崇尚節儉的社會風氣。然而，在物質財富日益豐富的當今社會，人們對待財富的態度、對待勤儉的態度並不如此。以拜金主義、享樂主義爲人生觀和價值觀的大有人在。他們居則華屋廣廈，食則美酒佳肴，行則香車寶馬。更令人擔憂的是當今孩子們的消費，一些孩子無視自己家庭的經濟實力，愛攀比，擺闊氣，趕潮流，追求高檔奢侈的生活用品。諸多不合理的消費現象，顯然有悖於中華民族勤勞節儉的傳統美德。反觀司馬光對勤儉的重視以及對於子孫勤儉習慣的養成教育，我們的家長和教育工作者應該好好學習。

第二節　父母之道

父母是子女的第一人生導師，對於子女的品性養成、成長成才具有很大的影響作用，這種作用在封建父權專制的家庭尤顯突出。正是因爲看到了這種影響力，司馬光在其家庭倫理思想中，對如何爲人父母提出了許多新的道德要求，希望能夠促成良好的家庭環境和教育方式。

一、父慈母愛，一視同仁

（一）不慈不孝，其罪均也

「父慈子孝」，是中華民族一個重要的家庭倫理思想，但是在封建專制的社會裏，家中的父權與國中的君權一樣，被絕對化了，君爲臣綱，父爲子綱。父母作爲家長，在家庭中處於絕對的核心與主導地位。在強調如何處理父子關係之時，中國傳統倫理往往片面地強調「子孝」方面的道德要求，而「父慈」的內容卻逐漸被淡化和削弱。最終出現了「不養恩愛之心，而增威嚴之勢」〔註36〕；「父雖不慈，子不可以不孝。父要子亡，子不可以不亡」的倫理教條。司馬光同樣強調家長在家庭中的權威，維護傳統「父慈子孝」的儒家家庭倫理思想，但其弘揚父慈母愛，反對離慈講孝，明確提出「不慈不孝，

〔註36〕（戰國）韓非著，任峻華注釋，韓非子　全文注釋本〔M〕，北京：華夏出版社，2000年，第319～320頁。

其罪均也」﹝註37﹞。父母對子女應當做到慈愛，「不慈」與「不孝」同樣是不道德行爲。慈愛是父母的倫理職責，是其爲人父母所必須遵從的禮。在《家範》中，司馬光列舉了大量事例，說明慈孝一體關係。

《家範》卷三中，司馬光列舉曾子出妻不續弦的事例：曾子出其妻，終身不取妻。其子元請焉。曾子告其子曰：高宗以後妻殺孝己，尹吉甫以後妻放伯奇。吾上不及高宗，中不比吉甫，庸知其得免於非乎？﹝註38﹞顯然，司馬光認爲曾子不以兒所請而拒絕續弦的行爲彰顯了父親對子女的慈愛之情，應該極力表彰。在中國古代，父親續弦是理所當然的事情，在一般人看來，不存在父親對家庭和兒孫盡義務的問題。司馬光則不以爲然，認爲這樣做有關父親的慈愛之德。司馬光還列舉後漢尚書令朱暉不繼室的事例：後漢尚書令朱暉，年五十失妻，昆弟欲爲繼室。暉歎曰：「時俗希不以後妻敗家者。」遂不娶。今之人，年長而子孫具者，得不以先賢爲鑒乎？﹝註39﹞司馬光用朱暉的事例，進一步說明慈孝兼備乃是和諧家庭的必要條件，二者缺一不可。由此可見，司馬光對父母慈愛之德的重視程度。

道德是權力與義務的統一，對二者的分離或割裂，無疑會削弱其調節人與人、人與社會關係的作用。在中國封建社會，道德權力與道德義務基本上是分離的。封建等級社會的例外權，在很大程度上影響著人們之間的道德關係，被奉爲金科玉律的父爲子綱，便是例外權最集中的反映之一。司馬光雖無法也不可能排除家長的例外權，然而其在相當程度上注意和試圖實現家長道德權力與道德義務的結合，強調家長對子女應盡的義務，表現出了一種很強的批判精神。

（二）父母愛子，一視同仁

司馬光進一步指出父母愛子女，不能偏袒，要同等對待，一視同仁。他說：「賢俊者自可賞愛，頑魯者亦當矜憐。」﹝註40﹞聰明懂事的孩子自然討人喜愛，但是對頑皮愚鈍的孩子也應同等憐愛。司馬光認爲：「有偏寵者，雖欲

﹝註37﹞（宋）司馬光，溫公家範（卷 3）﹝M﹞，天津：天津古籍出版社，1995 年，第 40 頁。

﹝註38﹞（宋）司馬光，溫公家範（卷 3）﹝M﹞，天津：天津古籍出版社，1995 年，第 39 頁。

﹝註39﹞同上。

﹝註40﹞同上。

以厚之，更所以禍之。」〔註 41〕父母對於孩子的偏愛、寵愛，自以爲是對他（她）好，卻不知結果剛剛相反，是害了他（她）。司馬光舉例：「共叔之死，母實爲之；趙王之戮，父實使之。劉表之傾宗覆族，袁紹之地裂兵亡。」〔註 42〕共叔、趙王深受父母寵愛，最終卻人頭落地；劉表和袁紹偏愛子女，最終兄弟爭鬥，家破人亡。司馬光說：「傳稱鳲鳩之養其子，朝從上下，暮從上下，平均如一。至於人或不能然。」〔註 43〕布穀鳥餵養幼子尚且知道平均如一，世人卻不一定都能做到這一點。

「夫怨之所生，生於自私及有厚薄也。」〔註 44〕然而，只要公平對待，即使「雖糲食不飽，敝衣不完，人無怨矣」〔註 45〕。父母若不能平等對待子女，愛有偏差，子女之間、子女與父母之間就會心生怨憤，導致家庭成員關係出現裂痕甚至破裂。在有妻妾嫡庶之別的一夫多妻制的封建社會家庭，更是如此。所以，司馬光說：「世之兄弟不睦者，多由異母，或前後嫡庶更相憎嫉。母既殊情，子亦異黨。」〔註 46〕故而，父母一定要以均愛調整好孝悌關係。並且由於愛有等差，父母的家庭權威就失去了公平性和公正性，失去了公平性與公正性的權威就會被猜疑和不信任，被猜疑和不信任的權威對家庭的掌控力自然也會削弱。因此，家長只有去除偏私，一視同仁地愛每一位家庭成員，才能保障家庭和睦與團結，亦能保障家長在家庭中的權威，從而對家庭實施有效的管理。

二、德教爲先，因時施教

（一）慈不失教，寬嚴相濟

拳拳父母心，深深舐犢情。父母對於女子的愛天然、無私、寬廣、恒久。無私之愛是深厚的，卻也可能是盲目的；無私之愛是包容的，卻也可能是毀

〔註 41〕（宋）司馬光，溫公家範（卷 3）〔M〕，天津：天津古籍出版社，1995 年，第 39 頁。

〔註 42〕同上。

〔註 43〕同上。

〔註 44〕（宋）司馬光，溫公家範（卷 1）〔M〕，天津：天津古籍出版社，1995 年，第 19 頁。

〔註 45〕同上。

〔註 46〕（宋）司馬光，溫公家範（卷 7）〔M〕，天津：天津古籍出版社，1995 年，第 148 頁。

滅的。因而，父母對慈愛之情的尺度把握對孩子的健康成長起著至關重要的作用。熟知歷史的司馬光，知道太多因父母嬌寵慣養而導致孩子最後毀滅的事例，不禁感歎：「自古知愛子不知教，使至於危辱亂亡者，可勝數哉！夫愛之，當教之使成人。愛之而使陷於危辱亂亡，烏在其能愛子也？」〔註 47〕故而，其特別強調慈愛的尺度，主張慈不失訓、愛教結合。他在《潛虛》中說：「慈而不訓，失尊之義；訓而不慈，害親之理。慈訓曲全，尊親斯備。」〔註 48〕父母對子女，只講慈愛卻不重教育，便沒有盡到爲人尊長的義務；反之，如果只訓誡子女而沒有慈愛之情，則必然傷害骨肉親情，只有「慈訓曲全」，即慈訓並重，愛教結合，方能兼顧情理。司馬光生動總結曰：「老牛舐犢不如燕引其雛。」〔註 49〕

　　司馬光將教育視爲父母慈愛的核心內涵，主張「人愛其子，當教子成人」。他說：「養之，故人賴以生也；教之，故人賴以明也」〔註 50〕。愛護子女不僅要撫養其身體成長，更要教育其心智成長。其特地舉例論證：漢代「萬石君」石奮，「無文學」，但爲人「恭謹，舉無與比」，十分注重對子孫的教育。「子孫有過失，不誚讓，爲便坐，對案不食。然後諸子相責，因長老肉袒固謝罪，改之，乃許。」〔註 51〕子孫犯錯，石奮以懲罰自己的方式引起子孫們對於錯誤的認知並改正。如此這般，石奮四子「皆以馴行孝謹，官至二千石」〔註 52〕。由此可見，父母重視對子女的教育，有利於子女的成才。

　　司馬光特別反對父母對子女盲目寵愛，遷就姑息。他借用石碏勸諫衛莊公的話說：「臣聞愛子，教之以義方，弗納於邪。驕奢淫泆，所自邪也。四者之來，寵祿過也。」〔註 53〕指出喜愛子女，就應當以道義教導之，使其不要誤入歧途。驕傲、奢侈、淫蕩、安逸四種惡行的產生，都是由於寵愛泛濫。

〔註 47〕（宋）司馬光，溫公家範（卷 3）〔M〕，天津：天津古籍出版社，1995 年，第 33 頁。

〔註 48〕（宋）司馬光，潛虛〔M〕，上海：商務印書館，中華民國 25 年，第 41～42 頁。

〔註 49〕同上，第 41 頁。

〔註 50〕同上，第 12 頁。

〔註 51〕（宋）司馬光，溫公家範（卷 1）〔M〕，天津：天津古籍出版社，1995 年，第 9 頁。

〔註 52〕同上。

〔註 53〕（宋）司馬光，溫公家範（卷 2）〔M〕，天津：天津古籍出版社，1995 年，第 33 頁。

對此，他總結到：「愛而不教，適所以害之也。」其特地舉例論證：「梁元帝時，有一學士，聰敏有才，少爲父所寵，失於教義。一言之是，遍於行路，終年譽之；一行之非，掩藏文飾，冀其自改。年登婚宦，暴慢日滋，竟以語言不擇，爲周逖抽腸釁鼓云。」〔註 54〕如此看來，父母一味溺愛卻不知教誨子女，只傳揚子女的長處，對子女的過錯卻百般掩飾，到頭來反而害了孩子。王夫之對這一點非常認同，他在評論梁武帝子孫之時就說：「慈而無節，寵而無等，尚婦寺之仁，施禽犢之愛，望恩無已，則挾怨益深，諸子之惡，非武帝陷之，而豈其不仁至此哉？」〔註 55〕

司馬光十分重視母教的作用。但鑒於「慈母敗子」的教訓，司馬光旗幟鮮明的指出：「爲人母者，不患不慈，患於知愛而不知教也。古人有言曰：『慈母敗子。』愛而不教，使淪於不肖，陷於大惡，入於刑辟，歸於亂亡。非他人敗之也，母敗之也。」〔註 56〕並且司馬光還精心輯錄了諸如：孟母爲子三遷，田被子母教子取財有道，柳仲郢母勸子讀書，口含黃連；雋母教子爲官清廉等慈母故事，有力地說明母教的重要性。

司馬光強調父母對子女從嚴的教育。他說：「父母威嚴而有慈，則子女畏慎而生孝矣。」〔註 57〕司馬光還引用曾子之言具體論述：「君子之於子，愛之而勿面，使之而勿貌……心雖愛之，不形於外，常以嚴莊涖之。」〔註 58〕對孩子的喜愛之情不宜溢於言表，而是應以端莊嚴肅的態度面對他。爲父之道的關鍵即是嚴教，絕不可押簡輕率。「吾見世間，無教而有愛，每不能然。飲食運爲，恣其所欲，宜誡翻獎，應呵反笑。……逮於長成，終爲敗德。」〔註 59〕在情非得已的情況下，家長甚至可以「楚撻，慘其肌膚」，猶如以「湯藥針艾救之」。「豈願苛虐於骨肉乎？誠不得已也。」〔註 60〕雖然家長都是很疼惜自己的孩子的，但爲了子女成才，有時必須教訓孩子。

〔註 54〕　（宋）司馬光，溫公家範（卷 3）〔M〕，天津：天津古籍出版社，1995 年，第 39 頁。

〔註 55〕　（清）王夫之著，伊力主編，資治通鑑之通鑑‧文白對照全譯《讀通鑑論》上〔M〕，鄭州：中州古籍出版社，1994 年，第 813 頁。

〔註 56〕　（宋）司馬光，溫公家範（卷 3）〔M〕，天津：天津古籍出版社，1995 年，第 43 頁。

〔註 57〕　同上，第 38 頁。

〔註 58〕　同上，第 33 頁。

〔註 59〕　同上，第 38 頁。

〔註 60〕　同上。

　　司馬光在提倡父母對子女嚴格教育之時，反對過分體罰子女，主張勸說感化的「文」教。司馬光認爲對子女的教育應該「遵之以道而勿強言」，「以日月漸磨之也」〔註 61〕。針對子女的過錯缺點，應該勸說疏導，通過時間慢慢感化他們，而不能強行限制堵截。「強之或傷恩」〔註 62〕。過於嚴厲責罰則子女就會傷害之女與父母之間的感情，還會引起子女的逆反心理。他說：「不以辭色悅之也，不遵之以道，是棄之也。」〔註 63〕不通過諄諄教誨來感化子女，就是背離了教育的本質，是對子女的放棄。

（二）道德爲先，誠信爲重

　　司馬光非常重視對子女的道德培養，其對子女的教育首先是道德教育。他認爲教育子女「當養其德，使不入邪惡，乃可謂之慈矣」。教育子女應該把培養其良好的道德品質作爲首要工作，以免他們誤入歧途，這才體現了家長對子女的眞正的慈愛之情。司馬光對道德品德素養的重視尤其體現在有關祖先留什麼給後人這個問題上。「人爲祖者，莫不思利其後世。然果能利之者，鮮也。」〔註 64〕作爲祖先，都希望能留下一些對子孫後人有利的東西，但是眞正有利的卻很少，爲什麼呢？就是因爲「今之爲後世謀者，不過廣營生計以遺之。田疇連阡陌，邸肆跨坊曲，粟麥盈囷倉，金帛充篋笥，慊慊然求之猶未足，施施然自以爲子子孫孫累世用之莫能盡也」〔註 65〕。司馬光認爲聚斂資財遺於子孫，結果只能是導致子孫養成驕奢淫逸不思進取的不良作用，最終只能一事無成，貽害終身。其列舉了太子太傅疏廣的事例說明這個道理。疏廣告老還鄉之後，用皇帝所賜財物在家擺酒設宴，款待族人、朋友和賓客。其兄長對他這樣花錢感到疑惑，於是勸他減少吃喝，積攢錢財，多買田地給子孫。疏廣答曰：「吾豈老悖不念子孫哉！顧自有舊田廬，令子孫勤力其中，足以共衣食，與凡人齊。今復增益之，以爲贏餘，但教子孫怠惰耳。賢而多財，則損其志；愚而多財，則益其過。且夫，富者，眾之怨也。吾既亡以教

〔註 61〕（宋）司馬光，溫公家範（卷 3）〔M〕，天津：天津古籍出版社，1995 年，第 33 頁。
〔註 62〕同上。
〔註 63〕同上。
〔註 64〕（宋）司馬光，溫公家範（卷 2）〔M〕，天津：天津古籍出版社，1995 年，第 25 頁。
〔註 65〕同上。

化子孫，不欲益其過而生怨。」〔註66〕疏廣對人性的發展看得非常透徹，鑒於此，司馬光在《家範》中反覆告誡爲人父母者，必須重視子女的道德教育，在其《居家雜儀》中他更是不厭其煩的詳細介紹了子女嬰幼兒時期的道德教育流程。

司馬光家庭倫理中以德爲富的思想，對我們正確對待物質財富與精神財富具有啓發意義。我們必須承認，一定的物質財富對於個人和家庭來說是必須，但是人一輩子所需要的物質財富及其有限。然而，高尚的道德和優良的家風是無止盡的，只要具備了獲得和佔有一定物質財富的前提，就能永世留存，成爲寶貴的精神遺產。

在以德爲先的家庭教育中，司馬光尤其重視對子女的誠信道德教育。他說：「君子所以感人者，其爲誠乎！欺人者，不旋踵人必知之；感人者益久，人益信之。」〔註67〕人的眞誠不是一時一事的事，而是在內心誠信信念支持下的一以貫之。又說：「夫信者，人君之大寶也。國保於民，民保於信。非信無以使民，非民無以守國。是故古之王者不欺四海，霸者不欺四鄰，善爲國者不欺其民，善爲家者不欺其親。」〔註68〕國家靠百姓保衛，人民靠誠信保護。善治國者不欺騙人民，善治家者不欺騙親人。由此可見，在司馬光看來，誠信是立身之本，是人人皆須重視並且踐行的道德規範。只有誠信之人，才能得到他人和社會的尊重。「誠」即指人的思想言行的無妄無欺，坦誠守信。「信」即指講信用，言出必行。

在家庭教育中，司馬光特別反對父母欺騙小孩。《家範》中引用了曾子的故事：曾子之妻爲闢兒子不哭曰：「勿啼，吾歸爲爾殺豕。」妻歸以語曾子。曾子即烹豕以食兒曰：「母教兒欺也。」〔註69〕曾子身體力行地兌現了其妻對孩子的承諾。在司馬光看來，這是家長理應給孩子的正面教育。其引用《禮記·曲禮》的話說：「幼子常視母誑。」〔註70〕意思是說，孩子幼小不懂事，

〔註66〕（宋）司馬光，溫公家範（卷2）〔M〕，天津：天津古籍出版社，1995年，第26頁。

〔註67〕（宋）司馬光，迂書〔A〕，司馬溫公集編年箋注5〔M〕，成都：巴蜀書社，2009年，第470頁。

〔註68〕（宋）司馬光原著，資治通鑑·文白對照本（卷2）〔M〕，北京：中華書局，2009年，第44頁。

〔註69〕（宋）司馬光，溫公家範（卷3）〔M〕，天津：天津古籍出版社，1995年，第34頁。

〔註70〕同上。

母親要經常教育他不欺詐的道理。如果父母本身就欺騙他們，對孩子不信守承諾，就會無意中影響孩子，孩子也會學著欺騙。

（三）教子從初，循序漸進

重視早期教育和環境影響，是我國家教的優良傳統之一。早期的家庭教育與影響，對一個人思想觀念的形成、智力的發展、性格的培養、習慣的養成具有至關重要的啓蒙意義。早期所受的家庭教育，在很大程度上將決定一個人的人生發展。因而，良好的早期家庭教育，可以爲人才成長奠定良好的基礎；反之，如果早期家教不好，沒有養成良好的習性，將給今後的一生帶來不可彌補的缺陷和影響。北宋時期，司馬光是早期教育推崇者的傑出代表，其所著的家訓中保留著大量有關於早教的記載。

司馬光非常贊同孔子之言：「少成若天性，習慣成自然」〔註71〕，認爲必須抓住教育時機，防患於未然，而不應抱有「兒幼未有知耳，俟其長而教之」〔註72〕的想法。司馬光認爲若早期教育空缺，「使之不知尊卑長幼之禮，每致侮詈父母，毆擊兄妹，父母不加訶禁，反笑而獎之。彼既未辨好惡，謂禮當然。及其既長，習已成性，乃怒而禁之，不可複製。於是父疾其子，子怨其父，殘忍悖逆，無所不至」〔註73〕。如果年幼之時不抓緊教育，養成了壞習慣，就很難改正了。故而，司馬光強調要把握教子的最佳時機，儘早施教，儘早培養孩子形成良好的習性。他對此有一個非常形象的比喻：「絡馬首，穿牛鼻，利以早，初易馴也。」〔註74〕這與顏之推的「教子嬰孩」〔註75〕有異曲同工之處。

司馬光的早教從胎教開始，其認爲對子女的教育應該從人體形成的胚胎時期開始。其在《家範》中引證《列女傳》的資料：「古者婦人任子，寢不側，坐不邊，立不蹕，不食邪味，割不正不食，席不正不坐，目不視邪色，耳不

〔註71〕（宋）司馬光，溫公家範（卷3）〔M〕，天津：天津古籍出版社，1995年，第38頁。

〔註72〕同上，第34頁。

〔註73〕（宋）司馬光，居家雜儀〔A〕，司馬氏書儀〔M〕，北京：中華書局，1985年，第45頁。

〔註74〕（宋）司馬光，潛虛〔M〕，上海：商務印書館，中華民國25年，第40頁。

〔註75〕（宋）司馬光，居家雜儀〔A〕，司馬氏書儀〔M〕，北京：中華書局，1985年，第45頁。

聽淫聲，夜則令瞽誦詩道正事。如此，則生了形容端正，才藝博通矣。」〔註76〕論述了古代的胎教之法。同時他還列舉了周文王之母重胎教的事例：「周大任之娠文王也，目不視惡色，耳不聽淫聲，口不出傲言。文王生而明聖，卒為周宗。君子謂大任能胎教。」〔註77〕以此強調胎教的重要性。

司馬光認為教育不能急於求成，要遵循教育的客觀規律，分階段、由易到難的循序漸進地加以引導。其根據《禮記‧內則》，在《書儀‧居家雜儀》中詳細制定了幼兒教育的十年教程內容：「子能食，飼之教以右手，子能言，教之自名，及唱諾萬福安置。稍有知，則教之以恭敬尊長」；「六歲教之數與方名，男子始習書字，女子始習女工之小者」；「七歲男女不同席，不共食，始誦《孝敬》、《論語》，雖女子亦宜誦之」；「八歲出入門戶及即席飲食，必後長者，始教之以謙讓。男子誦《尚書》，女子不出中門」；「九歲男子誦《春秋》及諸史，始為之講解使曉義理，女子亦為之講解《論語》、《孝敬》及《烈女傳》、《女戒》之類，略曉大意」；「十歲男子出就外傅，居宿於外，讀《詩》、《禮》、《傳》，為之講解，使知仁義禮智信」；「女子則教以婉娩聽從及女工之大者」；「若既冠笄，則皆責以成人之禮，不得復言童幼矣。」〔註78〕如此詳盡的蒙養教程，凸顯了司馬光循序漸進的教育原則。

（四）女子受教，約通大義

司馬光在女子受教育問題上表現出了令人讚歎的遠見卓識。司馬光提倡女子應該和男子一樣，享有讀書受教育的權力。他引用曹大家《女戒》之言，指出：「今之君子徒知訓其男，檢其書傳，殊不知夫主之不可不事，禮義之不可不存。但教男而不教女，不亦蔽於彼此之教乎？」〔註79〕在司馬光看來，「徒知訓其男」，「教男而不教女」的觀點是片面的，不公平的。家中女子也應該學習文化，「略通大義」，樹立婦道德業。

司馬光在批評了「徒知訓其男」的社會現實教育之後，給出了自己主張

〔註76〕（宋）司馬光，溫公家範（卷3）〔M〕，天津：天津古籍出版社，1995年，第44頁。

〔註77〕（宋）司馬光，溫公家範（卷3）〔M〕，天津：天津古籍出版社，1995年，第43頁。

〔註78〕（宋）司馬光，居家雜儀〔A〕，司馬氏書儀〔M〕，北京：中華書局，1985年，第45頁。

〔註79〕（宋）司馬光，溫公家範（卷6）〔M〕，天津：天津古籍出版社，1995年，第107頁。

女子理應接受教育的理由。他說：「凡人不學則不知禮義。不知禮義，則善惡是非之所在皆莫之識也。於是乎有身爲暴亂，而不知知其非也；禍辱將及，而不知其危也。然則爲人皆不可以不學，豈男女之有異哉。」〔註 80〕女性，無論是作爲女兒、媳婦，還是妻子、母親、婆婆，都是家庭及社會中的重要倫理主體，必須知禮義、行禮義。然而，「爲之甚易，唯在存心耳」〔註 81〕。女德化爲內心信念，方能自然易行。如何才能變成內心信念呢？司馬光回答：「是故女子在家，不可以不讀《孝經》、《論語》及《詩》、《禮》，略通大義」〔註 82〕。即讓女子接受教育，成爲封建道德教化的對象。可見，司馬光不僅不反對女子接受教育，認爲受教育是女子的一項權力，而且認爲受教育應該是女性的一項任務。如其不然，女性就難以知禮節，進而對自己、家庭帶來負面影響，推而廣之，對社會也將產生不良影響和後果。

司馬光根據《禮》的要求，提出對女子「教以婦德、婦言、婦容、婦功」〔註 83〕的教育目標。具體爲：「夫云婦德，不必才明絕異也；婦言，不必辯口利辭也；婦容，不必顏色美麗也；夫婦功，不必工巧過人也。清閒貞靜，守節整齊，行己有恥，動靜有法，是謂婦德；擇辭而說，不道惡語，時然後言，不厭於人，是謂婦言；盥浣塵穢，服飾鮮潔，沐浴以時，身不垢辱，是謂婦功。此四德，女之大德而不可乏者也。」〔註 84〕司馬光特別強調「婦德」，把「婦言」、「婦功」放在次要地位，而「婦功」基本上是「男耕女織」、「男主外，女主內」的封建社會分工。

司馬光極力稱讚古代好學且有所成就的女子，認爲「古之賢女，無不好學，左圖右史，以自儆戒」〔註 85〕。他特別讚揚漢代和熹鄧皇后的勤學精神。鄧皇后「六歲能《史書》，十二通《詩》、《論語》，諸兄每經傳，輒下意難問，志在典籍，不問居家之事」。後因母親責難，便「晝修婦業，暮誦經典」〔註 86〕。司馬光十分佩服鄧皇后的學習精神，希望家中女子向她學習。

重視女子教育是司馬光家庭倫理教育的重要思想。雖然司馬光提倡女子接

〔註 80〕（宋）司馬光，溫公家範（卷 6）〔M〕，天津：天津古籍出版社，1995 年，
　　　　第 107 頁。
〔註 81〕同上。
〔註 82〕同上，第 108 頁。
〔註 83〕同上，第 107 頁。
〔註 84〕同上。
〔註 85〕同上，第 108 頁。
〔註 86〕同上。

受教育的理由和女子受教育的內容都沒有跳出「男尊女卑」的封建定格。然而，我們不能否認，對女子受教育的肯定是司馬光家庭倫理思想的開明之處。

第三節　子女之道

「百善孝爲首」。孝是中華民族的傳統美德和中華傳統文化的重要組成部分，在中國古代，爲維護家庭和諧與社會穩定發揮了非常重要的作用。孝基於宗法意識的敬祖與血緣關係的親情而產生。在家國同構的社會架構下，宗法倫理、血緣倫理、政治倫理三者合爲一體爲孝。故可以說中國傳統社會奠定於孝道之上。「孝是中華傳統倫理體系的起點與諸德之首」〔註87〕，孝在中國傳統倫理中處於核心地位。

《孝經》曰：「夫孝，天之經也，地之義也，民之行也。天地之經，而民是則之。」〔註88〕孝道是萬民必須身體力行的道德準則。司馬光的家庭倫理思想繼承了中國孝道傳統思想，其家庭倫理著述中有諸多關於孝道的論述。司馬光在《孝經指解》中說：「孝者，天地之常，自然之道。民法之以爲行耳，其爲大不亦宜乎？」〔註89〕將「孝」視爲永恒天地之道。其進一步認爲：「孝者，百行之本」〔註90〕。將「孝」視爲百善之基礎。司馬光非常推崇「孝」在家庭倫理乃至社會政治中的作用，認爲孝爲修身之基，修身爲治國之基。他說：「治身莫先於孝，治國莫先於公。孔子曰：『孝，德之本也。』又曰：『不愛其親而愛他人者，謂之悖德；不敬其親而敬他人者，謂之悖禮』。未有根絕而葉茂、源涸而流長者也。」〔註91〕司馬光明確指出，修身無不始於孝者，治國無不始於正者。其引用孔子關於孝爲德之本的論述，把孝與德的關係喻爲木之根，河之源。對孝道的重視不言而喻。

〔註87〕蕭群忠，中國孝文化研究〔M〕，臺灣：五南圖書出版公司，2002 年，第 168 頁。

〔註88〕（宋）司馬光，溫公家範（卷 4）〔M〕，天津：天津古籍出版社，1995 年，第 62 頁。

〔註89〕轉引自：董根洪，司馬光哲學思想述評〔M〕，太原：山西人民出版社，1993 年，第 306 頁。

〔註90〕同上。

〔註91〕（宋）司馬光，二先箚子〔A〕，司馬溫公集編年箋注3〔M〕，成都：巴蜀書社，2009 年，第 307 頁。

一、養親敬親，行孝至誠

（一）養親敬親，篤孝至純

養親是司馬光孝道思想的基本內容。養親，即從經濟上奉養父母，照顧好父母的飲食起居，讓父母獲得物質生活上的幸福，做到「老有所養」。司馬光在《家範・子上》中引孟子所列「五不孝」，其中「惰其四支，不顧父母之養」；「博弈好飲酒，不顧父母之養」；「好財貨私妻子，不顧父母止癢」〔註92〕三項不孝之行爲與奉養父母有關。司馬光借孟子的話是想對後世子孫以告誡「夫爲人子而事親或有虧，雖有他善累百，不能掩也。可不慎乎！」〔註93〕。

敬親是司馬光孝道思想的核心內容。這與孔子的敬親之孝一脈相承。孔子曰：「今之孝者，是謂能養。至於犬馬，皆能有養。不敬，何以別乎？」若視供養父母爲盡孝，那麼牲畜都能做到，如過孝道之中缺乏敬親的思想，與牲畜又有何區別呢？由此可見，孔子要求盡孝必敬親。司馬光繼承了孔子敬親的觀念，在《家範》中引用《孝經》的句子說：「君子之事親也。居則致其敬，養則致其樂，病則致其憂，喪則致其哀，祭則致其嚴。」〔註94〕

司馬光的家訓著作中包含了豐富的敬親思想，概括起來主要包括以下幾個方面：其一，服侍父母有禮，即子女在日常生活中要畢恭畢敬地對待至親。司馬光說：「子事父母，雞初鳴，咸盥漱，盛容飾，以適父母之所。父母之衣、衾、簟、席、枕、幾不傳；杖、履祗敬之勿敢近；敦、牟、卮、匜，非餕莫敢用。在父母之所，有命之，應唯敬對；進退周旋慎齊；升降、出入、揖遜。不敢噦噫、嚏咳、欠伸、跛倚、睇視；不敢唾洟。寒不敢襲，癢不敢搔；不有敬事，不敢袒裼；不涉不撅。」〔註95〕以上表述了子女侍奉父母，時時刻刻都要表現出對父母的恭敬之情，不得有任何隨便行爲。司馬光列舉宋朝初年平章事王溥的事例說明這一點。王溥之父王祚在家招待賓客，王溥「朝服侍立」。客人頗感不安。王祚說：「豚犬不足爲之起」。司馬光讚賞到：「此可謂居則致其敬矣。」〔註96〕

其二，順從父母意願，即聽父母的話，按時向父母彙報。「父母之命勿逆，

〔註92〕（宋）司馬光，溫公家範（卷4）〔M〕，天津：天津古籍出版社，1995年，第62頁。
〔註93〕同上。
〔註94〕同上。
〔註95〕同上。
〔註96〕同上，第63頁。

勿怠。若飲之食之，雖不嗜，必嘗而待；加之衣服，雖不欲，必服而待」。〔註97〕父母的吩咐絕對不能忤逆或者怠慢。父母吩咐子女飲食，不喜歡也要吃，父母吩咐子女穿衣，不喜歡也要穿。「凡父母之命，必籍記而佩之，事畢，則返命焉。或所命有不可行者，則和色柔聲，具是非屬害而白之。待父母之許，然後改之。若不許，苟於事無大害者，亦當曲從。若以父母之命爲非，而直行己志，雖所執皆是，猶爲不順之子。」〔註98〕父母的吩咐，子女必須謹記。辦完父母交代的事情，必須回去稟告。如果父母的吩咐有不可執行的地方，則應該和色柔聲的加以說明，等到父母允許，然後該之。如果父母不同意，小事也應該就此作罷，但是擅作主張將事辦完，就是不孝。「爲人子者，出必告，反必面。」〔註99〕子女出去必須告知父母，回來必須向父母彙報。

其三，取悅父母，即想方設法使父母笑口常開，精神愉悅。司馬光列舉二十四孝中老萊子娛親的故事說明這個道理。「老萊子孝奉二親，行年七十，做嬰兒戲，身服五彩斑斕之衣。嘗取水上堂，詐跌仆臥地，爲小兒啼，弄雛於親側，欲親之喜。」〔註100〕老萊子爲取悅父母，年近七十，還穿花衣服，玩嬰兒遊戲，裝小孩哭。

其四，關心父母身體，即在父母生病之時，深切感受父母的憂愁並細心照顧。司馬光引《禮記》之言，曰：「父母有疾，冠者不櫛，行不翔，言不惰，琴瑟不禦，食肉不至變味，飲酒不至變貌，笑不至矧，怒不至詈。疾止復故。」〔註101〕又在《書儀》中強調：「父母有疾，子色不滿容、不戲笑、不晏遊、捨置餘事，專以迎醫、檢方、合藥爲務。」〔註102〕父母生病之時，子女要憂父母之憂。不梳妝打扮，不輕捷行走，不話閒，不鼓琴弄瑟。少吃肉，少喝酒，不大笑，不罵人。父母病癒後，一切方能恢復正常。司馬光《家範》中列舉了一些孝敬患病父母的典型事例，以示爲子孫的榜樣：文王有疾，武王「不脫冠帶而養」；漢文帝照顧患病的薄太后，三年「目不交睫，衣不解帶，湯藥

〔註97〕（宋）司馬光，溫公家範（卷4）〔M〕，天津：天津古籍出版社，1995年，第63頁。

〔註98〕（宋）司馬光，居家雜儀〔A〕，費成康主編，中國的家法族規〔M〕，上海：上海社會科學院出版社，2002年，第255頁。

〔註99〕（宋）司馬光，溫公家範（卷4）〔M〕，天津：天津古籍出版社，1995年，第62頁。

〔註100〕同上，第68頁。

〔註101〕同上。

〔註102〕（宋）司馬光，居家雜儀〔A〕，司馬氏書儀〔M〕，北京：中華書局，1985年，第42頁。

非口所嘗弗進」；南齊庚黔婁，憂其病父，棄官回家，爲父親嘗糞便；後魏孝文帝，四歲便爲患癰的父親獻文帝「親口吮膿」﹝註103﹞。

司馬光認爲子女應該毫無條件地孝敬父母。即使父母不喜愛子女，子女也不應該責怪父母，而應「責己而已」。子女應從自己身上找原因，以達到父母的要求，眞誠地孝敬父母，以獲取父母的喜愛。《家範》引用了舜的事例來做說明：「昔舜父頑、母嚚、象傲，日以殺舜爲事，舜往於田，日號泣於旻天，於父母負罪引慝，祇載見瞽瞍，夔夔齋栗，瞽瞍亦允若，誠之至也。如瞽瞍者，猶信而順之，況不至是者乎？」﹝註104﹞舜眞誠的孝心、孝行感動了不喜歡自己的父母。司馬光借用這個事例擬在說明一個道理：「父母愛之，喜而不忌；父母惡之，懼而弗怨」。﹝註105﹞子女若獲父母喜愛，應心感歡喜而不畏忌；如未獲父母喜愛，應心存畏懼但不抱怨。

（二）喪致其哀，祭致其嚴

守喪盡孝是司馬光孝親思想的重要內容。子女是否孝順父母的重要衡量標準之一就是其是否能居喪守孝。孔子曰：「事死如事生，事亡如事存，孝之至也。」﹝註106﹞給亡父亡母守喪應該像父母身前侍奉他們一樣，理應眞誠敬愛。

司馬光繼承了孔子的守喪盡孝的思想，認爲「生事敬愛，死事哀戚，生民之本盡矣，死生之義備矣，孝子之事親終矣」﹝註107﹞。替父母守喪應該做到「喪則致其哀，祭則致其嚴」。如何守喪才能「致其哀」呢？司馬光認爲：其一，子女對父母的離世應該表現出誠摯的「哀淒之情」。他引《詩經》曰：「孝子之喪親也，哭不哀，禮無容，言不文，服美不安，聞樂不樂，食旨不甘。」﹝註108﹞子女因爲父母離世而傷痛欲絕，以至哭聲嘶啞，禮儀不端，說話失去文采，穿好衣服會感不安，聽音樂不覺快樂，吃美食不覺甘甜。當然，

﹝註103﹞（宋）司馬光，溫公家範（卷4）﹝M﹞，天津：天津古籍出版社，1995年，第69頁。

﹝註104﹞（宋）司馬光，溫公家範（卷4）﹝M﹞，天津：天津古籍出版社，1995年，第86頁。

﹝註105﹞同上。

﹝註106﹞林語堂著，黃嘉德譯，孔子的智慧﹝M﹞，西安：陝西師範大學出版社，2004年，第76頁。

﹝註107﹞（宋）司馬光，溫公家範（卷4）﹝M﹞，天津：天津古籍出版社，1995年，第74頁。

﹝註108﹞同上。

司馬光也勸解生者節哀：「三日而食，教民無以死傷生，毀瘠不滅性，此聖人之政也。」〔註109〕司馬光在《家範》中列舉了很多對父母離世悲痛不已的例子：唐朝蘇頲，因喪父而悲痛不已，辭官受制。唐朝李涵其，因喪母而傷心不已，常蔬飯飲水，席地而息。二，子女對亡父亡母的安葬事宜應該「汲汲也」〔註110〕。司馬光說：「葬者，人子之大事。死者以窀穸爲安，宅兆而未葬，猶行而未有歸也。是以孝子雖愛親，留之不敢久也。」〔註111〕中國文化講究入土爲安，故而子女孝敬父母就應該高度重視亡父亡母的安葬事宜。否則，司馬光說：「人所貴有子孫者，爲死而形體有所付也。而既不葬，則與無子孫而死道路者奚以異乎？」〔註112〕如果人死後沒有得到及時安葬，那麼與斷子絕孫死死在路旁之人有何區別？司馬光還主張在雙親未葬之前，子女應該「不變服，啜粥，居倚廬，寢苫枕塊，既虞而後有所變」〔註113〕。以表達對父母離世的哀傷之情。司馬光在《家範》中列舉了很多重視亡父亡母葬禮的孝子事例：宋朝賈恩，爲了搶救火災中亡母的棺柩，與其妻俱喪火海。海虞令何子平，因亡母八年不得葬，「晝夜號哭，常如袒括之日。冬不衣絮，暑不就清涼，一日一數合米爲粥，不進鹽菜。所居屋敗，不蔽風日」。新野庾震因爲貧困沒有錢財安葬父母，就受雇替他人繕寫，以至手掌磨穿，積攢錢財，安葬父母。其三，子女應該爲父母守孝三年。「喪不過三年，示民有終也。」〔註114〕司馬光同孔子一樣認爲，孩子出生後，三年免於父母之懷，以此之情，三年之喪，合情合理。

祭則致其嚴。司馬光引用孔子之言曰：「祭如在。」〔註115〕祭祀祖先必須抱有一份虔誠的態度。「事死如事生，事亡如事存。齋三日，乃見其所爲齋者。」〔註116〕「祭之日，樂與哀半；饗之必樂，已至必哀，外盡物，內盡志。」祭祀亡靈之日，樂與哀兩種情感並存。給亡靈貢飯須高興，但內心深處卻務必哀傷。表現在外的祭祀物品要齊全，祭祀之時內心要眞誠。「入室僾然必有見

〔註109〕（宋）司馬光，溫公家範（卷4）〔M〕，天津：天津古籍出版社，1995年，第74頁。
〔註110〕同上，第99頁。
〔註111〕同上，第95頁。
〔註112〕同上，第99頁。
〔註113〕同上，第95頁。
〔註114〕同上，第74頁。
〔註115〕同上，第75頁。
〔註116〕同上。

乎其位；周還出戶，肅然必有聞乎其容身；也戶而聽，愾然必有聞乎其歎息
之聲。是故先王之孝也，色不忘乎目，聲不絕乎耳，心志嗜欲不忘乎心。」〔註
117〕進入靈廟祭祀，就彷彿見到祖先本人；祭祀出廟之後，又如同聽見祖先的
聲音。故而，先王孝敬親人，親人的形象永遠不離開眼前，親人的聲音永遠
不離開耳畔，親人的嗜好與欲望，永遠存乎心間。「致愛則存，致愨則著，著
存不忘乎心，夫安得不敬乎？齊齊乎其敬也，愉愉乎其忠也，勿勿諸其欲其
饗之也。」〔註118〕司馬光以孟蜀太子賓客李鄲為例。李鄲「年七十餘，享祖
考，猶親滌器。人或代之，不從，以為無以達追慕之意」〔註119〕。李鄲雖然
已經七十多，但是祭祀祖先時，仍然親力親為，親自洗滌祭器。即使他人想
代替他做，他卻不願意。司馬光評論到：「此可謂祭則致其嚴矣。」〔註 120〕
由此可見，在司馬光心中，祭奠父母和祖先，是一種特殊的人生體驗，也是
一種傳承的儀式。在這種儀式中，後輩立志將先輩的品格和人生態度予以發
揚，至此，個人生命的有限和家族精神的無限得到了完美連接。

（三）光宗耀祖，揚名顯親

顯親是司馬光孝親思想的最高要求。司馬光引用《詩經》之言：「題彼脊
令，載飛載鳴，我日漸邁，而月斯徵。夙興夜寐，無忝爾所生。」脊令鳥都
教育後代要辛勤勞作，希望後代能有出息，不至於碌碌無為，荒廢人生，更
何況人乎？故而，司馬光接著引用《詩經》之言：「立身行道，揚名於後世，
以顯父母，孝之終也。」指出子女立身守志，光宗耀祖，揚名顯親方為大孝。
司馬光認為揚名顯親不僅在父母身前，父母離世之後也應該一樣。其引用《內
則》之言，曰：「父母雖沒，將為善，思貽父母令名，必果；將為不善，思貽
羞辱，必不過。」〔註121〕父母離世後，若能想到行善可以揚名父母，行惡是
對父母的羞辱，子女必然會行善止惡。

如何才能光宗耀祖，揚名顯親呢？司馬光引用曾子之言曰：「居處不莊，
非孝也；事君不忠，非孝也；蒞官不敬，非孝也，朋友不信，非孝也；戰陳無

〔註117〕（宋）司馬光，溫公家範（卷 4）〔M〕，天津：天津古籍出版社，1995 年，
　　　　　第 75 頁。
〔註118〕同上。
〔註119〕同上。
〔註120〕同上。
〔註121〕同上，第 104 頁。

勇，非孝也。」〔註 122〕由此可見，司馬光認為行事莊重有禮，侍君忠心耿耿，為官廉潔公正，交友誠實守信，作戰英勇善戰五個方面是揚名顯親的主要途徑。為人子女者做到以上五點，「國人稱願然曰：『幸哉！有子如此！』所謂孝也已。」〔註 123〕司馬光評論：「為人子能如是，可謂之孝有終矣。」〔註 124〕

顯然，司馬光認為揚名顯親是一種必須的家庭責任。子女立身守志、光宗耀祖就是大孝。子女在博取自己功名的過程中，也完成了為家庭增光添彩的義務，可謂孝。而行事莊重有禮，侍君忠心耿耿，為官廉潔公正，交友誠實守信，作戰英勇善戰五個方面是揚名顯親的五種主要途徑。

二、勸諫救過，諫而不逆

孔子曰：「事父母幾諫，見志不從，又敬不違，勞而不怨。」〔註 125〕孔子孝道思想中，強調子女順從父母的意志的同時，又提出勸諫父母的觀點。並且孔子還說：「父有爭子，則身不陷於不義。故當不義，則子不可以不爭於父。」〔註 126〕

司馬光認同並繼承了孔子的思想，在《溫公家範》中說：「諫者，為救過也。親之命可從而不從，是悖戾也；不可從而從之，則陷親於大惡。然而不諫，是路人。故當不義則不可不爭也。」〔註 127〕子女勸諫是為了彌補父母的過錯。若父母之命正確，應該聽從卻不聽從是為不對。若父母之命錯誤，不該聽從卻聽從了，就是陷父母於不義。明知父母之命錯誤卻不諫諍，子女對父母就如對待路人，是為不孝。

子女勸諫父母，不是忤逆父母的意願嗎？司馬光答曰：「所謂『爭』者，順而止之，志在必於從也。」〔註 128〕子女勸諫父母必須在順從尊重父母意願的前提下阻止父母的錯誤言行。要做到「父母有過，諫而不逆」〔註 129〕。如

〔註 122〕（宋）司馬光，溫公家範（卷 4）〔M〕，天津：天津古籍出版社，1995 年，第 104 頁。
〔註 123〕同上，第 104～105 頁。
〔註 124〕同上，第 105 頁。
〔註 125〕同上，第 85 頁。
〔註 126〕（春秋）曾參，孝經〔M〕，鄭州：河南人民出版社，2008 年，第 37 頁。
〔註 127〕（宋）司馬光，溫公家範（卷 4）〔M〕，天津：天津古籍出版社，1995 年，第 85 頁。
〔註 128〕同上。
〔註 129〕同上，第 86 頁。

何做到諫而不逆呢？其一，子女勸諫父母之時，態度誠懇，語氣柔和，要有耐心：「凡父母有過，下氣怡色，柔聲以諫。諫若不入，起敬起孝。說則復諫；不說，則與其得罪於鄉黨州閭，寧孰諫。父母怒，不說，而撻之流血，不敢疾怨，起敬起孝。」〔註130〕父母有錯，子女勸諫應該和顏悅色，柔聲下氣。若父母不聽勸諫，子女要更加恭敬，用孝心感化他們。父母高興之時，子女再次進諫；父母不高興，與其讓父母得罪於鄉里朋友，不如頑強地多次勸諫。即使因為勸諫惹得父母生氣，把子女打得流血，子女也不能怨恨父母，仍然要孝敬父母。其二，子女勸諫父母要注意場合，只能在家裏勸諫，對於外人則要隱瞞父母的過錯。司馬光說：「諫者內隱諸外者也。諫諸內，則親過不遠；隱諸外，故人莫得而聞也。」〔註131〕在家勸諫，當著外人就要替父母隱瞞。在家勸諫，父母的過錯就能被制止；在外隱瞞，別人就不會知道父母的過錯。其三，子女勸諫父母要區分事情大小，若無原則性問題，就應該聽從父母的意見。司馬光說：「苟於事無大害者，亦當曲從。」〔註132〕

可見，司馬光的家庭孝道思想有一定的進步意義。特別是他認為子女可以勸諫父母的觀點，雖然仍然強調父母的權威，但實際上卻賦予了子女在處置家庭關係中的權力，這無疑是對傳統僵化的「父母——子女」關係和之間權力結構的一種超越，在這種超越之中，我們見到的是司馬光將「子孫受長上訶責，當俯首默受，毋得分理」〔註133〕的封建愚孝思想拋擲腦後。

第四節　夫婦之道

夫婦乃人倫之始。夫婦關係是家庭的首要關係。《易經·序卦》中說：「有天地然後有萬物，有萬物然後有男女，有男女然後有夫婦，有夫婦然後有父子，有父子然後有君臣」。夫婦關係是其他人倫關係建立的前提。然而，「夫妻者，

〔註130〕（宋）司馬光，居家雜儀〔A〕，司馬氏書儀〔M〕，北京：中華書局，1985年，第42頁。

〔註131〕（宋）司馬光，溫公家範（卷4）〔M〕，天津：天津古籍出版社，1995年，第86頁。

〔註132〕費成康主編，中國的家法族規〔M〕，上海：上海社會科學院出版社，2002年，第255頁。

〔註133〕徐少錦，溫克勤主編，中國倫理文化寶庫〔M〕，北京：中國廣播電視出版社，1995年，第296頁。

非有骨肉之恩也，愛則親，不愛則疏」〔註 134〕。夫妻不像父子、兄弟是血肉骨親，相愛才會親密，反之疏遠。在中國封建社會，婚姻關係的建立往往依照「父母之命」，「媒妁之言」，男女雙方的意願和感情幾乎不受重視，因而要維持毫無感情基礎的夫妻關係，讓夫妻二人「相親相愛」，就需要有一套嚴密的夫妻倫理禮制。中國封建社會，夫妻倫理禮制的核心思想是夫為妻綱。

司馬光繼承了傳統儒家的夫婦倫理思想，非常重視夫妻倫理。其認為「夫婦之道，天地之大義，風化之本原也，可不重歟？」〔註 135〕。夫婦關係是天地之大倫，不可不重視。「夫婦之際，人道之大倫也。《禮》之用，唯婚姻為兢兢。夫樂調，而四時和。陰陽之變，萬物之統也。可不慎歟？」〔註 136〕夫婦關係是人道之大倫，不可不謹慎。基於對夫婦關係重要性的認識，司馬光在其家庭倫理著作中，大篇幅地闡述了其夫婦倫理觀。

一、男尊女卑，夫主妻從

關於夫妻二者的家庭地位，司馬光認為「夫，天也；妻，地也。夫，日也；妻，月也。夫，陽也；妻，陰也。天尊而處上，地卑而處下。日無盈虧，月有圓缺，陽唱而生物，陰和而成物。故婦人專以柔順為德，不以強辯為美也」〔註 137〕。這裡，司馬光以天地、日月、陰陽之道比喻夫妻，附會出男尊女卑、夫尊妻賤的人倫關係，顯然是不合理的，是對男尊女卑、夫主妻從的封建糟粕倫理思想的大力宣揚，具有神秘主義的荒謬性。

在男尊女卑、夫主妻從思想的指導下，司馬光強調丈夫對妻子的管理。其引用《周易》之言曰：「丈夫生而有四方之志，威令所施，大者天下，小者一官。而近不行於室家，為一婦人所制，不亦可羞哉！」〔註 138〕男子在家為婦人控制，是非常恥辱的事情。司馬光評論「晉惠帝為賈后所制」，「唐肅宗為張后所制」的事例說：「彼二君者，貴為天子，制於悍妻，上不能保其親，

〔註 134〕 （戰國）韓非，任峻華注釋，韓非子 全文注釋本〔M〕，北京：華夏出版社，2000 年，第 80 頁。
〔註 135〕 （宋）司馬光，溫公家範（卷 7）〔M〕，天津：天津古籍出版社，1995 年，第 155 頁。
〔註 136〕 （宋）司馬光，溫公家範（卷 8）〔M〕，天津：天津古籍出版社，1995 年，第 164 頁。
〔註 137〕 同上。
〔註 138〕 （宋）司馬光，溫公家範（卷 7）〔M〕，天津：天津古籍出版社，1995 年，第 157 頁。

下不能庇其子，況於臣民！」由此發出了「自古及今，以悍妻而乖離六親，敗亂其家者，可勝數哉！然則悍妻之爲害大也」〔註139〕的感慨。故而，司馬光嚴厲主張對「驕縱悍戾，訓厲禁約而終不從」的「悍婦」，「不可以不棄」。他說：「苟室有悍妻而不出，則家道何日而安寧？」〔註140〕。認爲對不義悍婦可以實行「出妻」。

　　爲防止家庭出現「悍妻」，司馬光主張結婚伊始，丈夫就應該加強對妻子的教導管理。他說：「故凡娶妻，不可不慎擇也。既娶而防之以禮，不可不在其初也。」〔註141〕又說：「正家之道，靡不在初。初而驕之，至於狼狁，浸不可制，非一朝一夕所致也。」〔註142〕端正家風在於娶妻之始。司馬光列舉事例說明正妻之始的重要性。「昔舜爲匹夫，耕漁於田澤之中，妻天子之兒女，使之行婦道於翁姑，非身率以禮義，能如是乎？」〔註143〕虞舜雖爲匹夫，妻子雖爲帝王之女，但其照樣讓她們在公婆面前履行婦道。西漢鮑宣娶其妻少君之始，看到妻子豐富的陪嫁，謂妻曰：「少君生富驕，習美飾，而吾實貧賤，不敢當禮。」〔註144〕其妻少君便「悉歸侍御服飾，更著短布裳，與宣共挽鹿車，歸鄉里，拜姑畢，提甕出汲，修行婦道，鄉邦稱之」〔註145〕。東漢扶風人梁鴻，娶妻孟氏。孟氏嫁給梁鴻之後，「始以裝飾」，梁鴻見此七天沒有搭理孟氏。孟氏「更推髻，著布衣，操作俱如前」。鴻大喜，「遂與偕隱」〔註146〕。司馬光對此評價道：「是皆能正其初者也。」〔註147〕

　　由上觀之，司馬光有關夫妻二人家庭地位的論述，充斥著對夫權的強化和對女性的打壓。丈夫是家庭的絕對主導，妻子是家庭的附屬，從而實現了夫妻婚姻生活中的權力集中與強化。這種思想與我們現在所倡導的平等、民主、和諧的夫妻關係是大相徑庭的，要毫不留情地加以摒棄。

〔註139〕（宋）司馬光，溫公家範（卷7）〔M〕，天津：天津古籍出版社，1995年，第157頁。
〔註140〕同上。
〔註141〕同上。
〔註142〕同上，第155頁。
〔註143〕同上，第155～156頁。
〔註144〕同上，第156頁。
〔註145〕同上。
〔註146〕同上。
〔註147〕同上。

二、夫義婦順，以敬爲美

關於夫婦相處之道，司馬光主張「爲夫者，相敬而不悖禮；爲妻者，謙順且守節」。丈夫尊敬妻子，妻子對丈夫謙順且從一而終。夫妻間「相敬如賓」，即要求夫妻雙方遵守禮儀，按照夫妻間的禮儀對待對方。司馬光與其妻張氏的關係堪稱「以敬爲美」的楷模。張氏性情溫和，賢淑慧敏，「上承舅姑，旁接娣姒，下撫甥侄，莫不悅而安之」〔註148〕。司馬光對其妻敬愛有佳。在夫人病逝之後，司馬光專門撰文《敘清河郡君》。其中寫到：「性和柔敦實，自始嫁至於瞑目，未嘗見其有忿懟之色，嬌妄之語」〔註149〕，盛讚其妻道德，抒發懷念之情。

關於爲夫之道，司馬光論述較少。其在《家範》中引用《易經》之言曰：「止而說，男下女，故娶女吉也」〔註150〕。又引用《禮記》之言曰：「婿冕而親迎，御輪三周，所以下之也」〔註151〕。司馬光讚賞王襲喪妻，「與諸子並杖行服」之舉；讚賞劉實喪妻，「爲廬杖之制」〔註152〕。認爲莊周妻死，鼓盆而歌，薛勤喪妻不哭是棄義行爲。綜上所述，我們可以得知，司馬光「以敬爲美」夫妻之道的夫道重點在於丈夫要遵守夫妻之間的禮儀，按照禮法結成婚姻，按照禮法對妻子的去世表示哀悼。在日常生活中，丈夫仍然是處於高高在上的位置。

爲妻之道是司馬光夫妻之道的重點內容，其做了長篇論述，希望能在各方面規範妻子言行，爲家庭和睦融洽奠定基礎。司馬光說：「爲人妻者其德有六：一曰柔順；二曰清潔；三曰不妒；四曰儉約；五曰恭謹；六曰勤勞。」〔註153〕司馬光通過說理、舉例相結合的方式，論述了「爲妻六德」的含義與具體表現。「敬順之道，婦人之大禮也。」〔註154〕司馬光以鮑蘇之妻宋女等的柔順之德，說明「婦人專以柔順爲德，不以強辯爲美也」。「妻者，齊也。一與之

〔註148〕（宋）司馬光，敘清河郡君〔A〕，司馬溫公集編年箋注5〔M〕，成都：巴蜀書社2009年，第139頁。
〔註149〕同上。
〔註150〕（宋）司馬光，溫公家範（卷7）〔M〕，天津：天津古籍出版社，1995年，第155頁。
〔註151〕同上。
〔註152〕同上，第157頁。
〔註153〕同上，第164頁。
〔註154〕同上。

齊,終身不改。故忠臣不事二主,貞女不事二夫。」〔註155〕司馬光將婦女貞潔提高到臣子侍奉君主的高度,主張婦女「既嫁,終身不得改,不被休、不得自去」〔註156〕。其在《家範》中高度讚賞了16名貞女節婦的守貞行為。「婦人之美無如不妒矣。」〔註157〕後堂太宗正室劉氏不慍「莊宗以妾母加於嫡母」,「可謂能不妒矣」〔註158〕。「婦人固以儉約為美,不以侈麗為美也」。唐朝岐陽公主至澧州,「從者不二十人,六、七婢,乘驢闐茸,約所至不得肉食」,「可謂能節儉矣」。「古之賢婦,未有不恭其夫者」〔註159〕。相待如賓的冀缺之妻,舉案齊眉的梁鴻之妻,「可謂能恭謹矣」〔註160〕。「勤勞」,即為妻者不應「端居終日」,而需「服勞辱之事」。漢明德馬皇后「自為衣裈,手皆瘃裂」,「可謂能勤勞矣」〔註161〕。司馬光的這些思想保守性、落後性然而易見。

值得欣慰的是,司馬光並沒有完全停留在傳統儒家為妻之道之上,他有自己的突破。司馬光說:「為人妻者,非徒備此六德而已,又當輔佐君子成其令名。是以卷耳求賢審官,殷其雷,勸以義,以正雞鳴警戒相成。此皆內助之功也。」《家範》中舉例:楚莊王初即位,狩獵畢弋,樊姬諫不止,乃不食鳥獸之肉。三年,王勤於政事不倦。樂羊子妻批評丈夫拾遺求利,求學半途而廢,羊子感於言,捐金於野,復終還業,七年不返。羊子妻躬勤養姑,遠饋羊子。這些例證在當今同樣具有一定的說服意義和教育意義。司馬光「內助之功」的妻道思想是對傳統「男尊女卑」思想的有力挑戰。

毋庸置疑,司馬光夫義婦順、以敬為美的夫婦相處之道,充滿了男尊女卑、夫主妻從的封建思想,尤其是其單方面要求妻子對丈夫要從一而終,且同時要求妻子包容、理解、接納、支持丈夫喜新厭舊、妻妾成群的陋習,充分暴露了司馬光作為封建統治階級思想家的嘴臉。司馬光無疑是北宋力倡婦女守節的積極首倡者之一。然而,在封建禮教日趨森嚴,男尊女卑愈演愈烈

〔註155〕（宋）司馬光,溫公家範（卷7）〔M〕,天津:天津古籍出版社,1995年,第165頁。

〔註156〕董根洪,司馬光哲學思想述評〔M〕,太原:山西人民出版社,1993年,第311頁。

〔註157〕（宋）司馬光,溫公家範（卷9）〔M〕,天津:天津古籍出版社,1995年,第182頁。

〔註158〕同上,第183頁。

〔註159〕同上,第188頁。

〔註160〕同上。

〔註161〕同上。

的當時，司馬光提倡夫妻間相敬相愛，尤其主張在處理家庭問題，甚至處理國家事務之時，妻子具有批評丈夫的權力，雖然司馬光的這些主張仍然以男主女從為基礎，但畢竟流露出了些許平等色彩，值得肯定。

三、以義相合，義絕離之

關於夫婦結合之道，司馬光堅決主張「夫婦以義合」〔註 162〕，即夫妻相合應該以義為基礎，以夫妻品性相投為前提。司馬光提出：「凡議婚姻，當先察其婿與婦之性行，及家法如何，勿苟慕其富貴。」〔註 163〕婚姻建立之前，應該注重考察對方的品性性情和家庭教育，而不應該貪圖對方錢財。司馬光分析：「婿苟賢矣，今雖貧賤，安知異時不富貴乎？苟為不肖，今雖富盛，安知異時不貧賤乎？……婦者，家之所以盛衰也。苟慕一時富貴而娶之，彼挾富貴，鮮有不輕其夫而傲其舅姑者，養成驕妒之性，異日為患，庸有極乎！藉使因婦財以致富，依婦勢以取貴，苟有丈夫之志氣者，能無愧乎！」〔註 164〕由此觀之，以錢財為基礎而結合的婚姻存在很多弊端，會致婚後的不幸福。故而，司馬光非常痛恨以財論婚，認為那「夷虜之道」〔註 165〕，是「駔儈鬻奴賣婢之法」〔註 166〕，故而，其主張「議婚姻有及於財者，皆勿與為婚姻可也」〔註 167〕。理學大師朱熹所撰《家禮》中談到「婚禮」，頗以司馬光所言為是。

司馬光重性行才德而貶財物，反對買賣婚姻的婚姻觀，固然體現了積極企圖以封建道德品行作為取捨婚姻的重要標準的要求，但也反映了人類自身價值認識的提高，即人類不能降低自身的價值以屈就於財物。撇開其消極面，那麼反對買賣婚姻，提倡婚姻以性行情義相合為基礎的思想應該是值得肯定的，特別是在封建專制統治最甚的北宋中期提出實屬難能可貴。

同時，司馬光指斥「世俗早婚之弊」〔註 168〕。他說：「世俗好於襁褓童幼之時輕許為婚，亦有指腹為婚者。及其既長，或不肖無賴，或身有惡疾，

〔註 162〕（宋）司馬光，溫公家範（卷 7）〔M〕，天津：天津古籍出版社，1995 年，第 157 頁。

〔註 163〕（宋）司馬光，司馬氏書儀（卷 3）〔M〕，北京：中華書局，1985 年，第 29 頁。

〔註 164〕同上。

〔註 165〕同上，第 33 頁。

〔註 166〕同上。

〔註 167〕同上。

〔註 168〕同上，第 29 頁。

或家貧凍餒，或服喪相仍，或從宦遠方，遂至棄信負約，速獄致訟者，多矣！」〔註169〕司馬光敏銳地覺察出，不是建立在情投意合基礎上的娃娃親，待分別長大後，往往發現對方不中己意，會導致許多社會問題。司馬光關於婚姻的此觀點與我們現在倡導的有情婚姻是相符的。

關於夫婦離異之道，司馬光在大力倡導婦女須躬行篤守「從一而終」之時，又認為如果夫妻感情徹底破裂，可以且應該允其「離絕」：「義絕則離之」〔註170〕。夫婦「不相安諧、聽其離絕」〔註171〕。這裡，司馬光以夫妻情感和諧與否作為夫妻合離的前提，允許感情不和後雙方離婚的觀點無疑是可貴可取的。

另外需要說明的是，雖然司馬光在為婦之道中要求為人妻者在丈夫離世之後寡居一生。但在其另外一些文章奏摺中，他提出了相反的主張。如仁宗死後，司馬光上《放宮人箚子》，勸導英宗放遣後宮妃女，並可「使任便適人」〔註172〕。皇帝之妃女可以在皇帝離世之後再嫁，更何況平民之妻？由此說明司馬光並非絕對要求婦女在丈夫離世之後寡居一生，只是強調婦女本人須具有「不從二夫」之志，而作為社會與他人，則應從人情出發，在其夫離世之後或夫妻關係實在是難以維持之時，允許其再嫁或離異。這些觀點與「不從二夫」的觀點看似矛盾，但其實不然，不過是因人而異而已。這說明司馬光沒有如二程、朱熹那般絕對主張婦女篤守節操，而是提出了一些相左的可取觀點。

第五節　兄弟之道

兄弟關係是由父子關係派生出來的一種家庭關係。自古以來，兄弟關係就被人們認為是世間最親密的關係之一。人們常用「親如兄弟」、「四海之內皆兄弟」、「情同手足」此類詞語來形容親密關係。《詩經·小雅·棠棣之華》

〔註169〕（宋）司馬光，司馬氏書儀（卷3）〔M〕，北京：中華書局，1985年，第29頁。

〔註170〕（宋）司馬光，溫公家範（卷7）〔M〕，天津：天津古籍出版社，1995年，第157頁。

〔註171〕董根洪，司馬光哲學思想述評〔M〕，太原：山西人民出版社，1993年，第313頁。

〔註172〕（宋）司馬光，放宮人箚子〔A〕，司馬溫公集編年箋注3〔M〕，成都：巴蜀書社2009年，第273頁。

云：「棠棣之花，萼拊韡韡，凡今之人，莫如兄弟。」《顏氏家訓‧兄弟》曰：「夫有人民而後有夫婦，有夫婦而後有父子，有父子而後有兄弟：一家之親，此三而已矣，自茲以往。至於九族，皆本於三親焉，故於人倫爲重焉，不可不篤。」〔註173〕兄弟關係與夫婦關係、父子關係，構成了家庭關係的三大支柱。《論語‧學而》曰：「子曰：弟子入則孝，出則悌」。在中國傳統思想中，兄弟倫理講究「兄友弟恭」，「兄愛弟悌」。

一、同氣連枝，手足情深

司馬光非常重視兄弟關係，在《家範》中引用《詩經》、《顏氏家訓》等文之言，對兄弟關係進行了深刻的論述。「夫兄弟至親，一體而分，同氣異息」〔註174〕。兄弟是同氣連枝的血肉至親。「方其幼也，父母左提右挈，前襟後裾，食則同案，衣則傳服，學則連業，遊則同方。」〔註175〕兄弟兒時一起生活，一張桌上吃飯，一件衣服輪穿，一起上學，一起遊玩。故而「兄弟鬩於牆，外禦其侮」〔註176〕。雖然兄弟內部存在矛盾，卻能同心協力抵抗敵人。「雖有悖亂之人，不能不相愛也」。即使不講禮法的人，兄弟間也不能不相愛。正如張懷承先生在其《中國的家庭與倫理》一書中所說：兄弟之間的共同的遺傳基因，是聯繫他們的自然生理基礎，從小的共同的生活，培養了他們相互依賴、相互幫助的認同心理和親密感情。〔註177〕在生育數量不受限制的中國古代社會，宗法大家庭中兄弟數量眾多，兄弟間這種天然的親密關係，對於維護大家庭的和諧與團結至關重要。

然而，「及其壯也，各妻其妻，各子其子，雖有篤厚之人，不能少衰也」〔註178〕。隨著兄弟各自成家立業，建立自己的小家庭，兄弟關係難免疏遠。如果兄弟疏遠至相互怨恨，關係出現裂隙，那麼「則子侄不愛；子侄不愛，

〔註173〕（北齊）顏之推著，唐漢譯注，顏氏家訓人情世故大全〔M〕，西安：三秦出版社，1995 年，第 23 頁。
〔註174〕（宋）司馬光，溫公家範（卷 4）〔M〕，天津：天津古籍出版社，1995 年，第 136 頁。
〔註175〕同上，第 137 頁。
〔註176〕同上，第 136 頁。
〔註177〕張懷承，中國的家庭與倫理〔M〕，北京：中國人民大學出版社，1993 年，第 250 頁。
〔註178〕（宋）司馬光，溫公家範（卷 4）〔M〕，天津：天津古籍出版社，1995 年，第 137 頁。

則群從疏薄；群從疏薄，則童僕爲仇敵矣。如此，則行路皆踏其面而蹈其心，誰救之哉！〔註179〕」兄弟間的不和睦，將會導致雙方家庭的敵視。此時，若第三方來欺負他們，則兄弟兩家都得不到救助。不過好在「兄弟至際，異於他人，望深雖易怨，比他親則易弭。譬如居室，一穴則塞之，一隙則塗之，無頹毀之慮」〔註180〕。有著天然血緣關係和情感基礎的兄弟關係，比起其他人際關係，在發生裂痕之後更容易修復。這就好比一座房子，如果出現裂痕，馬上修補，則不會倒塌。但「如省鼠之不恤，風雨之不防，壁陷楹淪，無可救矣」〔註181〕。如果不加以防備，小的裂縫將導致最後的滅亡。

在對兄弟關係的分析論述之上，司馬光繼承並發展了儒家傳統兄弟倫理思想，在「兄友弟悌」思想之上，引入了弟弟對兄長諫諍的倫理思想。

二、兄愛而友，弟敬而順

兄長應該如何對待弟弟呢？司馬光在《家範》中引用萬章與孟子的對話，曰：「仁人之於弟也，不藏怒焉，不宿怨焉，親愛之而已。親之，欲其貴也；愛之，欲其富也。」〔註182〕兄長對弟弟不應該藏有怒氣，不應該心懷怨恨，而應該充滿愛心。一心希望弟弟富貴。兄長對弟弟的愛體現在日常生活中的方方面面。如承擔起父母的責任，撫養弟弟成人。陳平年少時，家境貧寒，和哥哥伯生活在一起。「伯常耕田，縱平使遊學。」〔註183〕又如幫助弟弟脫離困境。卜式第一次與弟弟分家時，卜式將「田宅財物盡與弟」，自己「獨取畜羊百餘」〔註184〕。過了十年，弟弟「盡破其產」，其又好幾次分家產給弟弟。再如寬恕弟弟的過錯。對於此，司馬光在《家範》中列舉了一個極端的事例。平章事韓滉的弟弟讓其幼子在自己手掌上玩耍，不小心幼子掉到臺階上摔死了。韓滉不僅沒有責備其弟，反而要求其夫人不要傷心啼哭，以免令弟弟傷心。

如果弟弟對兄長毫無尊敬之心，兄長還要不要友愛弟弟呢？司馬光在《家

〔註179〕（宋）司馬光，溫公家範（卷4）〔M〕，天津：天津古籍出版社，1995年，第137頁。

〔註180〕同上。

〔註181〕同上。

〔註182〕同上，第127頁。

〔註183〕（宋）司馬光，溫公家範（卷7）〔M〕，天津：天津古籍出版社，1995年，第127頁。

〔註184〕同上。

範‧兄》開篇就以舜對待象的事例做了正面回答。司馬光說：「爲人兄不友其弟者，必曰：『弟不恭於我』。自古爲弟而不恭者，孰若象？」〔註185〕雖然舜的弟弟象「日以殺舜爲事」，但舜不但沒有懲罰他，放過了象，還「封之有庫，富貴之也」〔註186〕。司馬光藉此故事，提出了化解兄弟不合的方案。即以仁愛之心感化對方。

至於弟弟對待兄長，司馬光認爲：「弟之事兄，主於敬愛。」〔註187〕其進一步提出「兄弟之際，宜相與盡乘」〔註188〕。弟弟對兄長的敬愛之情必須眞摯，發自內心。弟弟敬愛兄長在行爲的表現很多。如遵守弟弟的禮節。齊射聲劉璉，哥哥在隔壁叫他，他「下床著衣，立，然後應」〔註189〕。如照顧生病的兄長。「晉咸寧中疫穎川，庾袞次兄毗復危殆，屬氣方熾，父母諸弟，皆出次於外，袞獨留不去」。「親自扶持，晝夜不眠。」〔註190〕如以兄長爲尊，向兄長彙報家事。如「宋祠部尚書蔡廓，奉兄如父。家事大小，皆咨而後行。公祿賞賜，一皆入軌」〔註191〕。如待兄受過、受死。如「北漢淳于恭，兄崇，將爲盜所烹。恭請自代，得俱免」〔註192〕。必須要提的是，司馬光本人對他的哥哥司馬旦非常恭敬。《小學‧善行》記載：「司馬溫公與其兄伯康友愛尤篤。伯康年將八十，公奉之如嚴父，保之如嬰兒。每食少頃則問：『得無饑乎？』天少冷，則撫其背曰：『衣得無薄乎？』」〔註193〕

在長幼有序的中國傳統社會中，兄弟「同階不同位」。階是就同出於父母而言，位是就其宗法次序不同而言〔註194〕。故而，弟弟對兄長的敬愛之意中內涵了一種順從的意味。弟「悌」，正代表這個意味。司馬光強調弟「悌」的重要性，但同時其認爲弟對兄的「諫爭」也不可缺少。他舉後漢議郎鄭均兄

〔註185〕（宋）司馬光，溫公家範（卷7）〔M〕，天津：天津古籍出版社，1995年，第126頁。
〔註186〕同上，第127頁。
〔註187〕同上，第132頁。
〔註188〕同上，第142頁。
〔註189〕同上，第132頁。
〔註190〕同上。
〔註191〕同上，第142頁。
〔註192〕同上，第147頁。
〔註193〕（宋）朱熹著，劉文剛譯注，小學譯注〔M〕，成都：四川大學出版社，1995年，第277頁。
〔註194〕林安梧，儒學與中國傳統社會之哲學省察 以「血緣性縱貫軸」爲核心的理解與詮釋〔M〕，上海：學林出版社，1998年，第51頁。

弟關係爲例，說明弟批評兄的必要性和重要性。「後漢議郎鄭均，兄爲縣吏，頗受禮饋。均數諫止，不聽，即脫身爲傭。歲餘，得錢帛歸以與兄，曰：『物盡可復得，爲官坐贓，終身捐棄。』兄感其言，遂爲廉潔。」〔註195〕鄭均用自己的實際行動勸說兄長爲政廉潔，是弟敬兄之意的昇華。

　　以上論述只是司馬光家庭倫理思想的部分內容。從這些內容我們可以看出，司馬光將禮法教化家庭成員放在了相當重要的位置。這樣的目的，顯然是希望通過將個人禁錮在家庭之中，進而達致社會的穩定和和諧。因爲家庭是社會組成的最重要原子，家庭和家族關係理順了，整個社會就能按部就班的往前發展。這與中國的傳統文化是十分相符的。在中國傳統社會中，「社會單元是家庭而不是個人，家庭才是當地政治生活中負責的部分。在家庭生活中灌輸的孝道和順從，是培養一個人以後忠於統治者並順從國家政權的訓練基地」〔註196〕。我們重視人的關係屬性，卻不太關注人的個人屬性，我們對人的認識是將其放在形形色色的關係網中進行的。

　　因此，司馬光的家庭倫理思想也沒能突破這一常規。在他的世界中，個人是必須依附於社會關係而存在的，個人從來都沒有站在國家的對立面去，在家庭的聯繫下，人、家、國家完成了一體化同構。顯然，這與傳統社會的統治模式是十分契合的，維護了封建專制的權威和合法性。從客觀上講，中華民族的傳統美德中有許多都源自我們對於個人和家庭關係的認識和處理，在現代社會依然具有借鑒和傳承的意義。同時，司馬光家庭倫理思想的缺點在於他強調家庭和家族作用的絕對性，不重視個人在其中的努力和作用。

〔註195〕（宋）司馬光，溫公家範（卷7）〔M〕，天津：天津古籍出版社，1995年，第132頁。
〔註196〕（美）費正清著，張理京譯，美國與中國〔M〕，北京：世界知識出版社，1999年，第22頁。

第六章 司馬光倫理思想的總結與評價

　　一直以來，司馬光的倫理思想在學界都沒有得到其應該獲得的認同與肯定。在諸多學者的視野裏，司馬光根本沒有倫理思想，或者司馬光倫理思想微不足道，根本不值得載入中國倫理思想史冊。造成這樣結果的因素很多，或許學者們沉醉於研究其輝煌的史學成就，從而忽視了本該獲得同樣重視、同樣值得研究的倫理思想；或許學者們被歷史某個階段的政治形勢所誤導、所逼迫，做出了不公允的論斷；又或許學者們本身的研究偏好不同。不管過去的評論如何，值得欣慰的是，隨著歷史鏡頭的拉遠，我們在不斷自我「解蔽」的過程中，能夠以更為平和的心態，更為中立的立場，在各種或抑或揚的評價中揭示司馬光倫理思想的本質與方方面面，並在這個過程中深度思考其應屬理論貢獻、歷史影響與當代價值，還其一個遲到的公允的評價。

第一節　司馬光倫理思想的理論貢獻

　　司馬光倫理思想理應在中國倫理思想史上佔有重要的一席。司馬光著眼於社會現實需求，以史為鑒，在揚棄地繼承儒家傳統倫理思想基礎之上，提出了自己的倫理思想，並且其在闡述倫理思想之時，以經解史，以史證經，將儒家倫理和歷史研究進行了完美結合。從人類認識發展的角度來講，司馬光倫理思想是中國古代倫理思想史上承上啟下的一環，它承接了中國先秦早期孔、孟開創的儒家傳統倫理思想，同時開啟了程朱理學以及葉適、陳亮等事功學派。

一、繼承並揚棄了各家倫理學說

恩格斯說：「每一個時代的哲學作為分工的一個特定的領域，都具有由它的先驅者傳給它而它便由此出發的特定的思想資料作為前提。」〔註1〕這就是說，哲學在其發展過程中與以前的思想密切聯繫。既是對前人思想成果的繼承，又是在新的歷史條件下對前人思想成果的發展，使之符合新時代的要求。倫理作為哲學的重要組成部分，其發展必然遵循同樣的道理。這點在司馬光倫理思想中得到了淋漓盡致的體現。

司馬光在創立自己龐大倫理思想體系的過程中，對中國北宋之前的古代倫理思想進行了廣泛「篩選」、「揚棄」，對諸家各派進行了廣泛地批判或承襲。司馬光倫理思想最主要的淵源是儒家傳統倫理思想，從其倫理著作中，我們可以發現大量來自傳統儒家「六經」《詩》、《書》、《禮》、《樂》、《易》、《春秋》以及《論語》、《中庸》、《大學》、《孝經》，甚至《孟子》等著作的引用，對其影響最大的思想家是孔子、荀子和揚雄。然而，除此之外，司馬光對中國倫理思想史上其他重要思想家，諸如：老子、墨子、莊子、鄒衍、韓非子、董仲舒、王充、柳宗元、劉禹錫、韓愈、李翱等人的思想，也都有不同程度的吸收。司馬光倫理思想還批判地擷取了佛家與道家思想。上述各點在本書第一章第三節已有詳細論述。司馬光倫理思想這種廣泛揚棄前代諸家學說的做法在北宋時期是罕見的。由此可見司馬光學術淵源之「雜」、之「廣」。這表明了司馬光欲採眾家之長以完美之論的主觀願望。同時，客觀上，這種做法也在一定程度上起到了總結各家學說的作用，使得司馬光倫理思想因建立在前人廣闊的基礎之上而臻於更高的境界。

二、北宋理學倫理思想的奠基理論

理學，又稱道學，是中國哲學發展史的一座高峰。它將傳統儒家思想主要是義理、性命等倫理禮法思想精緻化、哲學化、思辨化，以抵禦佛老之學對人心的侵襲，使儒學重新回歸正統地位，為北宋乃至整個封建後期統治者加強封建統治提供了倫理思想武器。分析理學的主要內容、發展旨歸及其後期影響，我們再來探討其奠基問題，完全有理由說，理學的奠基，實質上就

〔註1〕 （德）馬克思，（德）恩格斯著，中共中央馬克思恩格斯列寧斯大林著作編譯局譯，馬克思恩格斯書簡〔M〕，北京：人民出版社，1973年，第69頁。

是理學倫理思想的奠基。〔註2〕在理學倫理思想的奠基過程中，司馬光倫理思想發揮了莫大的促進作用。

其一，司馬光倫理思想與理學一樣重視並倡導儒家「道統」。以樸儒自稱的司馬光面對北宋前期「舉世談禪」，「喜誦老莊之言」，「不尚儒久矣」之時風，自覺意識到有必要建立一個有效對抗佛道的儒家「道統」。司馬光關於道統的論述較多。在《答陳充秘校書》中，司馬光對陳秘校來信中的「古今傳道者自孔子及孟、荀、揚、王、韓、孫、柳、張、賈」〔註3〕的道統論提出異議，認為「若語其道，則恐王、韓以下，未得與孔子並稱也」。這裡司馬光主張的仍是傳統儒家「孔子之道」「蓋三皇五帝三王之道也」的道統。在《乞印行荀子揚子法言狀》中，司馬光指出「戰國以降，百家蠶午，先王之道，荒塞不通。獨荀卿、楊雄，排攘眾流，張大正術，使後世學者坦知去從」〔註4〕。顯出了司馬光突出荀揚、貶低孟子在道統中的地位的傾向。

如果以上司馬光的道統論與理學的道統論存在一定的差異與對立的話，那麼在《子厚先生哀辭》中，司馬光稱讚張載「中年更折節，六籍事精研。羲農訖周孔，上下皆貫穿。造次循繩墨，儒行少無愆。師道久廢闕，模範幾無傳。先生力振起，不絕尚聯綿。……釋老比尤熾，群倫將蕩然。先生論性命，指示令知天」〔註5〕，將張載視為振興儒道之傳人，且肯定性命之道為「聖賢之道」的本質內容，就顯然屬於理學道統論範疇了。

其二，司馬光倫理思想頗為完備地揭示了理學的基本範疇。司馬光倫理思想包含了一個頗為豐富的範疇體系，如「中和」、「性」、「才」、「命」、「情」、「苦」、「樂」、「道」、「欲」、「義」、「利」、「德」、「刑名」、「禮」、「樂」、「治」、「亂」、「王道」、「霸道」、「誠信」、「恭敬」、「仁義禮智信」、「佛老」，等等。南宋朱熹門人陳淳在其《四書性理字義》中概括了 25 個理學範疇，即「命」、「性」、「心」、「情」、「才」、「志」、「意」、「仁義禮智信」、「忠信」、「忠恕」、「誠」、「敬」、「恭敬」、「道」、「理」、「德」、「太極」、「皇極」、「中和」、「中

〔註2〕 張傳開，汪傳發著，義利之間 中國傳統文化中的義利觀之演變〔M〕，南京：南京大學出版社，1997 年，第 80 頁。

〔註3〕 （宋）司馬光，答陳充秘校書〔A〕，司馬文公集編年箋注4〔M〕，成都：巴蜀書社，2009 年，第 525 頁。

〔註4〕 （宋）司馬光著，王根林點校，司馬光奏議 紀念司馬光逝世九百週年〔M〕，太原：山西人民出版社，1986 年，第 4 頁。

〔註5〕 （宋）司馬光，子厚先生哀辭〔A〕，司馬文公集編年箋注1〔M〕，成都：巴蜀書社，2009 年，第 278 頁。

庸」、「禮樂」、「經權」、「義利」、「鬼神」、「佛老」〔註6〕。兩者對比，我們不難發現，司馬光倫理思想基本上揭示了理學的基本範疇。

其三，司馬光倫理思想頗為完備地揭示了理學的基本思想。司馬光倫理思想中論述的重點問題就是齊家、治國、平天下。司馬光強調君子學道窮理之目的「在於正心、修身、齊家、治國，明明德於天下也」〔註7〕，於是其提出了一系列齊家、治國、平天下的家庭、經濟、政治倫理原則與主張，並且其一生為了「君明臣忠，上令下從，俊良在位，佞邪黜遠，禮修樂奉，刑清政平，奸宄消伏，兵革偃戢，諸侯順附，四夷懷服，家給人足」的社會理想而殫心竭力。宋明理學家解釋誠意、正心問題，無不強調格物致知正心誠意以修身，修身以齊家治國平天下。《二程語錄》記載：「二程之學，以聖人為必可學而至，而己必欲學而至於聖人」〔註8〕。這些觀點與司馬光學而後從善，即齊家、治國、平天下的思想，如出一轍。此外，司馬光「中和」學說對於理學具有著不容否認的意義。司馬光重視「人心」問題，主張「治心以中」，並把「人心惟危，道心惟微，惟精惟一，允執厥中」當做心性修養的「治心之要」，「舜、禹所以相戒」〔註9〕相授之心法，在自己的著作中大加闡述，無疑是理學專在心性上做工夫的前奏曲。漆俠先生也認為這「對宋學特別是理學有著深刻的、不可低估的影響」〔註10〕。司馬光以「無過無不及」釋「中」，這其後成為朱熹對《中庸》之「中」的兩個基本表述之一。司馬光對朱熹中和論的影響顯而易見。南宋劉嶠在《溫公文正司馬文集·序》中認為司馬光品行「公忠直亮」，而「其發為文章，則探陰陽造化之迹，以豐其源；躬仁義禮樂之實，以沃其膏；酌聖賢出處之正，以厲其操；通古今因革之變，以博其施；……鼓吹六經，羽翼名教」〔註11〕。劉嶠揭示的司馬光發文以「豐其源」、「沃其膏」、「厲其操」、「博其施」及「鼓吹六經」、「羽翼名教」的內容也正好總結性地說明了司馬光倫理思想頗為完備地揭示了理學的基本思想。

〔註6〕 侯外廬等編，宋明理學史 上〔M〕，北京：人民出版社，1997 年，第 500 頁。

〔註7〕 （宋）司馬光，進《孝經指解》箚子〔A〕，司馬溫公集編年箋注 4。成都：巴蜀書社，2009 年，第 210 頁。

〔註8〕 （宋）程顥，程頤撰，四庫家藏 二程語錄集〔M〕，濟南：山東畫報出版社，2004 年，第 316 頁。

〔註9〕 （宋）司馬光，與范景仁第五書〔A〕，司馬溫公集編年箋注 5。成都：巴蜀書社，2009 年，第 68 頁。

〔註10〕 漆俠，宋學的發展和演變〔M〕，保定：河北大學出版社，2009 年，第 335 頁。

〔註11〕 溫國文正司馬公文集 1〔M〕，四部叢刊集部。

　　綜上所述，我們可以說，司馬光富有成效地參與了理學之理論建設與道路開拓的工作，提出了一系列在初創時期頗具系統的理學基本思想和基本範疇，爲理學回歸儒家正統之位發揮了先鋒作用。無疑，司馬光倫理思想爲理學的出世奠定了基礎。

三、提出了一系列新的倫理範疇

　　範疇是人類的思維工具，是人類思維中特有的邏輯形式，是人的思維對客觀世界普遍聯繫的反映。〔註12〕列寧說：「在人面前是自然現象之網。本能的人，即野蠻人，沒有把自己同自然界區分開來。自然的人則區分開來了，範疇是區分過程中的梯級，是幫助我們認識和掌握自然現象之網的網上紐結。」〔註13〕這段話表明，不同的範疇代表著人類不同層次的認識水平，新範疇的出現往往標誌著人類認識領域的拓寬，思維能力的提高。故而，在某種意義上，人類思想發展的歷史就是範疇不斷更新的歷史。以此爲據，我們可以斷言，司馬光倫理思想體現了當時人類認識所達到的新階段，代表了當時人類抽象思維的最長觸角。因爲司馬光倫理思想體系中出現了豐富的新的倫理範疇，諸如：利以制事，義以制利的義利觀；「善惡兼有」的人性論；「王霸無異道」；「主於民」的民本主義思想；以農爲先，兼重工商的本末論；財有專主、利權歸一的理財觀；設立總審計使的審計思想；「慈訓雙全」的父母之道，「以敬爲美」的夫婦之道；重「性行」輕財物的「婚娶」之道；女子受教，約通大意的女子教育觀，等等。這些觀點在前文相應章節都有詳細論述。

　　司馬光倫理思想中這些新的倫理範疇，一方面，極大地豐富了中國古代倫理思想中唯辯證法的理論寶庫，提高了中國古代辯證法的水平。這一點在司馬光倫理思想對道德權力與道德義務的對應強調中得到鮮明體現。司馬光認爲，沒有脫離責任的絕對權力，也沒有不享受權力的單純責任，權力和責任是不可分離的。比如父子關係中的「不慈不孝，其罪均也」、夫妻之道中的「夫婦以義合，義絕則離之」，都體現了司馬光倫理思想中權力和責任相辯證統一的光芒。另一方面，司馬光倫理思想中很多新的範疇開啓了後來思想家

〔註12〕謝慶綿，西方哲學範疇史〔M〕，南昌：江西人民出版社，1987年，第2頁。
〔註13〕列寧著，中共中央馬克思、恩格斯、列寧、斯大林著作編譯局編譯，列寧全集，第55卷，哲學筆記，1895～1916〔M〕，北京：人民出版社，1990年，第78頁。

的倫理智慧。例如，司馬光對義利關係的辯證認識，其認可言利的合理性與正當性，主張求合義之利和求利需合義，促使人們對義利關係的認識，由最初只言義而不敢言利，到保證以義爲前提而談利，再到義利兼重，乃至近代改革派提出倡利富國、以商戰抵禦西方濟侵略，甚至於後來的中國早期資產階級代表人物，扯起「人人欲濟其私」的大旗爲發展民族資本主義工商業吶喊，都起了理論上的橋梁和媒介作用。因而，我們可以說司馬光利以制事，義以制利的義利觀開啓了後來人陳亮、葉適等功利主義學派的先河。此外，司馬光倫理思想中關於「禮」的觀點對理學大師朱熹影響很大。朱熹的《家禮》得之於其《書儀》、《家範》處頗多。「我們可以說，在宋代以後的整個儒家傳統禮俗規範之中，司馬光居於奠基者的地位，起了繼往開來的重要作用。其功力的浩大，實際的影響，可與朱熹相伯仲。」〔註 14〕

綜上所述，我們可以說，司馬光倫理思想眞實體現了北宋時期人類認識的邏輯發展、思維重心轉移的最新拓展。司馬光無疑是中國古代最重要的倫理思想家之一。

第二節　司馬光倫理思想對當時與後世道德生活的影響

司馬光是一位承前啓後的人物，在中國悠長的文化史鏈中，他是其中關鍵的一環。在歷史的沉浮中，司馬光曾經獲得過極高的讚譽，也曾經被無情地扔進歷史的垃圾堆，然而，不管評價如何，都說明了司馬光其人、其思想對世界產生過極大的影響，否則怎能激起人們如此的熱議，尤其是每在歷史的關鍵時刻。人們終會冷靜而理性，歷史終將還原眞相。中華文化思想中的瑰寶——司馬光倫理思想，終將獲得世人的認可與讚賞。

司馬光倫理思想著述，大多以史爲基，史論結合，言之有理，言之有據，文風親切，閱讀起來如沐春風，在領會其思想精髓之時，往往被其中的故事情理所打動，讓人不知不覺地接受了他的思想。其倫理著述中所包含的人生哲理、處世圭臬、道德律令等倫理智慧，更是充滿了道德文化的奧蘊。司馬

〔註 14〕　（日）木田知生。略論宋代禮俗思想——以司馬光《書儀》和《家範》爲主〔A〕，漆俠主編，宋史研究論文集 國際宋史研討會暨中國宋史研究會第九屆年會編刊〔M〕，保定：河北大學出版社，2002 年，第 510 頁。

光倫理思想之所以能產生巨大的社會影響，既與其史論結合的說理方式息息相關，又與其獨特的道德文化奧蘊密不可分。

一、對北宋道德生活的影響

司馬光倫理思想是其對北宋社會深度關切、深刻反思的理論成果。其帶有鮮明的北宋王朝的時代氣息，同時亦契合了北宋王朝的當時需求。毋庸置疑，司馬光倫理思想一定會在北宋道德生活史上打上自己的烙印。

其一，引領了北宋尚義重禮的社會風氣。司馬光治國齊家平天下的倫理思想及其孜孜不倦的人生追求，彰顯並弘揚了中華民族厚德載物、自強不息的倫理精神，樹立了一種胸懷天下、憂國憂民的道德人格，隨著這種倫理精神的成熟和這種道德人格的充盈，北宋越來越多的人受到其影響和感召。

在北宋時期，司馬光受到了黎明百姓的熱烈擁護和愛戴。據《宋史》記載，司馬光「居洛陽十五年，天下以為真宰相，田夫野老皆號為司馬相公，婦人孺子亦知其為君實也」〔註15〕。神宗皇帝駕崩之時，司馬光回京奔喪，「所至，民遮道聚觀，馬至不得行。曰：『公歸洛陽，留相天子，活百姓』」〔註16〕。北宋的人們不僅對司馬光飽含敬仰與愛戴之情，並且將這種情感注入到自己的行為處事之中，以司馬光為榜樣，踐行司馬光提出的道德倫理規範。對此《宋史》有如下記載：「誠心自然，天下敬信，陝、洛間皆化其德，有不善，曰：『君實得無知之乎？』」〔註17〕蘇軾在其《司馬溫公行狀》一文中也有相關記載：「誠心自然，天下信之。退居洛陽，往來陝郊。陝洛間皆化其德，師其學，法其儉。有不善，曰：『君實得無知之乎！』」〔註18〕司馬光誠心天成，為天下人所敬仰，陝西、洛陽的人們都以他為榜樣，學習他的優良品德。若有人做了不道德的事情，就會說：「司馬君實難道會不知道嗎？」顯然，司馬光卓越的倫理精神和道德人格對北宋民風具有正面引導作用。

司馬光的人格品德，不僅為百姓所稱道傚仿，同時也感染了一大批士大夫。韓琦稱讚司馬光「大忠大義，充塞天地，橫絕古今，固與天下之人歎服

〔註15〕（元）脫脫等，宋史本傳〔A〕，司馬溫公集編年箋注6〔M〕，成都：巴蜀書社，第496頁。
〔註16〕同上，第496頁。
〔註17〕同上，第471頁。
〔註18〕（宋）蘇軾，司馬溫公行狀〔A〕，司馬溫公集編年箋注6〔M〕，成都：巴蜀書社，第491頁。

歸仰之不暇，非於紙筆一二可言也」〔註 19〕。蘇軾稱讚司馬光「忠信孝友，恭儉正直，出於天性。自少及老，語未嘗妄。其好學如饑渴之嗜飲食，於財利紛華，如惡惡臭，誠心自然，天下信之」〔註 20〕。范純仁稱讚司馬光「以清德直道名重天下，其修身治家，動有法度，其子弟習而化之，日趨於善，蓋亦不言之教矣」〔註 21〕。歐陽修稱讚司馬光「德性淳正，學術通明」〔註 22〕。司馬光的人格品德不僅獲得了與其志同道合的士大夫們的讚揚，更為甚者，也獲得了其政敵王安石的讚譽。曾敏行的《清波雜志》中記載：「王荊公退居金陵，一日，與門人山行，少憩松下，公忽回顧周種，曰：『司馬十二，君子人也。』種默不對。公復前行，言之再四，人莫知其意。」〔註 23〕這樣的贊詞還有很多，從這些士大夫的贊詞中，我們感受到了他們對司馬光強烈的賞識與讚譽之情。司馬光卓越的倫理精神和道德人格是宋朝士大夫愛國尚義之精神風貌的元素之一，同時又對這種風貌的擴展起到了引領作用。

其二、推動了北宋整肅門風與注重家教傳統的正式形成。北宋是我國古代家庭教育發展的一個非常重要的時期。這個時期的家庭教育主要是通過家訓、家範的形式，將以儒家倫理為主導的家庭倫理思想廣泛地傳遞到百姓之中。其主要包括了為學教育、修身教育、為官教育、齊家教育、愛國教育、治生教育、早期教育等，但側重點各異，其中愛國、廉政、治生、早教的家訓思想最能體現這個時期家訓思想的特徵。

在北宋眾多的家訓著作中，司馬光的《家範》是其中的經典代表。《家範》內容非常豐富，不僅論述了「以禮治家」的治家綱領，還論述了幾乎所有的封建家庭倫理關係，為每一位成員制定了與其家庭角色相適應的道德規範和行為準則，這既包括了居家的各種日常禮儀，又包含了愛國、為官、治生、持家、早教等各個方面的道德要求，是中國家訓史上首個形成完整家庭倫理

〔註 19〕 （宋）韓琦，與司馬光書一〔A〕，司馬溫公集編年箋注 6〔M〕，成都：巴蜀書社，第 515 頁。

〔註 20〕 （宋）蘇軾，司馬溫公行狀〔A〕，司馬溫公集編年箋注 6〔M〕，成都：巴蜀書社，第 491 頁。

〔註 21〕 （宋）范純仁，司馬光詩序〔A〕，司馬溫公集編年箋注 6〔M〕，成都：巴蜀書社，第 524 頁。

〔註 22〕 （宋）歐陽修，薦司馬光箚子〔A〕，司馬溫公集編年箋注 6〔M〕，成都：巴蜀書社，第 516 頁。

〔註 23〕 師綸編著，清風古韻 筆記小說中的道德故事〔M〕，長沙：湖南人民出版社，2010 年，第 143 頁。

體系的家訓。更爲值得一提的是，司馬光在撰寫《家範》之時，拋棄了灌輸訓導的說理方式，其結合自己的史學知識，引經據典，史論結合，文風生動活潑，比起那些嚴肅端正的說教更具有說服力。《家範》獲得了世人極高的讚譽，當時很多家庭、家族都將其作爲治家教子的典範。其中所倡導的「孝道教育」、「誠信教育」、「儉樸教育」、「遺子孫以德」等教育主張引導了當時的家庭教育實踐。《家範》之中所體現出的司馬光家庭倫理思想，有力地推動了北宋整肅門風與注重家教傳統的形成，極大地促進了北宋民間家禮的建設和家庭倫理思想的發展。其對當時人們家庭道德的影響之深，李昌憲在其《司馬光評傳》一書中如此評價：「他所確定的日用倫常和禮節制度，實際上爲宋代家族組織制定了一套長幼有序、貴賤有等的符合封建禮教標準的生活方式。」〔註24〕

二、對後世道德生活的影響

偉大的思想總是具有永恒性，其對外部世界產生的作用絕對不會是曇花一現的景象。在中國倫理思想史上佔有重要地位的司馬光倫理思想就屬於這種偉大的倫理思想。其不僅對北宋當時的社會道德生活發生了巨大的影響，而且其影響的觸角伸向了歷史的遠方。

其一、爲後世帝王領袖、賢人志士提供了治國之智。司馬光政治倫理思想以其《資治通鑑》爲主要文本載體，對傳統儒家政治倫理思想的進行了闡發式的總結。其對後世所產生的巨大影響力可以從其政治倫理鴻著《資治通鑑》備受歷代帝王領袖、賢人志士青睞而看出。

《資治通鑑》，簡稱「通鑑」，是司馬光主編的一部多卷本編年體史書，共 294 卷，歷時 19 年完成。它以時間爲綱，事件爲目，從周威烈王二十三年（公元前 403 年）寫起，到五代的後周世宗顯德六年（公元 959 年）征淮南停筆，共涵蓋 16 朝 1362 年的歷史。司馬光編撰這部史學鴻著的初衷爲「探治亂之道，上助聖明之鑒」〔註25〕，所以這部史學著作記載的主體事件是歷史上重要政治事件。此外，在這部史學著作中，司馬光上百次以「臣光曰」的形式發表議論、抒發感慨，提出了很多有關治國、用人、爲官、與鄰國相

〔註24〕 李昌憲，司馬光評傳〔M〕，南京：南京大學出版社，2002 年，第 324 頁。
〔註25〕 楊洪傑，吳麥黃，司馬光傳〔M〕，太原：山西人民出版社，1997 年，第 315 頁。

交的政治倫理主張。這些議論和感慨互相結合、互相補充，折射出了司馬光政治倫理思想的智慧光芒。宋末元初的胡三省評價此書說：「爲人君而不知《通鑑》，則欲治而不知自治之源，惡亂而不知防亂之術。爲人臣而不知《通鑑》，則上無以事君，下無以治民。爲人子而不知《通鑑》，則謀身必至於辱先，作事不足以垂後。」〔註26〕清人王鳴也盛讚：「此天地間必不可無之書，亦學者不可不讀之書也。」〔註27〕

《資治通鑑》這部偉大著作問世之後，馬上得到了當時宋英宗、宋神宗等帝王的讚賞，宋神宗還親自親賜序文。在北宋之後的歷史長河中，其被奉爲「英善」之「先哲經世之書」，被歸爲「經術取士」的必備書目，諸多帝王領袖都對它非常重視，以其爲治國安民的政治寶典，不斷地從中借鑒和吸取治國的智慧與謀略。宋神宗之後，歷代皇帝都非常重視閱讀《資治通鑑》。宋高宗不僅自己喜愛《資治通鑑》，還於紹興四年（1134 年），派遣大臣將《資治通鑑》作爲禮品饋贈給金國的皇帝。另外，據說研讀《資治通鑑》，是明朝皇帝每天的早課。元朝時期，《資治通鑑》還曾被刊行爲蒙古、畏吾兒字版本。清朝時期，康熙皇帝御批《資治通鑑綱目》來研讀《通鑑》。我國開國領袖毛澤東對《資治通鑑》的鍾愛更是登峰造極。其身前閱讀《資治通鑑》，一讀就是半天。他曾經對其身邊的工作人員說：「你知道這部書（《資治通鑑》）我讀了多少遍嗎？17 遍。每讀一遍都獲益匪淺。一部難得的好書噢。」〔註28〕毛澤東不僅自己酷愛閱讀《資治通鑑》，而且還不止一次地號召幹部學習閱讀《資治通鑑》。

《資治通鑑》這部偉大的著作不僅獲得了帝王領袖的青睞，同樣也獲得了賢人志士的垂青。南宋王應麟評價說：「自有書契以來，未有如《通鑑》者。」〔註29〕明代胡應麟評價說：「自司馬之爲《通鑑》也，漢唐而上昭昭焉；自《通鑑》之止司馬也，宋元而下泯泯焉。」〔註30〕明末清初顧炎武評價說：「司馬

〔註26〕 胡三省，新注資治通鑑序〔A〕，張舜徽選編，文獻學論著輯要〔M〕，北京：中國人民大學出版社，2011 年，第 136 頁。

〔註27〕 （清）王鳴，十七史商榷〔M〕，轉引自：宋衍申，司馬光評傳 忠心爲資治 鴻篇傳千古〔M〕，南寧：廣西教育出版社，1995 年，第 185 頁。

〔註28〕 李樹柯，毛澤東談《資治通鑑》〔A〕，福建黨史學刊，2003 年 3 月。

〔註29〕 （宋）王應麟，玉海〔M〕，轉引自：宋衍申，司馬光評傳〔M〕，南寧：廣西教育出版社，1995 年，第 184 頁。

〔註30〕 （明）胡應麟，史書占畢〔M〕，轉引自：宋衍申，司馬光評傳〔M〕，南寧：廣西教育出版社，1995 年，第 184 頁。

文公《資治通鑑》……以一生精力成之，遂爲後世不可無之書。」〔註31〕清朝曾國藩說：「六經之外有七書，能通其一即爲成學。」〔註32〕《通鑑》就是這七部書中的一部，其餘六部書分別是：《史記》、《漢書》、《莊子》、《韓文》、《文選》、《說文》。他認爲「先哲經世之書，莫善於司馬文公《資治通鑑》。」「若能讀此書，將來出而任事，必有所持循而不至失墜。」〔註33〕近代學者陳寅恪亦從政治倫理的視角評價《通鑑》，認爲「吾國舊史多屬於政治史類，而《資治通鑑》一書，尤爲空前傑作。」〔註34〕

其二、推動了後世家庭倫理與家訓文化的發展。縱觀歷代家庭倫理思想，司馬光家庭倫理思想具有繼往開來的重要地位，其在總結前人家庭倫理思想的基礎之上，運用自己的論證方式，結合自己人生體悟，提出了一套對後世影響深遠的理論化、系統化的家庭倫理思想。北宋之後，世人對其家庭倫理著述的熱愛與追捧，極度彰顯了司馬光家庭倫理思想的智慧魅力，高度體現了司馬光家庭倫理思想於後世道德生活的影響。

司馬光家庭倫理著作《司馬書儀》被視爲「禮家之典型」，「爲後世法」。尤其是其中的《居家雜儀》，又稱《居家雜禮》，受到了後人的高度重視。後世多種書目都有關於它的記載。如：南宋陳振孫所撰《直齋書錄解題》之禮注類有記載《居家雜禮》1卷；南宋趙希弁所撰《讀書附誌》之儀注類有記載《司馬公居家雜儀》1卷；元代馬端臨所修纂《文獻通考》中經籍考之經部有記載《居家雜禮》1卷；元末明初的學者陶宗儀所編纂的《說郛》卷71中有《涑水家儀》1卷，正是對《書儀》卷4之《居家雜儀》的引用，等等。除此之外，後世諸多士大夫的家訓、家禮著述中，也多摘引《居家雜儀》中的條文。如南宋袁採《袁氏世範》卷3「嚴內外之限」有對其部分內容的摘引。明代宋詡在《宋氏家儀部》自序之中云：「居家儀出於司馬溫公」。當然，受到司馬光家禮思想影響至深的後世思想大家當推南宋理學大師朱熹。朱熹作《家禮》，半數內容援引自《書儀》，其中《居家雜儀》更是全套照搬。明代學者丘濬撰《文公家禮儀節序》，對此評價說：「文公先生因溫公《書儀》，參以程、

〔註31〕（清）顧炎武，著書之難〔A〕，轉引自：宋衍申，司馬光評傳〔M〕，南寧：廣西教育出版社，1995年，第184頁。
〔註32〕鄒永賢，《資治通鑑》治國思想研究〔M〕，廈門：廈門大學出版社，1998年，第546頁。
〔註33〕同上。
〔註34〕同上。

張二家之說，而爲《家禮》一書，實萬世人家同行之典也。」〔註 35〕朱熹非常讚賞司馬光的家禮思想，並多次抒發對其讚譽之情。「叔器問四先生禮。曰，二程與橫渠多是古禮，溫公則大概本《儀禮》，而參以今之可行者。要之，溫公較穩，其中與古不甚遠，是七八分好。」〔註 36〕

　　司馬光另一家庭倫理思想著作——《溫公家範》（又稱《家範》），被視爲後期封建社會最完備的家庭倫理著作。司馬光撰寫《家範》，引經據典，「揚人所長」，列舉諸多歷史典故和傳說故事，勸說人們遵守家庭道德規範。司馬光以歷史學家的眼光撰寫《家範》，史論結合，開創了家訓新文體，無疑對後世家訓文化的發展起到較大的推動作用。此外，《家範》中的家庭倫理思想與世俗社會相符，且由於其史論結合的說理方式，使得其所要表達的思想具有較高的可信度，同時也具有很強的操作性。總的來說，貼近生活，生動親切，容易發揮其家庭道德規範作用，對後世社會的家庭道德生活乃至社會道德生活產生較大的影響。

　　北宋之後的許多士大夫家族，以及一些尋常百姓人家，都將《家範》作爲治家、教子的範本。諸多家訓作者多次引用《家範》之論述，以作爲其家訓著作中立論的根據或佐證。如：南宋理學家呂祖謙著有《少儀外傳》，其中多處摘引《溫公家範》卷 1、卷 2、卷 3 的內容。南宋進士劉清之著有《戒子通錄》，其中卷五引用司馬光的《訓子孫文》，其主要內容來自司馬光的《訓儉示康》以及《家範》卷 1、卷 2 等條文。南宋宰相趙鼎更是在其《家訓筆錄》中要求子孫將「司馬溫公《家範》，可各錄一本，時時一覽，足以爲法」〔註 37〕。同時期還要求就節儉一事，子孫將「司馬溫公訓儉文，人寫一本，以爲永遠之法」〔註 38〕。

第三節　司馬光倫理思想的現代啓示

　　毛澤東同志曾指出：「清理古代文化的發展過程，剔除其封建性的糟粕，

〔註 35〕　（日）木田知生，略論宋代禮俗思想——以司馬光《書儀》和《家範》爲主〔A〕，漆俠主編，宋史研究論文集 國際宋史研討會暨中國宋史研究會第九屆年會編刊〔M〕，保定：河北大學出版社，2002 年，第 512 頁。

〔註 36〕　同上，第 510 頁。

〔註 37〕　（宋）趙鼎，家訓筆錄〔A〕，叢書集成初編 第 974 冊〔M〕，北京：中華書局，1985 年，第 1 頁。

〔註 38〕　同上，第 4 頁。

吸收其民主性的精華，是發展民族新文化，提高民族自信心的必要條件。」〔註39〕司馬光所處的時代及其中國封建思想家的身份，決定了其倫理思想和中國其他古代文化一樣，精華與糟粕並存，良莠雜糅，需要我們去偽存真，去粗存精，合理繼承和發揚，爲我們當今社會服務。需要指出的是，司馬光生活的北宋時期，出現了涉及制度轉軌與價值整合等一系列前所未有的與國家與民族發展走向密切相關的重大問題。其中一些問題與我們今天何其相似！如本位問題，法制建設與道德建設問題，農業與工商業協調發展問題，人才的評價標準問題等。另外，北宋中後期，社會所呈現出來的奢靡浪費等不良風氣，與我們當今市場經濟過渡期鋪張浪費現象嚴重、道德倫理滑坡的社會現實也存有某種相似成分。因此，司馬光的倫理思想對我們當今政治變革、經濟發展時期的道德建設具有重要的參考價值和借鑒意義。

一、政治倫理的精神建構

　　司馬光政治倫理思想是儒家政治倫理思想的典範，其對於我們今天建構社會主義政治倫理建設具有精神建構的啓示意義。

　　其一，司馬光倫理思想繼承了古代民本思想的精華，注重維護下層人民的利益。雖然司馬光仍然站在統治者的角度上提倡民本論，把人民看成是被動地接受統治的對象，但把人民生活當作政治的首要任務，以民意作爲統治者的意志，無不體現著他眷顧天下蒼生的悲憫情懷。司馬光倫理思想中的民本主義思想與我國當今科學發展觀中的以人爲本的思想在精神實質上有某種相似點，這對於我們確立改革的方針政策等方向性的掌握，有良好的啓示作用。在改革過程，應該堅定不移地堅持以人爲本，以民爲本，把人民群眾的根本利益放在首位，絕不做與民爭利的事情。

　　其二，秉承了儒家傳統的司馬光，主張以禮治國，強調個體在社會中遵守禮儀道德，各司其職，各安其位，這對於消解人際間的矛盾與衝突，維護社會的整體和諧起到了良好的作用。正如王夫之所說：「夫禮之爲教，至矣大矣，天地之所自位也，鬼神之所自綏也，仁義之以爲體，孝悌之以爲用者也；五倫之所經緯，人禽之所分辨，治亂之所司，賢不肖之所裁者也；捨此而道

〔註39〕毛澤東，新民主主義論・毛澤東選集第 2 卷〔M〕，北京：人民出版社，1991 年，第 707~~708 頁。

無所麗矣。」（註40）同時，司馬光認可並吸收了法家思想中合理的政治主張。司馬光以禮治國、寬猛相濟的政治倫理思想，對我國現在的以德治國和以法治國相結合的治國思想具有借鑒作用。

其三，司馬光的人才觀本質上來講是一整套選拔官吏的倫理思想。這一整套選拔官吏的倫理思想對於我們現在公務員的選拔具有極大的借鑒作用和啓示意義。司馬光主張不唯資歷，不看門第，不論親疏，完全按照德才兼備原則選拔人才擔任國家官吏，並且根據個人的才能特長，分配官職，量才久任。在官吏任職期間，按照其行政業績，信賞必罰。我國公務員代表人民行使國家行政權力，管理社會公共事務和組織經濟建設。故而，一支高素質高能力的公務員隊伍是建設廉潔高效政府的重要保障和基本前提，也是社會主義建設事業取得成功的重要保障。提高公務員隊伍的整體素質，把握好入口是關鍵。認眞研究學習司馬光的人才選拔思想，我們能受益良多。例如，實施崗位能力測試，做到人盡其能；放寬學歷限制，做到英雄莫問出處，等等。

其四，司馬光的官德思想對於提高我國領導幹部的道德水平具有很大的啓示作用。司馬光認識到，統治者和官吏的道德水準，對於民眾的道德行爲具有決定性的影響作用。他的這一論述固然帶有階級偏見，但也包含了社會上層的道德狀況影響社會下層的道德行爲的合理因素。司馬光主張國之君主要勤政愛民，節儉自律；主張國之官吏要廉潔奉公，兼利天下。這些官德要求對於我們當今的領導幹部同樣是適用的。官員和領導幹部是全社會道德建設的領導者和管理者。他們在道德的行爲趨向、道德評價標準和道德的實際評價等方面處於主導地位。故而，雖然社會主義道德建設需要全體人民的廣泛參與，但其發動、其持久、其影響、其成效，在很大程度上取決於各級領導幹部在他們的行爲中能否帶頭講道德。官德官風決定著民德民風，道德建設必須從領導幹部抓起。

二、經濟倫理的價值旨趣

司馬光經濟倫理思想對於我們今天建構社會主義市場經濟倫理具有價值旨趣方面的啓示意義。

其一，司馬光倡導「利以制事，義以制利」，「愛利天下」的義利觀。「利

〔註40〕 （清）王夫之著，伊力主編，資治通鑑之通鑑·文白對照全譯《讀通鑑論》·上〔M〕，鄭州：中州古籍出版社，1994年，第781頁。

以制事」肯定了對個人利益的合理追求，是對我國傳統社會否定個人利益的一種撥亂反正，有利於充分激發個體積極性，激勵人們為社會主義經濟事業的發展貢獻力量。「義以制利」強調在追求利益之時，要符合「義」的要求，不去追求「不當得」的財富，獲取財富不能違背「道」、「義」即國家法律、道德和社會公益等，對於當今市場經濟下的經濟主體克服不斷膨脹的私欲，合理有效地規範自己的經濟行為，應該說具有一定的積極意義。「愛利天下」主張作為一個有道德有追求的人，應該以天下蒼生為己任，為他人謀福利，為社會謀福利，為國家謀福利，當個人利益與集體利益發生衝突時，個人利益要堅決服從集體利益，服從國家和民族利益。這種思想與我們現在所倡導的集體主義精神不謀而合，對於我們構建和諧社會，不無裨益，應該繼承並發揚光大。

其二，司馬光提出以農為先、兼重工商的本末論。「以農為先」，強調了農業在國民經濟中的基礎地位，強調了農業發展對經濟增長的重要性。司馬光還提出了一系列積極的促進農業生產，減輕農民負擔的具體措施。雖然在當今社會，農業已不是占絕對主導地位的生產部門，也不再是一國之經濟命脈。但不可否認的是，我國仍然是一個農業大國，農村人口仍在在總人口中佔據絕對比重，因此必須重視農民、農業、農村的生存和發展，這從中央歷年來的一號文件中可窺見一斑。故而，司馬光的重農思想對於我們今天推動農業經濟增長，提高農民生活，建設社會主義新農村仍然具有一定的借鑑作用。「兼重工商」，即在強調農業作為國民經濟的基礎的重要性之時，認可了工商業對於國民經濟增長的推動作用，可以說司馬光具備了一定的農、工、商協調發展的經濟理念，對於優化我國當今的經濟結構具有一定的借鑒作用。

其三，司馬光倡導黜奢崇儉的消費觀。在中國，「成由勤儉敗由奢」可謂是家喻戶曉的生活箴言和人生座右銘。一直以來，節儉就是廣大低經濟收入家庭穩定、延續、發展乃至獲取幸福的重要經濟行為方式。直至今日，司馬光崇尚節儉的消費觀對於建構社會主義市場經濟倫理體系中的消費倫理仍然具有重要的借鑒作用，為處於經濟轉型時期的我國人民樹立正確的消費觀和克服只追求當前「效益」的竭澤而漁式的發展模式，建立可持續經濟發展模式提供了合理的道德思想資源；對於無視國情的超前消費方式和過度消費方式是一支強有力的清醒劑。

三、家庭倫理的當代意義

司馬光家庭倫理思想對於我們今天建構社會主義和諧小家庭和和諧大家庭具有以下兩個方面的啓示意義。

其一，司馬光謹守禮法、勤儉持家的睦親家庭倫理思想對於當今和諧家庭建設和家庭美德建設具有重要的啓示意義。司馬光的家庭倫理思想強調「爲父母者，慈嚴、養教並重；爲子女者，孝而不失規勸；爲兄者，富弟並友好待之；爲弟者，恭敬而順從；爲夫者，相敬而不悖禮；爲妻者，謙順且守節；爲姑者，慈愛無別；爲婦者，屈從不苟言」。司馬光正是把這一套的家庭道德觀念灌注於子孫心中，成爲了後人處理家庭倫常關係的一般行爲準則。對於司馬光這套家庭倫理思想，我們所要汲取的是其中「尊老愛幼」、「贍養父母」、「兄弟友愛」、「夫妻和睦」等合理內容，然後需用這些道德規範去協調家庭成員之間的關係，從而形成親愛和睦的家庭氛圍。然後以一個個小家庭爲原子核心，輻射整個社會這個大家庭，從而形成團結互助、和睦溫馨的社會氛圍，不斷推進和諧社會建設。

其二，司馬光「嚴格家教」的治家倫理思想對當今家庭教育具有重要的啓示意義。具體說來，包括以下幾個方面：第一，「德教爲先」的治家要方對糾正當今我們家庭教育中重智輕德的現象具有重要幫助。在知識成爲第一生產力的當今社會，知識就是力量，知識就是金錢成爲了很多人的信仰。人們對於知識的重視與信仰必然促使家長們更加重視子女的智力教育。現在的社會現實就是，家長們往往花費大量的資金投入到子女的智力開發上，而對子女的道德教育漠不關心。我們可以說，家庭道德教育的缺失必須爲很多高智商人群的犯罪事件擔負部分責任。並且，隨著科技的飛速發展，相應地社會對人們道德自覺的要求會逐步提高。家庭作爲個體最初的生存環境，是人類正確道德觀養成的重要場所，應該肩負起培養個體正確道德觀的責任，爲了自己小孩的健康成長，也是爲了整體的社會和諧。第二，強調「正面教育」爲我們將「誠信」融入到家庭教育中樹立了良好典範。正面教育的核心是在尊重的前提下對受教育者提出要求，在肯定的前提下對受教育者的行爲做出補充和修正。司馬光非常重視對子女的誠信教育，其引用曾子殺豬的事例就是正面教育的典型案例。家長們在對孩子進行誠信教育之時，可以好好學習。不要一味在孩子做出不誠信的行爲之後進行責罰，而應該採納正面教會孩子什麼是誠信行爲這個更好的教育方式。第三，「以儉樸爲美德」的家庭教育特

色，對我們在家庭教育中重拾儉樸作風，使孩子認識到節約和不鋪張浪費是中華民族的傳統美德具有重要的啓示意義。第四，「循序漸進」的教育原則對我們當今的家庭教育也有重要啓示。俄國教育家烏申斯基曾說過：「只有本著事物自身的合理的知識體系，才能使我們有充分的可能來掌握知識。一個人的頭腦如果充滿了許多零碎而不聯繫的知識，就會像雜亂無章的堆著各種東西的倉庫，這裡連倉庫的主人也什麼都找不到。」〔註41〕故而，我們的教育必須遵循孩子智力發展和認知能力提升的客觀規律。就像司馬光針對不同年齡階段的孩子，制定不同的學習內容一樣。反之，一味填鴨式、超前式教育只會適得其反，造成揠苗助長的後果。第五，「以身作則」的教育方法對於當今父母和教育工作者具有很好的榜樣作用。古語云：身教勝於言傳。正人先正己。家長只有具備了「躬自厚而薄於人」的品格，孩子才會自覺自願認同並接受其思想和觀念，去學習其品質。故身體力行往往比耳提面命更加有效。司馬光本人就是我們所有家長和教育工作者學習的榜樣。

〔註41〕林華民，做一流的教學能力　特級教師林華民的 108 年教學主張〔M〕，北京：朝華出版社，2010 年，第 81 頁。

－209－

參考文獻

一、著作

1. 禮記〔M〕。

2. 論語〔M〕。

3. 孟子〔M〕。

4. 荀子〔M〕。

5. 論衡〔M〕。

6. 朱子文集〔M〕。

7. （漢）揚雄撰，（宋）司馬光集注，劉韶軍點校，太玄集注〔M〕，北京：中華書局，1998 年版。

8. （蜀）諸葛亮著，段熙仲，聞旭初編校，諸葛亮集〔M〕，北京：中華書局，1960 年版。

9. （北齊）顏之推著，唐漢譯注，顏氏家訓 人情世故大全〔M〕，西安：三秦出版社，1995 年版。

10. （宋）司馬光，溫國文正司馬公文集〔M〕，四部叢刊影印本。

11. （宋）司馬光，古文孝經指解〔M〕，四庫全書影印本。

12. （宋）司馬光，法言集注〔M〕，四庫全書影印本。

13. （宋）司馬光，太玄集注〔M〕，續修四庫全書本。

14. （宋）司馬光，司馬文正公傳家集〔M〕，上海：商務印書館，民國 26 年版。

15. （宋）司馬光，張載，溫公易說〔M〕，上海：上海古籍出版社，1989 年版。

16. （宋）司馬光，司馬氏書儀〔M〕，北京：中華書局，1985 年版。

17.（宋）司馬光，王小令點校，稽古錄點校本〔M〕，北京：中國友誼出版公司，1987 年版。

18.（宋）司馬光著，李之亮箋注，司馬溫公集編年箋注 1～6〔M〕，成都：巴蜀書社，2009 年版。

19.（宋）司馬光，溫公家範〔M〕，天津：天津古籍出版社，1995 年版。

20.（宋）司馬光編撰，沈志華、張宏儒主編，資治通鑑 1～18〔M〕，北京：中華書局，2009 年版。

21.（宋）司馬光，潛虛〔M〕，上海：商務印書館，中華民國 25 年版。

22.（宋）司馬光，道德真經論〔M〕，北京：中華書局，2005 年版。

23.（宋）司馬光，涑水記聞〔M〕，北京：中華書局，2006 年版。

24.（宋）李燾，續資治通鑑長編〔M〕，上海：上海古籍出版社，1986 年版。

25.（宋）司馬光，司馬溫公文集 1～4 冊〔M〕，北京：中華書局，1985 年版。

26.（宋）司馬光著，（清）伍耀光輯錄，通鑑論〔M〕，南京：江蘇人民出版社，1962 年版。

27.（宋）司馬光著，王根林點校，司馬光奏議〔M〕，太原：山西人民出版社，1986 年版。

28.（宋）司馬光著，張曉寅改寫，資治通鑑故事〔M〕，上海：上海人民美術出版社，2007 年版。

29.（宋）蘇東坡，蘇東坡全集〔M〕，珠海：珠海出版社，1996 年版。

30.（宋）趙汝愚，宋朝諸臣奏議下〔M〕，上海：上海古籍出版社，1999 年版。

31.（宋）朱熹著，劉文剛譯注，小學譯注〔M〕，成都：四川大學出版社，1995 年版。

32.（宋）范仲淹，范文正公集〔M〕，上海：上海古籍出版社，1987 年版。

33.（宋）洪邁著，高蘭譯，容齋隨筆〔M〕，西寧：青海人民出版社，2004 年版。

34.（宋）胡寅，讀史管見〔M〕，上海：上海古籍出版社，1997 年版。

35.（宋）李燾，續資治通鑑長編 第 11～20 冊〔M〕，北京：中華書局，1985 年版。

36.（宋）歐陽修，歐陽修集編年箋注〔M〕，成都：巴蜀書社，2007 年版。

37.（宋）蔡襄撰，陳慶元等校注，蔡襄全集〔M〕，福州：福建人民出版社，1999 年版。

37.（宋）程顥，程頤撰，四庫家藏 二程語錄集〔M〕，濟南：山東畫報出版社，2004 年版。

38. 宋朝事實類苑〔M〕，上海：上海古籍出版社，1981 年版。

39. （元）脫脫等，宋史〔M〕，北京：中華書局，2000 年版。

40. （元）馬端臨，文獻通考〔M〕，北京：中華書局，1986 年版。

41. （元）陶宗儀著，文灝點校，南村輟耕錄〔M〕，北京：文化藝術出版社，1998 年版。

42. （明）馬巒，（清）顧棟高，司馬光年譜〔M〕，北京：中華書局，1990 年版。

43. （明）陳邦瞻，宋史紀事本末〔M〕，北京：中華書局，1977 年版。

44. （明）黃宗羲，明夷待訪錄〔M〕，北京：中華書局，1985 年版。

45. （明）李贄，藏書 第 3 冊〔M〕，北京：中華書局，1974 年版。

46. （清）黃以周，續資治通鑑長編拾補〔M〕，上海：上海古籍出版社，1986 年版。

47. （清）徐松，宋會要輯稿〔M〕，北京：中華書局，1957 年版。

48. （清）厲鶚，宋詩紀事〔M〕，上海：上海古籍出版社，1983 年版。

49. （清）王夫之，宋論〔M〕，北京：商務印書館，1936 年版。

50. （清）王夫之，讀通鑑論 全 10 冊〔M〕，北京：中華書局，1975 年版。

51. （清）畢沅，續資治通鑑〔M〕，上海：上海古籍出版社，1987 年版。

52. （清）徐松，宋會要輯稿〔M〕，北京：中華書局，1957 年版。

53. （清）永瑢等奉敕修纂，歷代職官表 1 至 20 冊〔M〕，北京：中華書局，1985 年版。

54. 汪榮寶撰，陳仲夫點校，法言義疏〔M〕，北京：中華書局，1987 年版。

55. 曾棗莊，劉琳主編，四川大學古籍整理研究所編，全宋文〔M〕，成都：巴蜀書社，1990 年版。

56. 江灝，錢宗武，古文尚書全譯〔M〕，貴州：貴州人民出版社，1993 年版。

57. 丁傳靖編，宋人軼事彙編〔M〕，北京：中華書局，1981 年版。

58. 馬巒，顧棟高，司馬光年譜〔M〕，北京：中華書局，1990 年版。

59. 顧棟高，司馬溫公年譜〔M〕，鄭州：中州古籍出版社，1987 年版。

60. 王根林，司馬光奏議〔M〕，太原：山西人民出版社，1986 年版。

61. 李裕民，司馬光日記校注〔M〕，北京：中國社會科學出版社，1994 年版。

62. 尚恒元等，司馬光軼事類編〔M〕，太原：山西人民出版社，1992 年版。

63. 董根洪，司馬光哲學思想述評〔M〕，太原：山西人民出版社，1993 年版。

64. 陶懋炳，司馬光史論探微〔M〕，長沙：湖南師範大學出版社，1989 年版。

65. 張春香，司馬光研究文萃〔M〕，鄭州：河南人民出版社，2008 年版。

66. 顧奎相，司馬光〔M〕，哈爾濱：黑龍江人民出版社，1985 年版。

67. 宋衍申，司馬光傳〔M〕，北京：北京出版社，1990 年版。

68. 楊洪傑等，司馬光傳〔M〕，太原：山西人民出版社，1997 年版。

69. 程應繆，司馮光新傳〔M〕，上海：上海人民出版社，1991 年版。

70. 宋衍申，司馬光全傳〔M〕，長春：長春出版社，1998 年版。

71. 李昌憲，司馬光評傳〔M〕，南京：南京大學出版社，1998 年版。

72. 陳克明，司馬光學述〔M〕，武漢：湖北人民出版社，1990 年版。

73. 季平，司馬光新論〔M〕，重慶：西南師範大學出版社，1987 年版。

74. 鄧啓，司馬光學述〔M〕，臺灣：臺灣文史哲出版社，1994 年版。

75. 鄧廣銘，中國十一世紀時的改革家——王安石〔M〕，北京：人民出版社，1979 年版。

76. 安開學，王安石傳〔M〕，北京：京華出版社，2002 年版。

77. 漆俠，王安石變法〔M〕，石家莊：河北人民出版社，2001 年版。

78. 張煦候，通鑑學〔M〕，合肥：安徽人民出版社，1981 年版。

79. 柴德賡，資治通鑑介紹〔M〕，北京：求實出版社，1981 年版。

80. 劉乃和等主編，《資治通鑑》叢論〔M〕，鄭州：河南人民出版社，1985 年版。

81. 劉乃和，宋衍申主編，司馬光與資治通鑑〔M〕，吉林：吉林文史出版社，1986 年版。

82. 王德保，司馬光與《資治通鑑》〔M〕，北京：中國社會科學出版社，2001 年版。

83. 侯欣桂著，任茂棠主編，司馬光與《資治通鑑》〔M〕，太原：山西古籍出版社，1999 年版。

84. 潘英，《資治通鑑》司馬光史論之研究〔M〕，臺灣：臺灣明文書局，1987 年版。

85. 張謙，《資治通鑑》與中國政治文化〔M〕，北京：中國廣播電視出版社，1993 年版。

86. 鄒永賢，《資治通鑑》治國思想研究〔M〕，廈門：廈門大學出版社，1998 年版。

87. 陳垣，通鑑胡注表微〔M〕，瀋陽：遼寧教育出版社，1997 年版。

88. 王錦貴，司馬光及其《資治通鑑》〔M〕，鄭州：大象出版社，1997 年版。

89. 陳光崇，通鑑新論〔M〕，瀋陽：遼寧教育出版社，1999 年版。

90. 王德保，司馬光與《資治通鑑》〔M〕，北京：中國社會科學出版社，2001 年版。

91. 葉坦，傳統經濟觀大論爭——司馬光與王安石之比較〔M〕，北京：北京大學出版社，1990 年版。

92. 紀念司馬光、王安石逝世九百週年學術研討會論文集〔M〕，臺灣：臺灣文史哲出版社，1986 年版。

93. 葛兆光，中國思想史〔M〕，上海：復旦大學出版社，2001 年版。

94. 侯外廬，中國思想通史〔M〕，北京：人民出版社，2011 年版。

95. 張孟倫，中國史學史〔M〕，蘭州：甘肅人民出版社，1983～1986 年版。

96. 明文書局，中國史學史辭典〔M〕，臺灣：明文書局，1986 年版。

97. 樊樹志，國史概要〔M〕，上海：復旦大學出版社，2010 年版。

98. 中華書局編輯部編，歷代紀事本末〔M〕，北京：中華書局，1997 年版。

99. 馮友蘭，中國哲學史〔M〕，上海：華東師範大學出版社，2000 年版。

100. 牟宗三，中國哲學的特質〔M〕，上海：上海古籍出版社，2008 年版。

101. 牟宗三，中國哲學十九講〔M〕，上海：上海古籍出版社，2004 年版。

102. 張岱年，中國哲學大綱〔M〕，南京：江蘇教育出版社，2005 年版。

103. 林語堂著，黃嘉德譯，孔子的智慧〔M〕，西安：陝西師範大學出版社，2004 年版。

104. 陳修武，人性的批判——荀子〔M〕，海南：三環出版社，1992 年版。

105. 袁永鋒，馬衛東編譯，司馬光講周易白話溫公易說〔M〕，長春：長春出版社，2010 年版。

106. 譚家健，孫中原注譯，墨子今注今譯〔M〕，北京：商務印書館，2009 年版。

107. 梁啓超，清代學術概論儒家哲學〔M〕，天津：天津古籍出版社，2003 年版。

108. 王澤應，現代新儒家倫理思想研究〔M〕，長沙：湖南師範大學出版社，1997 年版。

109. 王雷鳴編注，歷代食貨志注釋 第 2 冊〔M〕，北京：農業出版社，1985 年版。

110. 孫翊剛編，中國財政史〔M〕，北京：中央廣播電視大學出版社，1984 年版。

111. 胡寄窗，中國經濟思想史〔M〕，上海：上海人民出版社，1981 年版。

112. 胡寄窗，中國經濟思想史簡編〔M〕，北京：中國社會科學出版社，1981 年版。

113. 陶一桃，中國古代經濟思想評述〔M〕，北京：中國經濟出版社，2000 年版。

114. 葉世昌，古代中國經濟思想史〔M〕，上海：復旦大學出版社，2003 年版。

115. 陳勇勤，中國經濟思想史〔M〕，鄭州：河南人民出版社，2008 年版。

116. 唐慶增，中國經濟思想史〔M〕，上海：上海書店出版社，1989 年版。

117. 趙靖，中國經濟思想史述要 上〔M〕，北京：北京大學出版社，1998 年版。

118. 趙靖主編，中國經濟思想通史〔M〕，北京：北京大學出版社，2002 年版。

119. 彭雨新主編，中國封建社會經濟史〔M〕，武漢：武漢大學出版社，1994 年版。

120. 葉振鵬主編，中國歷代財政改革研究〔M〕，北京：中國財政經濟出版社，1999 年版。

121. 呂振羽，中國政治思想史〔M〕，北京：人民出版社，1955 年版。

122. 劉澤華，中國政治思想史〔M〕，杭州：浙江人民出版社，1996 年版。

123. 蕭公權，中國政治思想史〔M〕，瀋陽：遼寧教育出版社，1998 年版。

124. 梁漱溟，中國文化要義〔M〕，上海：上海人民出版社，2011 年版。

125. 胡世慶編著，中國文化通史〔M〕，杭州：浙江大學出版社，1996 年版。

126. 陳文新主編，中國文學編年史 宋遼金卷 上〔M〕，長沙：湖南人民出版社，2006 年版。

127. 王長華編，中國古代文學作品選 下〔M〕，北京：科學出版社，2010 年版。

128. 蔡元培，中國倫理學史〔M〕，北京：東方出版社，1996 年版。

129. 許凌雲，儒家倫理與中國史學〔M〕，濟南：齊魯書社，2004 年版。

130. 焦國成，中國倫理學通論〔M〕，太原：山西教育出版社，1997 年版。

131. 徐少錦，溫克勤主編，中國倫理文化寶庫〔M〕，北京：中國廣播電視出版社，1995 年版。

132. 張傳開，汪傳發著，義利之間 中國傳統文化中的義利觀之演變〔M〕，南京：南京大學出版社，1997 年版。

133. 徐復觀，中國人性論史（先秦篇）〔M〕，上海：三聯書店，2001 年版。

134. 《文史知識》編輯部編，古代禮制風俗漫談 二集〔M〕，北京：中華書局，1986 年版。

135. 馬鏞，中國家庭教育史〔M〕，長沙：湖南教育出版社，1997 年版。

136. 張懷承，中國的家庭與倫理〔M〕，北京：中國人民大學出版社，1993 年版。

137. 蕭群忠，中國孝文化研究〔M〕，臺灣：五南圖書出版公司，2002 年版。

138. 費成康主編，中國的家法族規〔M〕，上海：上海社會科學院出版社，2002年版。

139. 趙忠心，中外家庭教育薈萃〔M〕，北京：高等教育出版社，1989年版。

140. 宋濤主編，中華傳世家訓（上冊）〔M〕，北京：北京燕山出版社，2008年版。

141. 宗豪編，名人家訓經典〔M〕，深圳：海天出版社，2000年版。

142. 陳漢才，中國古代幼兒教育史〔M〕，廣州：廣東高等教育出版社，1996年版。

143. 于汝波，李興斌主編，中國經典兵書中〔M〕，濟南：山東友誼出版社，2002年版。

144. 田浩編，宋代思想史論〔M〕，北京：社會科學文獻出版社，2003年版。

145. 陳鍾凡，兩宋思想述評〔M〕，北京：東方出版社，1996年版。

146. 鄧廣銘，漆俠，中日宋史研討會中方論文選編〔M〕，保定：河北大學出版社，1991年版。

147. 石訓等，中國宋代哲學〔M〕，鄭州：河南人民出版社，1992年版。

148. 石訓等，北宋哲學史〔M〕，開封：河南大學出版社，1990年版。

149. 漆俠，宋學的發展與演變〔M〕，石家莊：河北人民出版社，2002年版。

150. 侯外廬等主編，宋明理學史〔M〕，北京：人民出版社，1997年版。

151. 陳廷湘，宋代理學家的義利觀〔M〕，北京：團結出版社，1999年版。

152. 徐洪興，思想的轉型——理學發生過程研究〔M〕，上海：上海人民出版社，1996年版。

153. 余敦康，內聖外王的貫通——北宋易學的現代闡釋〔M〕，上海：學林出版社，1997年版。

154. 李祥俊，道通於一——北宋哲學思潮研究〔M〕，北京：北京師範大學出版社，2006年版。

155. 張其凡，宋代史〔M〕，澳門：澳亞周刊出版有限公司，2004年版。

156. 徐規主編，宋史研究集刊〔M〕，杭州：浙江古籍出版社，1986年版。

157. 吳泰，宋朝史話〔M〕，北京：中國國際廣播出版社，2009年版。

158. 關履權，兩宋史論〔M〕，鄭州：中州書畫社，1983年版。

159. 宋瑞熙，宋代社會研究〔M〕，鄭州：中州書畫社，1983年版。

160. 王瑞明，宋代政治史概要〔M〕，武漢：華中師範大學出版社，1989年版。

161. 張希清等著，宋朝典章制度〔M〕，長春：吉林文史出版社，2001年版。

162. 游彪，宋代蔭補制度研究〔M〕，北京：中國社會科學出版社，2001年版。

163. 鄧小南，祖宗之法——北宋前期政治述略〔M〕，上海：三聯書店，2006年版。

164. 葉坦，大變法 宋神宗與十一世紀的改革運動〔M〕，上海：三聯書店，1996 年版。

165. 貫海濤，北宋「儒術治國」治研究〔M〕，濟南：齊魯書社，2006 年版。

166. 漆俠，宋代經濟史 下〔M〕，上海：上海人民出版社，1988 年版。

167. 漆俠，宋代經濟史 上〔M〕，上海：上海人民出版社，2009 年版。

168. 吳曉亮主編，宋代經濟史研究〔M〕，昆明：雲南大學出版社，1994 年版。

169. 汪聖鐸，兩宋財政史〔M〕，北京：中華書局，1995 年版。

170. 方寶璋，宋代經濟管理思想與當代經濟管理〔M〕，北京：中國言實出版社，2008 年版。

171. 陳植愕，北宋文化史述論〔M〕，北京：中國社會科學出版社，1992 年版。

172. 沈松勤，北宋文人與黨爭 中國士大夫群體研究之一〔M〕，北京：人民出版社，1998 年版。

173. 王善軍，宋代宗族和宗族制度研究〔M〕，石家莊：河北教育出版社，2000 年版。

174. 淮建利，宋朝廂軍研究〔M〕，鄭州：中州古籍出版社，2007 年版。

175. 周鑾書，兵略·兵制·兵爭〔M〕，南昌：江西人民出版社，2002 年版。

176. 韓復智，錢穆先生學術年譜第 2 冊〔M〕，北京：編譯館，2005 年版。

177. 林安梧，儒學與中國傳統社會之哲學省察以「血緣性縱貫軸」為核心的理解與詮釋〔M〕，上海：學林出版社，1998 年版。

178. 蕭伯符，畢耕集 蕭伯符法學文萃〔M〕，北京：中國人民公安大學出版社，2008 年版。

179. 林華民，做一流的教學能力 特級教師林華民的 108 年教學主張〔M〕，北京：朝華出版社，2010 年版。

180. 毛澤東，毛澤東選集第 2 卷〔M〕，北京：人民出版社，1991 年版。

181. （美）費正清著，張理京譯，美國與中國〔M〕，北京：世界知識出版社，1999 年版。

182. （美）麥金太爾，德性之後〔M〕，北京：中國社會科學出版社，1995 年版。

183. （英）休漠，人性論〔M〕，北京：商務印書館，1996 年版。

184. （德）黑格爾，歷史哲學〔M〕，北京：商務印書館，1963 年版。

185. （德）卡西爾，人論〔M〕，上海：上海譯文出版社，1986 年版。

186. （德）馬克思，（德）恩格斯著，中共中央馬克思恩格斯列寧斯大林著作編譯局編譯，馬克思恩格斯選集 第 1 卷〔M〕，北京：人民出版社，1995 年版。

187. （德）馬克思，（德）恩格斯著，中共中央馬克思恩格斯列寧斯大林著作編譯局譯，馬克思恩格斯書簡〔M〕，北京：人民出版社，1973 年版。

188. （蘇聯）列寧著，中共中央馬克思恩格斯列寧斯大林著作編譯局編譯，列寧全集，第 55 卷，哲學筆記，1895～1916〔M〕，北京：人民出版社，1990 年版。

二、論文類

1. 王明信，司馬光對「五胡」的態度——讀《資治通鑑·晉紀》札記〔J〕，河北師範學院學報，1979 年 4 月。

2. 李之勤，評《資治通鑑》關於商鞅變法的論述——論司馬光的曲筆之一〔J〕，人文雜誌，1980 年 1 月。

3. 季平，評資治通鑑中的「臣光曰」〔J〕，西南師範大學學報，1980 年 1 月。

4. 牛致功，從司馬光對唐朝幾個問題的評論看《資治通鑑》的中心思想〔J〕，陝西師範大學學報，1980 年 3 月。

5. 季平，論司馬光〔J〕，西南師範大學學報，1981 年 3 月。

6. 楊渭生，司馬光與《資治通鑑》〔J〕，杭州大學學報，1982 年 1 月。

7. 陳克明，略論司馬光的哲學思想〔J〕，社會科學輯刊，1982 年 5 月。

8. 倉修良、夏瑰琦，司馬光無神論思想剖析〔J〕，東北師大學報，1983 年 1 月。

9. 李廣星，試論北宋冗官的產生及危害〔J〕，齊魯學刊，1983 年 3 月。

10. 宋衍申，試探建國以來的《資治通鑑》研究〔J〕，東北師範大學學報，1983 年 5 月。

11. 趙吉惠，試論司馬光的歷史哲學〔J〕，中州學刊，1984 年 1 月。

12. 劉蔚華，略論司馬光的《潛虛》〔J〕，中州學刊，1984 年 1 月。

13. 吳光耀，站在反戰前列的主和派司馬光〔J〕，武漢大學學報，1984 年 2 月。

14. 顧全芳，司馬光與王安石變法〔J〕，晉陽學刊，1984 年 2 月。

15. 顧全芳，司馬光的政治思想〔J〕，河南大學學報，1984 年 4 月。

16. 張利群，試論《資治通鑑》中的「臣光曰」〔J〕，晉陽學刊，1985 年 1 月。

17. 季平，司馬光對時局的認識〔J〕，晉陽學刊，1985 年 2 月。

18. 季平，王安石和司馬光的政治思想探源〔J〕，四川師範大學學報，1985 年 3 月。

19. 高振鐸，《資治通鑑》的社會作用〔J〕，社會科學輯刊，1985 年 3 月。

20. 張知寒，略論司馬光思想中的幾個問題〔J〕，中州學刊，1985 年 4 月。

21. 張知寒，司馬光哲學思想中的積極因素〔J〕，晉陽學刊，1985 年 4 月。

22. 季平，論司馬光反對青苗法〔J〕，西南師範大學學報，1985 年 4 月。

23. 葉坦，役法鬥爭中的司馬光〔J〕，西南師範大學學報，1985 年 4 月。

24. 宋衍申，評司馬光的經濟思想〔J〕，晉陽學刊，1985 年 5 月。

25. 黃君萍，漫評司馬光的民族思想〔J〕，晉陽學刊，1985 年 6 月。

26. 季平，司馬光反對青苗法的主張有積極意義〔J〕，社會科學研究，1986 年 1 月。

27. 鄧卓海，司馬光祖宗之法不可變淺析〔J〕，晉陽學刊，1986 年 1 月。

28. 葉坦，司馬光的財政管理思想〔J〕，晉陽學刊，1986 年 1 月。

29. 范兆琪，司馬光與《資治通鑑》〔J〕，史學月刊，1986 年 2 月。

30. 劉旭，司馬光的人才思想〔J〕，晉陽學刊，1986 年 2 月。

31. 陶德炳，司馬光史論表微〔J〕，晉陽學刊，1986 年 3 月。

32. 劉旭，司馬光的民本思想淺探〔J〕，山西大學學報，1986 年 3 月。

33. 竺培升，司馬光是改革派還是守舊派？〔J〕，湖北師範學院學報，1956 年 3 月。

34. 李元慶，論司馬光的宇宙觀與人性論〔J〕，運城學院學報，1986 年 3 月。

35. 陳光崇，司馬光簡論〔J〕，晉陽學刊，1986 年 4 月。

36. 趙吉惠，評司馬光的哲學思想〔J〕，晉陽學刊，1986 年 4 月。

37. 楊渭生，從《疑孟》看司馬光的學術思想〔J〕，晉陽學刊，1986 年 5 月。

38. 趙吉惠，試論司馬光的歷史哲學〔J〕，哲學研究，1986 年 9 月。

39. 季平，評司馬光在役法問題上的主張與實踐〔J〕，社會科學研究，1987 年 1 月。

40. 虞祖堯，簡論司馬光的經濟思想〔J〕，河南師範大學學報，1987 年 2 月。

41. 顧全芳，司馬光的人才觀〔J〕，運城學院學報，1987 年 2 月。

42. 王光榮，簡析司馬光的法律思想〔J〕，晉陽學刊，1987 年 2 月。

43. 季平，司馬光的知人善任論述評〔J〕，首都師範大學學報，1987 年 3 月。

44. 楊渭生，司馬光的認識論〔J〕，晉陽學刊，1987 年 6 月。

45. 楊渭生，評司馬光的歷史觀〔J〕，山西大學學報，1988 年 1 月。

46. 趙啓同，司馬光與王安石變法〔J〕，運城學院學報，1988 年 1 月。

47. 孫方明，論司馬光的史學思想〔J〕，中國人民大學學報，1988 年 1 月。

48. 吳懷棋，《資治通鑑》的價值和司馬光的歷史觀〔J〕，史學史研究，1988 年 2 月。

49. 施丁，論司馬光的史學思想〔J〕，文史哲，1988 年 6 月。

50. 王菌，司馬光論因循與變革〔J〕，晉陽學刊，1989 年 2 月。

51. 雷家宏，略談《資治通鑑》對變法革新史事述評〔J〕，西南師範大學學報，1989 年 2 月。

52. 曲家源，論司馬光的吏治思想〔J〕，山西師範大學學報，1989 年 3 月。

53. 奚柳芳，論熙豐變法中的司馬光〔J〕，貴州民族學院學報，1989 年 4 月。

54. 晉生，司馬光哲學思想論略〔J〕，河南師範大學學報，1989 年 4 月。

55. 宋衍申，司馬光與理學〔J〕，東北師範大學學報，1989 年 5 月。

56. 李克武，王安石與司馬光法律思想比較分析〔J〕，華中師範大學學報，1989 年 5 月。

57. 李向偉，劉雙，也談司馬光和王安石變法〔J〕，天中學刊，1990 年 3 月。

58. 王澤應，中國倫理思想史上的義利之辨及其理論分析〔J〕，道德與文明，1990 年 3 月。

59. 劉小林，從司馬光對君臣關係的論述看他的辯證史觀〔J〕，廣西師範大學學報，1990 年 4 月。

60. 季平，把司馬光劃為保守派的根據何在？〔J〕，西南師範大學學報，1990 年 4 女。

61. 顧全芳，重評司馬光與王安石變法〔J〕，學術月刊，1990 年 9 月。

62. 葉坦，司馬光王安石經濟思想比較〔J〕，西南師範大學學報，1991 年 1 月。

63. 董根洪，論司馬光豐富的無神論思想〔J〕，西南師範大學學報，1991 年 2 月。

64. 張偉，淺議北宋熙寧年間的役法改革——兼評王安石與司馬光在役法問題上的論爭〔J〕，寧波大學學報，1991 年 3 月。

65. 趙瑞民，《溫公易說》探佚〔J〕，晉陽學刊，1991 年 3 月。

66. 高榮，司馬光經濟思想自議〔J〕，河西學院學報，1992 年 2 月。

67. 趙瑞民，論司馬光《易》學思想的兩個支點〔J〕，山西大學學報，1992 年 4 月。

68. 章啓輝，略論司馬光的家庭倫理思想〔J〕，湖南大學學報，1993 年 1 月。

69. 董根洪，司馬光的義利統一觀〔J〕，晉陽學刊，1993 年 3 月。

70. 覃遵祥，禮制·道德·禮節〔J〕，孔子研究，1994 年 1 月。

71. 夏祖恩，資治與垂鑒不是作史的宗旨——評司馬光的《資治通鑑》〔J〕，福建師範大學學報，1994 年 2 月。

72. 劉文明，淺析《資治通鑑》與《君主論》中國家學說的差異〔J〕，湖南師範大學學報，1994 年 4 月。

73. 周慶智，論中國歷史上「正閏觀」的文化意蘊〔J〕，社會科學戰線，1994年6月。

74. 王宣威，論司馬光的政治法律思想〔J〕，太原師範學院學報（哲學社會科學版），1995年1月。

75. 陳剩勇，《資治通鑑》，中國傳統史學功能分析〔J〕，史學理論研究，1995年4月。

76. 杜洪義，論司馬光以史資治的政治思想〔J〕，遼寧師範大學學報（社會科學版），1995年6月。

77. 董根洪，反專制思想的傑出先驅——司馬光〔J〕，運城高專學報，1996年1月。

78. 董根洪，司馬光《溫公易說》探折〔J〕，周易研究，1996年1月。

79. 王威宣，論司馬光的政治法律思想〔J〕，山西大學師範學院學報，1996年1月。

80. 王子今，《資治通鑑》中政治倫理與政治道德教義〔J〕，學術界，1996年1月。

81. 郭學信，論司馬光的「史學自覺」意識〔J〕，貴州：文史叢刊，1996年3月。

82. 董根洪，司馬光是理學的重要創始人〔J〕，山西大學學報，1996年4月。

83. 葉福翔，司馬光哲學發展大綱〔J〕，中華文化論壇，1997年3月。

84. 駱嘯聲，淺論司馬光與王安石的變法理論〔J〕，運城高專學報，1997年3月。

85. 郝明工，溫公朔學之治心說略考〔J〕，新東方，1998年1月。

86. 陳甲標，《資治通鑑》政治價值形成的原因〔J〕，船山學刊，1998年1月。

87. 魏春初，淺析司馬光的變革理論及與王安石的分歧〔J〕，麗水師範專科學校學報，1999年2月。

88. 田野，宋代的商人組織——行〔J〕，北京商學院學報，1999年5月。

89. 張扶直，「青苗」「免役」辨正——王安石司馬光財政思想舉隅〔J〕，現代財經，2000年1月。

90. 汪高鑫，對司馬光歷史盛衰論的再認識〔J〕，史學史研究，2000年2月。

91. 陳麗，王安石與司馬光人才觀之比較〔J〕，黑龍江社會科學，2000年4月。

92. 蔡瑞霞，從《稽古錄》看司馬光的帝王論〔J〕，浙江學刊，2000年11月。

93. 張躍，論王安石與司馬光義利觀之差異〔J〕，華中理工大學學報，2000年11月。

94. 時保吉，論變法中的司馬光〔J〕，青海師範大學學報，2001 年 3 月。

95. 孟天運，王安石變法中的失誤原因探析〔J〕，吉林大學學報，2001 年 3 月。

96. 陳延斌，論司馬光的家訓及其教化特色〔J〕，南京師範大學學報，2001 年 4 月。

97. 楊松水，簡論司馬光富民救國思想〔J〕，安徽教育學院學報，2001 年 5 月。

98. 楊松水，簡評司馬光的國防論〔J〕，安徽史學，2001 年 5 月。

99. 王立軍，試論司馬光禮學思想的基本特徵〔J〕，唐都學刊，2001 年 7 月。

100. 陳延斌，論司馬光的家訓及其教化特色〔J〕，南京師範大學學報，2001 年 7 月。

101. 周方高，薛治國，關於司馬光民族觀的若干思考〔J〕，史學史研究，2002 年 2 月。

102. 李建，論司馬光《通鑑》史論的內容特點〔J〕，齊魯學刊，2002 年 3 月。

103. 于瑞桓，司馬光的史學思想及其理學精神〔J〕，山東大學學報（哲學社會科學版），2002 年 3 月。

104. 張扶直，司馬光的經濟思想〔J〕，中南財經政法大學學報，2002 年 4 月。

105. 馮立鼇，司馬光《資治通鑑》中的治國理含〔J〕，學術研究，2002 年 8 月。

106. 武少民，司馬遷與司馬光史學思想之異同〔J〕，社會科學輯刊，2002 年 9 月。

107. 劉麗麗，《資治通鑑》「臣光曰」評價〔J〕，河南圖書館學刊，2003 年 3 月。

108. 孫立堯，「史者儒之一端」試解——兼論司馬光、范祖禹的史論〔J〕，南京大學學報，2003 年 4 月。

109. 譚鳳娥，宋代的俸祿制度與宋代的滅亡〔J〕，甘肅社會科學，2003 年 5 月。

110. 萬斌生，解讀司馬光《與王介甫書》兼論王安石回信〔J〕，閩江學院學報，2003 年 6 月。

111. 張冰，評司馬光、歐陽修論馮道〔J〕，成都理工大學學報，2003 年 6 月。

112. 李勝渝，論司馬光的經濟法制變革思想——兼論與王安石變法思想的異同〔J〕，西南民族大學學報，2004 年 2 月。

113. 周方高，司馬光人才思想述論——以《資治通鑑》「臣光曰」為中心〔J〕，山東農業大學學報，2004 年 3 月。

114. 何忠禮，周方高，論司馬光民族觀的繼承性與創造性〔J〕，福建論壇，2004 年 4 月。

115. 楊建宏，略論司馬光的禮學思想與實踐〔J〕，長沙大學學報，2005 年 1 月。

116. 魏鴻，從《資治通鑑》看司馬光的邊防思想〔J〕，軍事歷史研究，2005 年 2 月。

117. 胡文山，胡元楷，司馬光史觀管窺〔J〕，井岡山學院學報，2007 年 1 月。

118. 龍小軍，略談《春秋》與《資治通鑑》的相承關係〔J〕，内蒙古農業大學學報，2007 年 1 月。

119. 丁萬明，試論司馬光的經濟思想〔J〕，北京工商大學學報，2007 年 2 月。

120. 周方高，宋惠聰，論司馬光民本思想〔J〕，湘潭師範學院學報，2007 年 3 月。

121. 鄭煒，略論司馬光的民族關係思想〔J〕，煙臺大學學報，2007 年 3 月。

122. 陳濤、范立舟，司馬光哲學與政治思想自議〔J〕，求索，2007 年 6 月。

123. 孔令慧，論司馬光家訓特色及當代啓示〔J〕，運城學院學報，2008 年 1 月。

124. 李宏勇，孔令慧，淺析司馬光家訓中的治家思想〔J〕，運城學院學報，2008 年 4 月。

125. 趙元，司馬光人才思想自議〔J〕，運城學院學報，2008 年 4 月。

126. 褚海萍，論司馬光的道德教育思想〔J〕，遼寧行政學院學報，2008 年 10 月。

127. 李戰奎，禮治思想及現代轉化〔J〕，陝西理工學院學報（社會科學版），2008 年 11 月。

128. 劉欣，呂亞軍，司馬光文化人格及其成因探究〔J〕，中北大學學報，2009 年 2 月。

129. 馬加路，司馬光社會控制思想探析〔J〕，聊城大學學報，2009 年 2 月。

130. 孫健，司馬光的軍隊建設思想〔J〕，軍事歷史研究，2009 年 3 月。

131. 劉欣，略論宋代家訓中的「女教」〔J〕，中華女子學院學報，2009 年 10 月。

132. 唐廣，論司馬光的理財思想〔J〕，商業研究，2009 年 12 月。

133. 丁萬明，《資治通鑑》中的禮治與德治思想〔J〕，河北師範大學（哲學社會科學版），2010 年 2 月。

134. 杜善永，王安石與司馬光民族關係思想比較研究〔J〕，寧夏社會科學，2010 年 5 月。

135. 段海寶，方國根，司馬光中和思想試論〔J〕，浙江工商大學學報，2010年3月。

136. 李華瑞，改革開放以來宋史研究若干熱點問題述評〔J〕，史學月刊，2010年3月。

137. 吳懷祺，説司馬光的人才思想〔J〕，史學史研究，2010（03）。

138. 楊勝寬，蘇軾與司馬光軍事思想異同論〔J〕，樂山師範學院學報，2011年1月。

139. 王雲雲，王夫之禮學思想的特色——以「溥儀」論爲中心〔J〕，2011年1月。

140. 魏濤，王向輝，司馬光思想研究主要範式的回顧與反思〔J〕，山西師大學報（社會科學版），2011年2月。

141. 羅晶，淺析宋元商人道德〔J〕，倫理學研究，2012年1月。

142. 陳安民，王船山的「朋黨論」述評〔J〕，船山學刊，2012年4月。

143. 魏濤，新儒學理論建構視閾下的司馬光哲學價值新探〔J〕，山西師大學報（社會科學版），2012年6月。

144. 尹佳濤，歷史與現實之間的政治思考——司馬光政治哲學研究〔D〕，天津：南開大學，2010年5月。